课程思政理论与教学研究

——聚焦北京理工大学课程思政建设

主　编◎孙　利
副主编◎朱元捷

北京理工大学出版社
BEIJING INSTITUTE OF TECHNOLOGY PRESS

版权专有　侵权必究

图书在版编目（CIP）数据

课程思政理论与教学研究：聚焦北京理工大学课程思政建设/孙利主编．--北京：北京理工大学出版社，2022.4

ISBN 978-7-5763-1254-6

Ⅰ．①课… Ⅱ．①孙… Ⅲ．①高等学校—思想政治教育—研究—中国 Ⅳ．①G641

中国版本图书馆 CIP 数据核字（2022）第 064091 号

出版发行　/　北京理工大学出版社有限责任公司
社　　址　/　北京市海淀区中关村南大街5号
邮　　编　/　100081
电　　话　/　（010）68914775（总编室）
　　　　　　　（010）82562903（教材售后服务热线）
　　　　　　　（010）68944723（其他图书服务热线）
网　　址　/　http：//www.bitpress.com.cn
经　　销　/　全国各地新华书店
印　　刷　/　三河市华骏印务包装有限公司
开　　本　/　710毫米×1000毫米　1/16
印　　张　/　17
字　　数　/　320千字
版　　次　/　2022年4月第1版　2022年4月第1次印刷
定　　价　/　88.00元

责任编辑 / 王晓莉
文案编辑 / 王晓莉
责任校对 / 周瑞红
责任印制 / 李志强

图书出现印装质量问题，请拨打售后服务热线，本社负责调换

编委会名单

主　　编：孙　利

副 主 编：朱元捷

编委会成员（按姓氏笔画排序）

　　　　　王旭东　王校楠　张　虹　赵紫玉

教学案例作者名单

(按姓氏笔画排序)

于德华　王美玲　王晓芳　王　睿　王震坡　白影春
李军刚　安　芹　刘　芳　李春辉　闫晓霞　李　梅
张小玲　吴　芹　辛　怡　张建国　吴　钦　张　祥
张　婷　陈　煜　郑宏飞　孟　强　罗森林　罗　霄
赵修臣　赵洱崒　胡海云　郝继光　赵振峰　贾丽敏
陶　然　黄一帆　黄天羽　康桂英　曹峰梅　彭熙伟
薛　庆

前言 PREFACE

新时代需要新青年,"青年一代有理想、有本领、有担当,国家就有前途,民族就有希望"。青年一代不仅要有真学问、真本领,还要崇德向善,有自强不息的奋斗精神,能够为担当时代重任而披荆斩棘。正因如此,党中央历来高度重视青年大学生的思想政治教育工作,强调要切实发挥高校作为青年学生思想政治教育的主阵地作用。课程思政正是基于党中央对高校思想政治教育工作的高度重视而提出的新理念、新格局,是落实立德树人根本任务的重要举措。北京理工大学1940年诞生于延安,是中国共产党独立创办的第一所理工科大学,也是中华人民共和国成立后的第一所国防军工高校,具有光荣的革命传统和红色基因,孕育了"延安根军工魂"文化,为我校课程思政建设提供了深厚的文化底蕴。课程思政建设需要多学科、多专业、多部门的协同配合,为充分发挥协同效应,北京理工大学于2020年成立了课程思政教学研究中心,协同学校多部门、各院系聚焦使命、统筹谋划,深入推进思政课程与课程思政的同向同行。一方面充分发挥思想政治理论课对学生思想引领和价值塑造的主阵地作用,依托思政"金课",提升学生思想政治理论素养,为学生成长打好思想底色。另一方面全面推动课程思政与学科特色、专业特色、国防特色深度融合,依托特色优势学科引领课程思政建设提质提速,创设北理工品牌,推出了一批育人效果显著的精品专业课程,打造了一批课程思政示范课程,力争构建以思想政治理论课为核心,以素质教育课程为滋养,以示范性专业课为辐射的全面覆盖、类型丰富、相互支撑的思政格局,形成具有北理工风格的课程思政实践方案,不断推动思想政治工作创新发展。

"德以明理，学以精工"，我们希望通过课程思政建设引导学生树立远大理想，明德济世；鼓励学生投身科学实践，笃学尚行，成长为有宽阔的学术视野、深沉的家国情怀与高度社会责任感的砥柱之才。本书在理论层面深入思考"课程思政"与"思政课程"协同创新领域里的新问题，探索"专业思政""学科思政"的建设规律，深化对课程思政价值和方法的认知；在教学实践层面优化教学内容、深耕培养方案，以特色优势学科为基础，以一流专业建设为抓手，以课堂教学为切入点，凝练"延安根军工魂"红色基因在各学科各专业领域里的精彩表达，重点挖掘特色优势学科中蕴含的社会责任、民族使命、文化自信、工匠精神等价值要素，呈现学科专业内容与思政教育内容耦合式的课程思政教学设计。本书每一篇理论思考、每一篇教学设计都展现了北理工教育工作者耕耘课程思政建设的初心使命与专业能力。本书围绕课程思政开展的探索与实践，是对思想政治工作规律、教书育人规律以及学生成长规律的整体把握和综合运用，具有重要的意义。

编　者

2022 年 4 月

目录 CONTENTS

理论篇　课程思政十五问

一、什么是"课程思政" ……………………………………………（ 3 ）
二、怎样理解"思政课程"与"课程思政"之间的关系 …………（ 4 ）
三、为什么要实施课程思政 ………………………………………（ 6 ）
四、课程思政建设的目标是什么 …………………………………（ 10 ）
五、课程思政建设中存在哪些问题和难点 ………………………（ 12 ）
六、如何建设课程思政 ……………………………………………（ 14 ）
七、如何进行课程思政的教学设计 ………………………………（ 16 ）
八、具有共性的课程思政价值要素有哪些 ………………………（ 19 ）
九、如何建设马克思主义理论引领下的多学科共建机制 ………（ 23 ）
十、思政元素如何同专业课程培养目标相结合 …………………（ 24 ）
十一、思政元素如何同教材体系相结合 …………………………（ 25 ）
十二、课程思政建设中如何提升教师思想政治教育能力 ………（ 26 ）
十三、课程思政建设中如何融入校史校情 ………………………（ 29 ）
十四、军工文化融入课程思政的价值资源有哪些 ………………（ 31 ）
十五、习近平新时代中国特色社会主义思想如何融入专业课程 ………（ 35 ）

课程思政理论与教学研究
——聚焦北京理工大学课程思政建设

教学篇　课程思政教学案例

流体传动及控制基础 …………………………………………（43）
沟通的力量 ……………………………………………………（50）
工程伦理 ………………………………………………………（59）
新能源车辆原理与应用技术 …………………………………（69）
飞行力学 ………………………………………………………（75）
航天器发射技术 ………………………………………………（79）
动态测试技术 …………………………………………………（84）
有机材料化学基础 ……………………………………………（90）
工程热力学 ……………………………………………………（95）
流体力学 ………………………………………………………（100）
内燃机原理 ……………………………………………………（107）
汽车车身结构与设计 …………………………………………（112）
光学系统设计与工艺 …………………………………………（118）
光电成像原理与技术 …………………………………………（124）
信息系统安全与对抗技术 ……………………………………（132）
信号处理理论与技术 …………………………………………（139）
数字电子技术基础 ……………………………………………（145）
电气传动课程设计 ……………………………………………（152）
软件工程基础训练 ……………………………………………（157）
沟通与职业素养 ………………………………………………（165）
电子封装工艺 …………………………………………………（168）
先进复合材料 …………………………………………………（173）
仪器分析 ………………………………………………………（178）
反应工程基础 …………………………………………………（185）
免疫学 …………………………………………………………（191）
数字信号处理 …………………………………………………（197）

工科数学分析 …………………………………………（202）
线性代数 ……………………………………………（207）
普通物理Ⅲ（电磁学）………………………………（211）
普通物理Ⅱ（热学）…………………………………（217）
运作管理 ……………………………………………（223）
个案工作 ……………………………………………（227）
民法总论 ……………………………………………（232）
学术用途英语 ………………………………………（237）
人因工程学基础 ……………………………………（243）
文献检索 ……………………………………………（249）
轮滑 …………………………………………………（256）

后记 ……………………………………………………（261）

理论篇

课程思政十五问

一、什么是"课程思政"

课程思政是指以构建全员、全程、全课程育人格局的形式将各类课程与思想政治理论课同向同行，形成协同效应，以隐性思政的功用与思想政治理论课一道，实现"立德树人"教育根本任务的一种综合教育理念和教育方法。课程思政日益成为专业课教学的一种模式。具体而言，课程思政是依托专业课程这一载体，以隐性教育的方法，将思想政治教育原则、要求、内容与教材开发、课程实施、课程评价等有机结合起来的一种思想政治教育形式，最终实现知识体系教育与思想政治教育的有机统一，挖掘和充实各类课程的思想政治教育资源，积极探索构建全员全程全方位育人大格局。

从课程论的视域来看，课程思政就是审视、研究与实施高校思想政治教育，通过协同包括思想政治教育理论显性课程和各学科课程在内的隐性课程，在全员参与下，对学生予以全方位、全过程的思想政治教育的活动与过程。这意味着对学生的思想政治教育是通过协同整个课程来实现的，而不仅仅是通过思想政治教育理论课程来实现的；意味着需要全员参与，而不仅仅是思想政治理论课教师在讲授；意味着要对学生予以全方位的影响，而不仅仅是对其进行某种知识教育；意味着课程思政既是复杂的教育活动，又是一个终身的过程。概言之，课程思政一方面是一种思想政治教育理念，是对高校思想政治教育的理性认识、理想追求及形成的观念体系；另一方面又是一种实施思想政治教育的方式、手段与程序的组合，需要通过全员参与和协同整个课程来进行思想政治教育，是培养学生成人与成才的活动过程。

就方法论而言，课程思政往往采取隐性教育的形式，渗透到专业课的教学过程中，课程思政要求教师不仅要有丰富的专业知识储备，而且在专业知识的传授过程中，传递价值情怀，让学生于潜移默化中接受主流价值观念的熏陶，从而实现价值塑造、知识教育、能力培养三位一体的有机统一。

作者：王校楠

单位：北京理工大学马克思主义学院

二、怎样理解"思政课程"与"课程思政"之间的关系

思政课程与课程思政在授课内容、育人方式、作用效果等方面均有不同。

从授课内容而言，课程思政意在挖掘和提炼专业课程中蕴含的潜在的思想政治教育资源，将其转化为在课程学习中实现"立德树人"教育目标的因素，促使学生在专业课学习中形成正确的价值观和人生观，树立坚定的马克思主义信仰，使专业课程本身承载一定的思想政治教育功能，使思想政治教育与专业知识教育相辅相成，让所有课程都承担好育人责任。思政课程中的"思政"是系统的思想政治理论，有系统化的课程体系，有明确的学科定位和内容边界。主要支撑学科是马克思主义理论学科，在课程内容上主要是以马克思主义为指导，传播社会主义意识形态，具有鲜明的政治属性，是思想政治教育的显性课程。课程思政的"思政"主要侧重于思想价值引领方面，强调在各类各门课程（包括思想政治理论课、专业课和通识课）中增强政治意识和加强思想价值引领；而思政课程的"思政"侧重于思想政治理论方面，主要进行系统的思想政治理论教育。课程思政不是专业课"思政化"，不是专业课程"去知识化"，所以在实践中不能忽视专业课的教学特点和教育规律。课程思政也不是思想政治理论课"通识化"。所谓思想政治理论课"通识化"，是指在思想政治理论课教学中片面扩大通识性内容，而对思想政治理论课的中心内容讲解不到位，甚至淡化教学内容的意识形态性，结果把思想政治理论课上成了通识课。

从育人方式而言，思想政治理论课是显性育人；课程思政更多的是隐性育人。高校思政课程的内容边界和学科定位较为明显，更多的是强调一种显性的社会主义意识形态灌输，由具有专业知识背景的教师将主流价值观通过讲授的方法直接传授给学生。课程思政则更多的是隐性育人，是通过其所蕴含的思想道德追求、科学精神、爱国情怀、优秀传统文化、人格培养等内容，对大学生发挥思想价值引领作用，并在贴近学生专业、提供鲜活案例、促进思想政治教育渗透性等方面发挥其独特优势，将知识传授与价值引领结合起来，真正实现在价值传播中凝聚知识底蕴，在知识传播中强调价值引领，于润物无声中立德树人。

从作用效果而言，思政课程在思想政治教育中发挥主渠道作用。思想政治理论课在对大学生进行系统的马克思主义理论教育和思想政治理论教育方面具有较强的优势，对学生全覆盖，学生受益面大，所以是大学生思想政治教育的主渠道。思政课程的效果在于高举政治旗帜，根植理想信念，采取的是正面教育、灌输，具有鲜明的意识形态性。但思政课程的学科性质使得其讲的是大道理，有时难以引起学生的太大兴趣，从而在某种程度上影响了思想政治理论课育人功能的发挥。而课程思政理念的提出就是对这种边界的有效补充，是对传统思想政治教育理念的突破，在教学载体上有所拓展，在教学方法上有所创新，从而实现思想政治教育与知识体系教育的有机统一。

当然，在新时代教育发展的背景下，思政课程与课程思政又是紧密联系的，两者在任务和目标上有共同性。课程思政与思政课程同属一个"思政共同体"，共同担负立德树人的根本任务，发挥对大学生的思想价值引领作用，二者的共同目标是把大学生培养成为中国特色社会主义合格建设者和可靠接班人。习近平总书记指出："要用好课堂教学这个主渠道，思想政治理论课要坚持在改进中加强……其他各门课都要守好一段渠、种好责任田，使各类课程与思想政治理论课同向同行，形成协同效应。"① 毫无疑问，思想政治理论课是同向同行的主导方面，它也是马克思主义在高校发挥领航作用的课程载体，必须首先建设好。而其他课程则是同向同行的协同方面，发挥其所具有的思想政治教育作用，与思想政治理论课共同构成思想政治教育的课程共同体。思政课程需要发挥主渠道主课堂的显性功能，坚守社会主义意识形态主阵地，课程思政则可以进一步拓宽思政课程的内涵，实现"其他各门课都要守好一段渠、种好责任田，使各类课程与思想政治理论课同向同行形成协同效应"的目标。

要做到同向同行，首先必须明确"向"与"行"的内涵。简言之，"向"就是坚持正确的政治方向；"行"就是育人同行。强调同向同行，实际上是要求各类各门课程都要与思想政治理论课一道，坚持正确的政治方向，形成协同效应，增强育人合力。这是对专业课教学与思想政治教育相脱节现象的现实反思。长期以来，人们在思想政治教育认识上存在误区，片面地认为思想

---

① 习近平. 习近平谈治国理政（第二卷）[M]. 北京：外文出版社，2017：378.

政治教育是思想政治理论课的任务，其他课程主要进行知识教育，这就造成思想政治理论课与专业课的脱节，思想政治教育成了"孤岛"。这不仅忽视了其他课程的思想政治教育资源，也难以发挥思想政治理论课的马克思主义领航作用。为此，必须强调使各类课程与思想政治理论课同向同行。只有这样，才能把握住同向同行的本质要求，更好地发挥思想政治理论课的马克思主义领航作用，也真正把课程思政落到实处。

作者：王校楠

单位：北京理工大学马克思主义学院

三、为什么要实施课程思政

"百年大计，教育为本"，教育在国家发展中具有基础性、先导性作用，而教育的首要问题是育人，思政课程和课程思政都是铸魂育人的关键课程。早在中华人民共和国成立之初，党中央就高度重视对学生的思想政治教育工作。随着认识的不断深化，对学生思想政治教育的提法，相继经历了"政治与思想教育""思想政治工作"到"德育""学科德育"的过渡，再到现阶段的"课程思政"理念的提出。这些提法的变化反映了工作内涵的深化，也体现了工作重点的调整。

（1）课程思政实施的政策背景

从政策背景来看，实施课程思政是贯彻落实习近平总书记系列重要讲话精神的内在要求。党的十八大以来，党中央高度重视思想政治教育工作，提出了一系列新理念新思想，出台了一系列重要文件。2014年，中共中央办公厅、国务院办公厅印发了《关于进一步加强和改进新形势下高校宣传思想工作的意见》，强调了高校思想政治教育工作的重要性。2014年，上海市委、市政府印发《上海市教育综合改革方案（2014—2020）》，该文件将德育纳入教育综合改革之中，此后上海市出台《上海高校课程思政教育教学体系建设专项计划》，将课程思政概念正式写入文件，在工作推进过程中推出了"大国方略"等一批"中国系列"课程，至此，上海高校开始了由传统的思想政治课教学到课程思政的探索之路。①

  2016年12月，习近平总书记在全国高校思想政治工作会议上发表重要讲话，强调："要坚持把立德树人作为中心环节，把思想政治工作贯穿教育教学全过程，实现全程育人，全方位育人，要用好课堂教学的主渠道，各门课都要守好一段渠、种好责任田，使各类课程与思想政治理论课同向同行，形成协同效应。"② 这是对课程思政的科学概括和集中阐发。随着这次会议的召开，课程思政建设在全国从点到面开始展开。为学习贯彻习近平总书记重要讲话精神，各高校需要创新思政教育理念，主动转变思路，开启课程思政建设。在2018年9月的全国教育大会上，习近平总书记又提出了我们教育的根本任务就是培养社会主义建设者和接班人。③ 2019年3月，在学校思想政治理论课教师座谈会上，习近平总书记再次提出要坚持隐性教育与显性教育的统一，挖掘其他各门课蕴含的思想政治教育资源，实现全员、全程、全方位育人。紧接着，中央做出决策部署，在2019年8月，印发《关于深化新时代学校思想政治理论课改革创新若干意见》，在这份文件中，明确提出要全面推进高校课程思政建设，教育部狠抓落实，于2020年5月28日印发《高等学校课程思政建设指导纲要》，对进一步深化高校课程思政的体系化建设和改革创新明确了前进方向，形成了指导意见。2021年7月，在中国共产党成立100周年之际，中共中央、国务院印发了《关于新时代加强和改进思想政治工作的意见》。其中，针对学校思想政治工作，提出"加快构建学校思想政治工作体系，实施时代新人培育工程，完善青少年理想信念教育齐抓共管机制，培养德智体美劳全面发展的社会主义建设者和接班人"④。这些重要会议、重要文件表明课程思政已经成为当今高校思想政治工作的行动指针，以"大思政"理念创新思政育人格局，推动各领域、各环节、各要素协同育人，有效增强思想政治教育的实效性，更好提升高校人才培养能力水平。

---

① 邱开金．从思政课程到课程思政，路该怎样走［N］．中国教育报，2017-03-21．
② 习近平．习近平谈治国理政（第二卷）［M］．北京：外文出版社，2017：378．
③ 张烁．坚持中国特色社会主义教育发展道路　培养德智体美劳全面发展的社会主义建设者和接班人［N］．人民日报，2018-09-11（001）．
④ 中共中央国务院印发《关于新时代加强和改进思想政治工作的意见》［N］．人民日报，2021-07-13（001）．

（2）课程思政实施的时势背景

第一，我国当前正处在"两个大局"，即世界百年未有之大变局、中华民族伟大复兴的战略全局的时代背景中，世界格局正在加速演变。古语有云，"先谋于局，后谋于略，略从局出"。课程思政正是基于这样的"两个大局"而做出的一个战略举措。习近平总书记曾经说过，中华民族还从未有哪一个时代像现在这样前所未有地接近伟大复兴目标，在这样的历史任务中，在强国战略视野下，青年是生力军，青年兴则国家兴，青年强则国家强，青年将全过程参与实现"两个100年"。现在高校大学生20岁左右，2020年全面建成小康社会，到2035年基本实现现代化，到21世纪中叶即2050年建成社会主义现代化强国，到这个时候，很多人还不到60岁，从富起来到强起来的这个过程，现在的年轻人将全程参与。

根据教育部2020年发布的《2020年全国教育事业发展统计公报》显示，2020年我国高等教育毛入学率高达54.4%，在校大学生超过4 000万人，这个数字表明大学生群体已成为中国青年的主力军、就业创业的支柱力量，他们将大有可为，也大有作为，是中国未来社会发展的中坚力量。从培养学生的思维方式和创新能力方面而言，我们要培养社会主义建设者和接班人，不仅要讲政治、讲立场，还要讲能力、讲智慧、讲德才兼备。新时代，意味着中国在世界舞台将扮演更加重要的角色。这就需要国际化的人才培养，这些都要求人才培养必须有新理念、新思维方式，要有适合全球化进程的创新能力等。课程思政正是基于这样的时代背景而提出的全新的教育理念，是教育领域的一次深刻自觉。

第二，从青年自身阶段的发展特点来看，青年是最富有朝气与梦想的群体，他们有爱国激情、有进取精神、有批判意识，思维活跃、开放自信。同时，青年阶段也是人生观、价值观、世界观形成的关键时期，随着社会发展的多元化，青年价值观也呈现多元化的发展趋势。现在的青年学生是伴随着互联网成长起来的"网生代"，网络生活已成为年轻人日常生活的一部分。但网络上的信息良莠不齐，各种错误思潮交织，如历史虚无主义思潮，低俗、功利、拜金等思想的误导，都会影响青年对主流价值观的认同。"互联网已经成为舆论斗争的主战场"①,这在客观上也要求我们要坚持不懈传播马克思主义科学理论,为大学生成长成才奠定科学的思想基础,充分掌握网络舆论战中的主导权、主动权,通过教育焕发青年学生的"自律意识"和"主体意识",筑牢年轻人的意识形态根基。

另一方面,在青年学生群体中,传统的"欧洲中心论"和"西方文明优越论"的影响仍然存在。这一成因有历史的原因,就社会发展领域而言,近代以来,各主要资本主义国家相继诞生,资本主义生产方式迅速占领西欧,在这个世界巨变的过程中,西欧逐渐赶超东方社会,成为近代文明的代名词,在观念上就出现了西方中心论。就科学教育领域而言,近代一系列重大科学发现,如达尔文进化论、牛顿力学、细胞学说、物质守恒定律等都源于西欧。现阶段专业课程,特别是理工类专业课程大多以诞生于近代的欧洲自然科学为讲授对象,在学习过程中接触到的西方案例多一些,在遇到问题或面临困惑时多习惯向西方世界寻找"解决方案",也容易产生"西方文明优越论"的偏颇想法。这一点值得警醒,也要引起足够的重视。改革开放以来,我国实践创新与理论创新成就在一定程度上动摇了传统的"欧洲中心论"和"西方文明优越论"的根基,但是其影响仍然存在,所以,这需要利用课堂教学主渠道来讲好中国故事,引导学生读懂中国、坚定中国自信。

(3)课程思政实施的学科背景

课程思政是依托专业课程而进行的思想政治教育实践活动,其实施的基本载体是课程。在高校构建的课程体系中,课程的80%是专业课程,高校教师的80%是专业教师,学生学习时间的80%是专业学习,80%的大学生认为,对自己成长影响最大的是专业课和专业课教师。"四个80%"是推行课程思政建设的客观依据,所以,培养青年学生专业课教师是"主力军",专业课教学是"主战场",专业课课堂是"主渠道"。从学科特点来看,专业课程特别是理工类课程,学生接受的教育重点在科学原理阐释、工程技术应用等自然科学方面的知识与技能传授。受科学主义思潮的影响,理工类专业课程建设过程中更多强调真理维度,理工教育中的工具理性越来越浓

---

① 本书编写组. 习近平新闻思想讲义(2018版)[M]. 北京:人民出版社,2018:28.

厚，具体表现就是专业分化越来越精细，评价标准越来越量化，目的导向越来越倾向于实用，这样很容易造成人的发展的片面性，导致部分学生将实用的工具理性奉为真理性的唯一标准，人文精神缺失，在实践中割裂了价值理性与工具理性的统一，出现了"精于科学，荒于人学；精于电脑，荒于人脑；精于网情，荒于人情"等种种现象，人的成长发展呈现出"空心人""边缘人""纸片人"倾向，这对于青年人的成长是不利的。课程思政的教育目标就是要培养能担当民族复兴大任、德智体美劳全面发展的时代新人，旨在培养德才兼备、知行统一、又红又专的人才，从这一意义而言，课程思政的提出是课程育人本质的回顾。从另一个角度而言，人类认识世界的任何一个成功的实践都是真理尺度和价值尺度的统一，由科学技术所引发的人文问题的思考，用人文的视野来关照科技的发展，也是开展课程思政教育的一个立足点。

作者：孙　利　武婷婷

单位：北京理工大学马克思主义学院

四、课程思政建设的目标是什么

课程思政建设工作要围绕全面提高人才培养能力这个核心点，站在我国高等教育培养社会主义事业建设者和接班人的目标高度和立德树人的根本任务高度来确立。

从育人的政治高度而言，站稳教育的政治立场是课程思政建设目标的起点。培养什么人、怎样培养人、为谁培养人是教育的根本问题。从党和国家事业发展全局来看，培养中国特色社会主义的合格建设者和可靠接班人是教育的根本任务。全面推进高校课程思政建设就是建立在反思现行课程制度、课程体系的基础上，对高等教育理念开展具有新时代特征的重塑，把课程思政建设作为落实立德树人根本任务的战略性举措和全面提高人才培养质量的重要依托，为社会主义现代化建设服务。

从育人的思想高度而言，塑造正确的价值观、世界观、人生观是课程思政建设的重要价值目标。高校人才培养的质与量事关党和国家事业发展大计，全面推进课程思政建设就是从挖掘各门课程本身所具有的思想价值要素入手，把思想价值观念的教育融入每门课程特有的知识体系及其所蕴含的核心素养之中，并由此建构和改造学生的知识结构，培养健全人格，坚定马克思主义信仰，塑造正确的价值观，提升认识世界、改造世界的方法能力，使学生能够综合运用各类知识解读精深的专业问题、审视复杂的社会现象，以思想的深度做好知识与价值之间的协调，以深度的思想境界站稳家国立场。

从教学育人的知识宽度而言，打造教学的知识宽度、课堂温度是课程思政建设的基本目标之一。通过各个层面知识的递进式传输来实现价值观教育内容在教学中的有机分解、巧妙聚合，用智育夯实德育基础，用知识的宽度赋予学生认识的深度，从而拓展出学生对公共事务的关注、对自身所处社会的关爱、对国家政治生活的关心，从而实现高等教育育人、育才、育德的统一。

在课程建设内容上，课程思政建设内容要紧紧围绕坚定学生理想信念，以爱党、爱国、爱社会主义、爱人民、爱集体为主线，在知识传授、能力培养过程中，系统进行中国特色社会主义和中国梦教育、社会主义核心价值观教育、法治教育、劳动教育、心理健康教育、中华优秀传统文化教育，引导学生了解世情国情党情民情，增强对党的创新理论的政治认同、思想认同、情感认同，坚定中国特色社会主义道路自信、理论自信、制度自信、文化自信。通过课程建设，培养学生对中国未来的战略全局意识；培养学生从复杂多变的客观实际中，思考人类社会发展目标的能力；培养学生了解当下经济社会尚需努力的方向，掌握从中国社会经济发展全局思考问题、解决问题的意识能力；掌握从复杂多变的客观实际中，明确发展目标、贯彻发展理念、倡导共同发展，建立运用中国理论分析中国问题的能力。

在课程建设保障体系上，课程思政建设需要根据学校定位和教师队伍培养特点，提高实践教学队伍整体素质，提高业务素质、实践能力与教学水平，形成一支理念先进、经验丰富、能力较强、勤于探索、勇于创新的"双师型"实践教学队伍。

总之，课程思政就是以全面提高人才培养质量为目标，围绕价值塑造、知识传授、能力培养三位一体的课程目标，通过教育内容和教育模式的改革创新，拓宽思想政治教育的渠道，切实解决好专业课与思政课、专业教育与思政教育"两张皮"的问题，实现全员育人、全过程育人、全方位育人。

作者：王校楠

单位：北京理工大学马克思主义学院

五、课程思政建设中存在哪些问题和难点

各高校积极探索课程思政教育体系建设方案，取得了丰硕的研究成果，积累了宝贵的实践经验。但由于对课程思政本质理解上的不同，在推进课程思政建设过程中也不可避免地出现了一些认识上的偏差和实践瓶颈。

（1）课程思政建设的意识、观念有待提升

目前，对课程思政的认识还存在两方面的误区：一是未能正确认识"立德树人"的重要意义，将"立德"视为对学生进行机械的道德输出和简单的价值传递，认为这是思想政治理论课的教学任务，从根本上将专业课程与思想政治理论课程的培养功能固定化，主观上认为专业课与思政课两类课程具有各自的目标、各自领地，两者互不相干、不能融合，从而忽视发掘学科知识中蕴含的精神价值因素，由此形成了阻碍两者相互转换的壁垒；二是受到西方新自由主义思想的影响，片面追求学术自由和科学知识的"价值中立"，这使一些教师认为专业课程应以实用性为检验教学效果的重要标准，在思想意识深处忽视课程思政建设的必要性，导致对待课程思政建设工作出现抵触、被动、轻视等局面。

专业课发展确实需要遵循自身学科规律。实施课程思政并不是要把专业课上成思政课，不是额外简单地嫁接一些思政内容。课程思政是教师以高超的授课艺术、深沉的家国情怀将学术知识承载的精神价值一并传递给学生。杜绝以实用主义为衡量一切的标准，避免单纯或者片面地停留在构建课程思政体系的表面工作上。因此，在课程思政建设过程中，要充分调动各门课程教师的积极性和能动性，对专业课教师进行必要的理论基础与技能方面的培训，更深刻地理解课程思政建设的重要意义，持续而深入地思考课程思政体系构建的方式方法，自觉地在教学内容和教学目标中纳入思想价值要素，让

学生在专业课程的学习中增强对中国特色社会主义道路认同、理论认同和文化认同。

(2) 专业课中思政要素的有效提炼与融入存在难点

新时代高等教育更加注重学习能力、实践能力、创新能力和前沿视野的培养。知识的更新迭代速度越来越快，学科交叉交融日益加深，也越来越需要系统思维和整体性思维能力的提升。这在客观上要求当前教育越来越需要一种新的理念，以跨学科、全面系统的方式对原有的课程体系、知识体系重新分类组合，这对教师的知识储备、思维能力是一个挑战。

另外，知识领域的"求真"如何融入"善与美"的价值资源也考验着教师的功力。在具体的教学实践过程中，每一位专课教师在整体精通课程知识体系的同时，还需要综合考虑专业所需的能力要素，提炼专业知识体系中蕴含的思想政治教育价值与元素，确保提炼的思政元素具有客观性和真实性。不仅如此，专业课教师还要善于找准课程思政元素与专业课程之间的连接点，思政要素能增益知识认知，为科学知识注入人文精神，在此基础上，以专业知识对其进行整理和加工，形成具体化的知识点，补充教材，最终发挥隐性育人的教育功能。此外，在教学设计时，教师还要依据现实社会需要，充分考虑人才培养特殊性问题，以问题为导向，有意识地寻找学生关心和关注的问题对象，提供有效的解释框架，为学生答疑解惑，使他们形成易于掌握和具有实际效用的思考方法，满足他们的实践发展诉求。这对教师的能力素质都提出了更高的要求。

(3) 课程思政建设缺乏整体设计意识，协同乏力

课程思政建设的目标在于实现各类专业课程与思想政治理论课协同并进，避免教育效果出现知识传授和价值塑造相脱离，出现"两张皮"的现象。实现课程思政建设目标需要各学科共同努力，需要教学学院与各职能部门共同行动，这是由系统性的教育环节共同完成的。目前来看，课程思政教学缺乏整体设计意识，学科之间的壁垒需要突破，对课程思政的探索呈现多点散发、碎片式的特点。相关部门协同联动的工作格局尚需打开，思政教师与专业教师之间如何实现真正的双向交流，学科与学科之间如何交叉融合，如何构建一个内生动力与外部助力相结合的推进机制，如何建立有效的多学科协同育人机制尚在探索。此外，课程思政的集体教研制度、课程思政规范化管理制

度等相关制度需要细化完善。

（4）课程思政效果评估和考核机制尚不健全

对课程思政建设进行教育评估是证明其教学有效性的最直接方法。但目前课程思政的实施情况和实施效果缺乏科学合理规范的评价。目前大多数对课程思政建设成效的评价是来自学生和同行专家的定性评估，而对学生满意度和获得感的评估也大多单纯依靠学校固有的教学评价体系，笼统加以评价，对课程思政建设缺乏系统的评估标准和全面而有针对性的考评工作设计，课程思政评估并未完全纳入课程质量标准体系中。

另外，课程思政建设并未纳入教师评职体系和激励体制之中，使部分教师认为课程思政建设是教学之外的额外负担，并未全身心地投入课程思政建设之中。教师是课程思政最重要的主体力量，应该有健全的机制激励教师致力于课程思政建设，将课程思政建设情况和建设效果与老师的绩效激励、年终考核、职称晋升、培训交流等挂钩，激发教师的内生动力。此外，还应该加快构建课程思政建设的职责履行考察制度，尽快将课程思政建设纳入大学治理体系之中。

作者：王旭东

单位：北京理工大学马克思主义学院

六、如何建设课程思政

就目前各高校课程思政的实际建设情况来看，课程思政现有问题主要是课程思政定位及对其内部结构关系的认识未达成共识，课程思政元素与教学没能充分融合，教师的课程思政意识和能力有待提高。概括来说，课程思政的实施要解决两个困境，一个是内容建设上的困境，一个是方法实施上的困境。所谓内容困境，就是如何在"求真"的知识领域融入"善"与"美"，如何挖掘课程本身的思想价值元素，从而提升课程的思想高度。所谓方法困境，就是如何在不干涉既有的教学节奏基础上将思政要素有机融入课堂。有的老师可能优先选择专业教学，专业教学讲完再讲点思政内容，导致"课程"+"思政"形式上出现嫁接、拼凑、生切的痕迹，效果不理想。

针对以上两个困境，在课程思政教学设计中就要着力围绕教与学两个环节，深入思考应该教什么、如何教，需要在教与学的协同中实现要素关系的重构，建构一个以教师为主导、以学生为主体的教学相长的共同体。这需要分三步走，循序渐进。

第一步：课程思政建设的内容。从课程思政建设的内容重点来看，课程思政的硬核是内容设置。专业课程与思政内容如何整合、如何叙事决定着课程思政的预设目标与实际效果。我们现在已经明确，课程思政建设的核心目标是寓价值观引导于知识传授和能力培养之中，因此，课程思政建设的重点内容，必须紧紧围绕坚定大学生理想信念，以爱党、爱国、爱社会主义、爱人民、爱集体为主线。在课程内容的设置上，要以习近平新时代中国特色社会主义思想为指导，重点围绕政治认同、家国情怀、文化素养、法制意识、道德修养五大要素内容，从供给端优化课程思政的教育教学资源。结合五项重点内容，系统对学生进行中国特色社会主义和中国梦教育、社会主义核心价值观教育，加强中华优秀传统文化教育，深入开展宪法法治教育，深化职业理想和职业道德教育。

要想建设好课程思政，首先需要对这些内容的内涵有了解。如深入推进习近平新时代中国特色社会主义思想进课堂，那就需要了解习近平新时代中国特色社会主义思想的核心要义是什么、基本内容是什么。在授课的过程中需要有意识地把"十个明确"和"十四个坚持"、"五位一体"总体布局、新发展理念（创新发展、协调发展、绿色发展、开放发展、共享发展）、四个自信（道路自信、理论自信、制度自信、文化自信）等内容有机地融入专业学习中，深入地挖掘能够体现中国制度优势、中国智慧的专业案例。再如，对学生进行中华优秀传统文化教育，就需要了解中华优秀传统文化中讲仁爱、重民本、守诚信、崇正义、尚和合、求大同的思想精华。所以，对于专业课教师来说也要提升自身的理论学习和理论素养。

第二步：定位育人目标、提炼价值要素。要掌握以上五项重点内容，就需要根据不同学科专业的特色和优势，深入研究本专业的育人目标，分解细化人才培养所需能力，是培养航空航天人才，还是培养材料发明运用，抑或是高级管理人才？这一人才目标需要的能力是什么？在这基础上，深度挖掘提炼专业知识体系中所蕴含的思想价值要素。

以下是课程思政实施中具有共性的一些价值要素。

①爱国主义精神、家国情怀。爱国主义是我们民族精神的核心，有着深厚的历史和情感积淀，那么爱国主义在相应的课程体系中如何体现？

②科学精神与科学家精神。追求真理、敢于超越、严谨治学、淡泊名利的精神可以通过什么方式呈现？

③工匠精神。集中表现为劳动精神、职业奉献精神、精益求精精神、严谨求实的精神。需要发掘专业课程中涉及的具有工匠精神的代表人物，以他们生动鲜活的事例激励学生。对于理工类专业课程、实践课程来说，其更需要关注这一点。

④思维能力与思维方法。深入思考本专业可以培养学生哪些方面的思维能力和思维方法，具体来说，包括科学思维、系统思维、辩证思维、历史思维。

⑤真善美精神，如人文精神、法制观念、审美能力、道德修养等。

第三步：有了这些价值要素，就可以从课程所涉专业、行业、国家、国际、文化、历史等角度，重新构建一个科学合理的课程思政的教学体系，增加课程的知识性、人文性，提升引领性、时代性和开放性，注重建设具有特色的课程思政示范课程。

课程思政建设不仅要遵循"专业思政""学科思政"的建设规律，而且要遵循大学生思想观念变化规律，以学生为中心，在传授专业知识的过程中，掌握学生的关注点、兴趣点和语言特点，结合大学生成长过程中最关心的问题、国家社会发展最需要解决的问题提炼核心课程，做到因材施教、因地制宜，激发学生的认同感，提高教学的亲和力和感染力。总之，课程思政内容设置的指针就是紧密结合党情、国情、世情，带领学生在专业领域"读懂中国"，着力思考本专业、本课程在中国发展进程中角色定位与作用影响，让学生通过课程学习，学会从中国社会发展的全局来思考问题、解决问题，培养学生对中国未来发展的战略全局意识。

作者：孙 利
单位：北京理工大学马克思主义学院

七、如何进行课程思政的教学设计

在教学设计过程中首先是要明确教学内容，提炼价值要素。在实现既有学科教学目标基础上，还要在教学活动中向学生输入正向价值判断和选择、积极参与和评价等情感领域要素，要将马克思主义立场、观点和方法，社会主义核心价值观，"五位一体"总体格局，"五大发展理念"，党的基本路线，党和国家方针政策，科学精神和人文精神，创新和创业意识等思想价值要素融入各学科教学目标之中。在价值要素提炼的基础上，综合考虑课程所涉专业、行业、国家、国际、文化、历史等背景，重新设计课程思政的教学体系。具体来说，可以概括成"三结合""三依托"。

（1）结合学科专业发展历史，激发学生的家国情怀，坚定四个自信

学科史的讲授要放在中国史、世界史的大背景下，以"大历史"观考察其变迁与发展。以学科专业发展史讲述中国社会发展史、中国科技发展史。让学生深切感受到中国发展历程的艰辛、民族国家繁荣进步的来之不易，从而激发起学生的家国情怀。

（2）结合专业伦理教育，培养学生的职业素养、责任意识与行为习惯

每门课程都有相应的伦理价值规范，结合所学专业，将其置于当下所处的现实环境下，在现实关切、未来指向的维度中，拓展其所面临的伦理难题、挑战和困境，引导学生既追求真理，又不忘以价值的尺度予以考量，培养学生的职业素养、责任意识与行为习惯，形成正确的伦理价值判断。

（3）结合专业发展前景，加入形势与政策内容，培养学生的竞争意识和创新精神

专业课程要以国际国内先进水平和优秀成果对标，结合本专业面临的竞争形势、创新态势，学科交叉融合趋势，行业发展前景以及国家战略布局、国内外的产业布局等内容，让学生更加明晰专业发展的走向与坐标。引导学生思考：国家需要我们做什么？我们的差距在哪里？我们的努力方向是什么？引导学生深入思考个人的专业学习、职业规划与建设强国之间的关系，引导学生将"个人梦"融入"中国梦"中，引导学生意识到竞争意识、创新能力对国家综合国力发展的重要性。

这些内容的具体抓手可依托这样一些载体：

可依托国家战略或重点发展方向，如新时代交通强国战略、海洋强国战略、科技强国、军事强国战略、健康中国战略、创新驱动发展战略、乡村振兴战略、区域协调发展战略、可持续发展战略、军民融合发展战略、"一带一路"倡议、黄河大保护、京津冀协同发展、长江经济带发展、粤港澳大湾区建设等。

可依托典型人物，如学术大师、大国工匠、革命先烈、时代楷模等。

可依托典型专业案例，如疫情防控、疫苗研制、量子通信卫星、C919 大飞机、载人航天工程、北斗卫星导航、中国网、中国桥、中国路、中国芯、中国车等大国重器或大国工程等相关专业案例等。

接下来就是设计合理的教学环节，创新教学方式方法。在具体的课程教学环节上，根据适时、适用、适当的原则具体融入。可以从三个点上着手考虑，即切入点、融合点、动情点。切入点就是掌握时机适时切入（适时）；融合点就是把思政元素与专业知识相结合，形成契合度（适用）；动情点是引起学生情感共鸣，给予学生思想启迪（适当）。也可以把这三个点作为课程思政建设的基本认定标准。需要指出的是，在课程思政具体授课环节中，并非时时处处都体现思政元素，不一定各个知识点都要植入课程思政元素，但是要注意，把握好关键节点、抓住关键环节，重在整体设计上。

至于具体的方式可以有多种，例如，在课程中增加国际视野和虚拟仿真等实验教学，综合运用大数据、云计算、人工智能等技术，实现 VR、AR、MR 和大范围投影科技对思政课教学立体化辅助教学支撑。无论方式如何，有一点是共同的，就是一定要以学生为主体，充分调动学生的积极参与感、能动性，以沉浸式的教学方式让学生入脑入心。传统"教师讲、学生听"的课程模式已然不适应课程思政建设的需要，课程思政的建设需要解决学生主体性缺失，也就是被动学习的问题，这一点仁者见仁、智者见智，需要在实践中不断探索。如可以通过实施"五个一"，即一篇专业学术前沿综述、一篇行业前景调研报告、一次专业实习、一个专业课中的榜样故事、一篇思政课中的专业案例，将课程实施过程打造成师生互动、交流、启发、反思、情感的学习成长共同体。

总之，课程思政的教学设计要坚持目标导向、问题导向和价值导向三者统一，结合中国特色社会主义现代化建设实践，寻求破解中国现实问题方案的思路方法。概而言之，课程思政的教学设计大体上有这么几个步骤：首先是要围绕主线与重点内容，根据自身专业特色定位育人目标、提炼价值要素，重新构建科学的教学体系、课程体系，接下来就是依据"三结合""三依托""三个点"等具体的载体抓好设计教学环节，设计形式多样的教学活动，吸引学生参与课堂教学环节，呈现课堂的精彩。

作者：孙　利

单位：北京理工大学马克思主义学院

八、具有共性的课程思政价值要素有哪些

虽然高校专业课针对的是不同的研究对象，有各自的研究领域，但课程中有很多共同的价值属性，这些共同的价值属性可以被视为课程思政元素，是构成课程思政实践的着眼点，主要包含以下几个方面。

（1）政治认同

习近平总书记在全国高校思想政治工作会议上明确指出："我国高等教育肩负着培养德智体美全面发展的社会主义事业建设者和接班人的重大任务，必须坚持正确政治方向。"[1] 培养什么人、怎样培养人、为谁培养人是教育的根本问题，全面推进课程思政建设，就是要寓价值观引导于知识传授和能力培养之中，帮助学生塑造正确的世界观、人生观、价值观，这使得课程思政建设具有政治性、价值性、实践性的特点。可以这样说，课程思政是新时代办好社会主义大学的政治任务。全面提升专业课程的政治站位，重点围绕政治认同，在专业课的讲授过程讲好中国故事、展示中国智慧、传播中国话语、增强中国自信是开展课程思政建设的第一要务。

（2）爱国主义精神

习近平总书记 2019 年 4 月 30 日在纪念五四运动 100 周年大会上指出：

---

[1] 张烁. 把思想政治工作贯穿教育教学全过程　开创我国高等教育事业发展新局面[N]. 人民日报，2016 - 12 - 09（001）.

"爱国主义是我们民族精神的核心，是中华民族团结奋斗、自强不息的精神纽带。五四运动时，面对国家和民族生死存亡，一批爱国青年挺身而出，全国民众奋起抗争，誓言'国土不可断送、人民不可低头'，奏响了浩气长存的爱国主义壮歌。"[1] 中华民族的爱国主义精神有着深厚的历史、文化和情感积淀，已经成为流淌在中华儿女血液里的精神基因。进入新时代以来，中共中央、国务院印发了《新时代爱国主义教育实施纲要》，这部纲领性文件强调，新时代加强爱国主义教育，对于振奋民族精神，凝聚全民族力量，决胜全面建成小康社会，夺取新时代中国特色社会主义伟大胜利，实现中华民族伟大复兴的中国梦，具有重大而深远的意义。

同时，还可以结合我国高等教育发展史、学科发展史来讲述家国情怀。回顾我们的高等教育历史可以发现，近代以来中国高等院校是在特殊的历史环境中成长起来的，尤其是在延安解放区由中国共产党创立的一大批高等院校，他们积极探索符合中国高等教育发展的办学经验，走出了一条红色育人路。在这个过程中我们看到，这些院校办学条件艰苦，需要克服各种各样的困难，但是其没有被困难压垮，而是在中国共产党的领导下，在全体师生共同努力下，为民族解放斗争培养了大批革命人才，在近代中国高等教育发展史上留下了许多可歌可泣的人物和事迹。中华人民共和国成立之后，在吸收我国革命战争时期高等院校办学经验并借鉴苏联高等教育建设经验的基础上，我国高等院校建设进入快速发展阶段，革命时期奠定的学科体系在一定程度上被视为这一时期高等院校学科体系发展的基础，大学专业课程重点继承之前的教学框架和重点，这为课程思政建设提供了可资借鉴的资源。追溯大学专业课程历史沿革，挖掘各个时期专业发展史中的代表人物和群体，提炼爱国主义教育资源，服务课程思政建设。

（3）工匠精神

工匠精神是人类在改造自然过程中逐渐形成的，其内涵体现着丰富的精神文化元素，集中表现为劳动精神、职业奉献精神、精益求精精神、开拓创新精神。从根本上说，工匠精神是一种伦理精神，人类持之以恒地追求完美、

---

[1] 习近平. 在纪念五四运动 100 周年大会上的讲话 [N]. 人民日报, 2019 - 05 - 01 (002).

精益求精以及探索创新是人的内在德性的体现。习近平总书记指出："劳动模范是劳动群众的杰出代表，是最美的劳动者。劳动模范身上体现的'爱岗敬业、争创一流，艰苦奋斗、勇于创新，淡泊名利、甘于奉献'的劳模精神，是伟大时代精神的生动体现。"① 因此，大学生要以大国工匠和劳动模范为榜样，做一个品德高尚而追求卓越的人，积极投身于中华民族伟大复兴的宏伟事业中。

课程思政建设是要发掘专业课程中涉及的具有工匠精神的代表人物，以他们生动鲜活的事例激励学生。对于理工类专业实践课程来说，尤其需要关注这一点。比如中华全国铁路总工会"火车头奖章"获得者、被称为中国中铁"十大专家型工人"的彭祥华，能够把装填爆破药量的呈送控制在远远小于规定的最小误差之内；我国火箭发动机焊接第一人高凤林，能把焊接误差控制在 0.16 毫米之内，将焊接停留时间从 0.1 秒缩短到 0.01 秒；中国大飞机项目的技师胡双钱，仅凭他的双手和传统铁钻床就可制造出高精度的零部件，等等。这些鲜活的动人故事和人物告诉学生，作为制造大国的中国取得的一系列成就与这些具有工匠精神的大师息息相关，弘扬工匠精神、培育大国工匠是提升我国制造品质与水平的重要环节。以专业领域典型成就传播科学态度和科学精神，以行业代表人物事迹培养家国情怀和爱国主义精神，有利于提高学生的认同度和接受度，增强其政治认同、思想认同、价值认同、理论认同和情感认同，在"润物细无声"中实现立德树人根本任务。

(4) 红色资源

红色资源承载了我们党波澜壮阔的革命史、艰苦卓绝的奋斗史、可歌可泣的英雄史，蕴含着丰富的革命精神和厚重的历史文化，包含了革命先辈的崇高理想和坚定信念，凝聚了党的优良革命传统和集体智慧，这既是党对中华优秀传统文化的继承和发展，同时也是对社会主义道德体系的挖掘和升华。为挽救民族危亡、服务抗战建国，中国共产党在延安时期开始了创办高等教育的伟大实践，创建了抗日军政大学、陕北公学、延安自然科学院、鲁迅艺术学院、延安大学等一批红色大学。这批拥有鲜明红色血脉的大学在中华人

---

① 习近平. 在知识分子、劳动模范、青年代表座谈会上的讲话 [M]. 北京：人民出版社，2016：8.

民共和国成立后，继续为新中国高教事业发展、为党和国家各项事业发展做出了重要贡献，成为社会主义高等教育的重要组成部分。这体现了党办高等教育的育人初心，积累了丰富的红色资源，是新时代课程思政建设的宝贵资源，为课程思政建设开展提供了坚实的基础。

（5）人文素养

中华优秀传统文化是中华民族民族精神的产物，是中国人在认识世界和改造世界过程中逐渐形成的知识体系，这种文化形态尤其关注人、自然、社会三者关系，凸显人的因素，强调人培育道德的重要性。教育部印发的《高等学校课程思政建设指导纲要》中指出："大力弘扬以爱国主义为核心的民族精神……教育引导学生传承中华文脉，富有中国心、饱含中国情、充满中国味。"从侧面凸显了中华优秀传统文化对于高校专业课程教育目标实现的重要价值和意义。现阶段大学专业课程受到研究对象与科学思维方式的影响，课程教学活动重点围绕认识研究对象展开，相对忽视研究对象的社会属性与人文属性，导致专业课程中人文元素并不凸显。课程思政建设目标是以培养科学精神和人文精神合璧的现代人才为落脚点，专业背后的人文精神就成为课程思政建设需要着力挖掘的要素。教师一方面要有意识地培养学生的人文情怀，另一方面，要让学生以人文精神指导自己的专业课程学习，培养专业伦理意识。

（6）职业素养

现阶段受到实用主义思潮的影响以及理工类专业偏重实践的特点，理工类院校大多以显性职业素养教育为主，缺乏对隐性职业素养教育的培养。随着时代的发展进步和人们观念的改变，理工类院校要着力凸显隐性职业素养教育的地位，在课程设置中陆续开展与隐性职业素养相关的课程，引导学生树立正确的职业道德和职业理想，引导学生深刻理解并自觉实践各行业的职业精神和职业规范，增强职业责任感，培养遵纪守法、爱岗敬业、无私奉献、诚实守信、公道办事、开拓创新的职业品格和行为习惯，使学生成为灵活掌握专业知识，能让专业知识造福人类社会的人才。

（7）科学精神

科学精神曾经指引人类走出蒙昧时代，是助推社会繁荣发展的精神动力，是社会文化的重要组成部分。科学精神集中表现在科学认识源于实践，实践是检验科学认识真理的唯一标准,科学精神的内涵主要包括理性、批判、创新、公平等方面,这些应该渗透在理工类专业课程之中,注重科学思维方法的训练,培养学生正确认识问题、分析问题和解决问题的能力,培养学生探索未知、追求真理、勇攀科学高峰的责任感和使命感。

(8) 科学家精神

高校中各类专业课程的设置是培养大学生各项专业技能与传授知识的核心载体,其目标是将各专业大学生培养成具有过硬的专业技能、扎实的专门知识和完备的科学家精神的专业人才,成为合格的社会主义建设者和接班人。2019 年,党中央出台《关于进一步弘扬科学家精神加强作风和学风建设的意见》,明确指出要大力弘扬"胸怀祖国、服务人民的爱国精神,勇攀高峰、敢为人先的创新精神,追求真理、严谨治学的求实精神,淡泊名利、潜心研究的奉献精神,集智攻关、团结协作的协同精神,甘为人梯、奖掖后学的育人精神"。[①] 2020 年 9 月,习近平总书记在科学家座谈会上也明确指出:"科学家精神是科技工作者在长期科学实践中积累的宝贵精神财富。"[②] 广大科技工作者与专业人才要把自己的科学追求融入建设社会主义现代化国家的伟大事业中去。

作者:王旭东　孙　利

单位:北京理工大学马克思主义学院

九、如何建设马克思主义理论引领下的多学科共建机制

探索建立课程思政长效运行机制和协同创新机制是确保课程思政取得实际成效的关键。首先,要明确高校党委在思想政治教育改革中的主体责任。高校党委在指导各学科建设和发展过程中,要坚持和巩固马克思主义的指导地位,善于运用马克思主义理论科学引领高校各学科协同发展能力。其次,以思想政治理论课作为支撑点,提升马克思主义理论对社会现实的解释能力。

---

① 关于进一步弘扬科学家精神加强作风和学风建设的意见[M].北京:人民出版社,2019:4.

② 习近平.在科学家座谈会上的讲话[N].人民日报,2020-09-12(002).

对思想政治理论课教学中遇到的学生存在困惑或感兴趣的知识点进行深入挖掘，形成具有代表性的科研重点，针对这些科研重点各学科协同研究和解决，转化科研成果，服务教学内容，形成学科建设、科学研究和教学活动三者良性互动模式。最后，针对思想政治教育中面对的重大理论问题，结合哲学社会科学各学科的专业理论和研究方法，发挥马克思主义理论引领、示范和辐射作用，建立学科交叉研究平台和对话平台，提升各学科解决现实问题的能力，形成思想政治教育的创新成果，构建由马克思主义理论科学引领，多学科协同发展的"大思政"格局。

第一，打造教学实践平台。建立理论与实践、第一课堂与第二课堂相互促进的教学实践平台，推动学院—学科—科研团队三级科研模式，实现跨学科、跨专业和校内协同创新的模式转变，打造德育与智育相融合的重要阵地。

第二，打造师资培育平台。建立学习和对话的师资培训模式，基于马克思主义理论和中华优秀传统文化双重视角，将育人要求和价值观教育融入教师授课话语体系，提升教师作为学生价值观引领者的影响力。

第三，打造协同育人平台。以马克思主义学院为主体，协同学校各职能部门探索课程思政一体化管理路径，建立包括思政教师、专业课教师、辅导员和职能部门人员在内的思政共同体，实现思政教师和专业教师职能互补，形成教育与教学相统一的发展模式。

作者：王旭东
单位：北京理工大学马克思主义学院

十、思政元素如何同专业课程培养目标相结合

课程思政建设需要深入学习贯彻习近平总书记关于教育的重要论述，牢牢把握正确政治方向，落实立德树人根本任务，将课程思政融入教育教学各个方面，培养立大志、明大德、成大才、担大任的科技创新人才，把国家的需要作为使命，到祖国最需要的地方去建功立业。

价值目标：专业课程的设计要引导学生坚定信念，做明德明辨、志存高远的时代新人。作为能够担当民族复兴大任的时代新人，需要有坚定的理想

信念。唯有理想远大、信念坚定，树立共产主义远大理想和中国特色社会主义共同理想，立志为国家富强、民族复兴、人民幸福奋斗终身，才能在历史的发展长轴中找准定位，牢记民族复兴的重任，用创新为祖国添砖加瓦，为实现中国梦做出应有的贡献。坚持把论文写在祖国大地上，坚定爱国心、强国志、报国行。坚持正确的历史观、民族观、国家观、文化观，自觉抵制错误思潮言论，在大是大非面前敢于亮剑、勇于斗争。坚持总体国家安全观，重视安全威胁和问题，提高安全意识和安全责任。

知识目标：专业课程的设计要引导学生求真务实，做基础扎实、内涵深厚的时代通才。"非学无以广才，非志无以成学"，我们培养的人才，不应当是单向度、工具化的"机器"和"工匠"，而应当是完整意义的大写的"人"。专业知识的学习，需要科学素养、人文素养、艺术修养的涵育，需要重视体育锻炼，未来需要更多精力充沛、创造力丰富、洞察力敏锐、博闻广识的通才。高端装备、智能制造、核心元器件等高精尖行业，也对从业人才有极高的要求。引导学生自觉加强政治学习，主动了解世情国情党情民情，关注国家政策特别是行业领域的政策导向，将个人成长与国家发展紧密联系在一起。

能力目标：专业课程的设计要引导学生敢于创新，做具有世界眼光、勇立潮头的时代栋梁。课程思政的设计要引导学生胸怀中华民族伟大复兴战略全局和世界百年未有之大变局，深入思考个人专业学习和职业规划与建设强国之间的关系。教育引导学生关注世界形势及其发展变化，既有匡时济世的志向，又有世界大同的理想，成为具有中国情怀、全球视野的人才。提升文明交流互鉴能力，具备全球胜任力。专业课程要以国际国内先进水平和优秀成果对标，引导学生具备世界眼光、战略思维和担当精神，引导学生思考"国家需要我们做什么？我们的差距在哪里？我们的努力方向是什么"等问题，激发学生专业课程学习的内生动力。

作者：张　虹
单位：北京理工大学马克思主义学院

十一、思政元素如何同教材体系相结合

首先,深入挖掘专业课程中蕴含的思政元素。对照以下三个方面来挖掘:从社会主义核心价值观目标看,富强、民主、文明、和谐是国家层面的价值目标,自由、平等、公正、法治是社会层面的价值取向,爱国、敬业、诚信、友善是公民个人层面的价值准则;从情感态度目标来看,包括社会责任感和社会公德意识;职业素养目标主要结合行业特征来定,包括遵守行业的基本道德要求,具有一定的团队协作精神和创新精神等。挖掘的过程需要注意,要根据课程的特点和容量来合理有效地进行思政元素的"如盐入味",而不能本末倒置。

其次,把梳理、提炼出的思政元素融入教案。很多教师习惯于传统授课方式,对课程思政加入教学有畏难情绪。形成一套完整的专业课程思政教案就能帮助教师顺利而有效地开展教学活动,并根据课程标准、教学大纲和教科书要求及学生的实际情况,对教学内容、教学步骤、教学方法等进行课程思政的转向优化和改进。从整体上规划设计专业课程的课程思政教学,并在具体落实的过程中融入教学目的、重难点、教学准备、教学过程及练习设计等全过程,也是专业课程授课教师群体在内容传承与创新案例教学中的重要过程。

最后,在教案雕琢和教学实践的基础上,形成系列精品线上、线下课程。形成日常联络机制、议事讨论机制、课程实施机制、考核反馈机制。各学院在工作经验共享、课程资源共享、协同创新共享、教学成果共享方面展开尝试探索,并把效果长远、操作可行、师生受益的措施逐步固化为相关制度,持续开展制度创新,积极优化内容供给,不断提高授课质量,最终形成育人合力,打造一批思政育人与专业知识紧密结合、课程优质、教师优秀、学生满意、管理严格、效果突出的一流课程思政精品课程。

作者:张 虹

单位:北京理工大学马克思主义学院

十二、课程思政建设中如何提升教师思想政治教育能力

教师要提升思想认识,反复研读习近平总书记的重要讲话精神和课程思政建设纲要。夯实教学基本功,提高课程教学质量。以课程思政建设为契机,以一流本科课程为目标,重新梳理教学内容,重构教学体系。教学内容要将价值引领、知识传授与能力培养融为一体,采用合适的教学方法与手段,突出教学重难点内容,构建一个合理的教学体系。

(1) 提升教师在政治认同层面的思想政治教育能力

"教育就是要培养中国特色社会主义事业的建设者和接班人,而不是旁观者和反对派。"[1] 教师要深入理解课程思政建设的历史使命,高度重视课程思政建设的重要性与必要性。高校中的每一位老师,尤其是留学海外归国的青年教师,都应该接受充分的培训和教育,实现政治认同。社会主义的高等教育是以马克思主义为指导,在党的坚强领导下培养社会主义的建设者和接班人,这是从事高等教育的教师首先要形成的共识。在这个问题上,教师的认识首先要透彻。教师以身作则,学生才能坚定理想信念。教师在课程思政意识的培养中,尤其要重视对世界和中国发展大势的学习,因事而化、因时而进、因势而新,有针对性地回答一些专业领域综合性、深层次的理论和认识问题,拓宽教学的深度和广度,言传身教,帮助学生正确认识脚踏实地和远大抱负,认识时代召唤和自身使命。

(2) 提升教师在技能方法层面的思想政治教育能力

习近平总书记指出:"讲理论要接地气,要让马克思讲中国话,让大专家讲家常话,让基本原理变成生动道理,让根本方法变成管用办法,将总体上的'漫灌'和因人而异的'滴灌'结合起来。"[2] 无论是人文社科类的知识学习,还是理工科专业的技能习得,教师在传授的过程当中,要以浅显易懂的话语讲艰深复杂的理论,而不是用晦涩难懂的语言阐释世人皆知的道理。"接

---

[1] 杨迅.习近平会见清华大学经济管理学院顾问委员会海外委员和中方企业家委员[N].人民日报,2017-10-31(001).

[2] 习近平关于社会主义文化建设论述摘编[M].北京:中央文献出版社,2017:100.

课程思政理论与教学研究
——聚焦北京理工大学课程思政建设

地气""中国话""家常话""生动道理""管用办法""因人而异"六方面要求，是从教育理念、教学内容、话语表达、教学方法、教育效果、教育对象的层面，提出了对教师思想政治教育能力的具体要求。以理工科的教学案例为例：

要讲胸怀远大和脚踏实地的结合。从20世纪开始，美国便把航空发动机列为仅次于核武器的第二大军事敏感技术。从20世纪50年代北航组建我国第一个航空发动机专业起，第一代北航人如王绍曾教授、宁榥教授等白手起家，在国内率先启动航空发动机研制。从20世纪80年代起，以陈懋章院士、高歌教授等为代表的第二代北航人潜心钻研，相关成果获1984年国家技术发明一等奖和1993年国家科技进步一等奖，钱学森先生评价"长中国人志气"。如今，北航承担4个国防"973"项目，10年三获国家技术发明二等奖、一项国家技术发明一等奖。这背后是以徐惠彬院士、陶智教授、宫声凯教授等为代表的第三代北航人率领团队在作战。再比如，北理工孙逢春院士从20世纪90年代初开始率领团队着手电动汽车的研究与开发，先后研制成功我国第一个拥有自主知识产权的电动汽车动力系统、第一辆电动大型客车、第一辆燃料电池电动轿车，并建成了电动车辆国家工程实验室，荣获多项国家科技奖励，使北理工成为我国新能源汽车行业高端人才和关键技术的策源地，为形成产值千亿级、具有国际竞争力的电动车辆产业提供了有力技术支撑。他们都有一颗科技报国的"中国心"。

要讲全面发展和练真本领的结合。成功的科学家往往是兴趣广泛的人，但滋养学生的不应该是碎片化的信息快餐，而是高精尖的学术盛宴。既要学真学问、多读书、读好书、以博促专、全面发展，也要练真本事，注重理论与实际相联系、课内与课外相结合，完善知识体系，扩宽学术视野。比如，哈工大的紫丁香小卫星学生团队，平均年龄不到24岁，年龄最小的学生1998年出生。这个团队"五脏俱全"，累计吸纳了100多名哈工大学子，凝聚了航空宇航、力学、计算机等9个学科的本科生、硕士和博士研究生，是一支学科交叉研制队伍。2015年9月20日，我国首颗由高校学子自主设计、研制、管控的纳卫星"紫丁香二号"在太原卫星发射中心发射成功。2017年4月18日，该团队自主研发的第二颗卫星"紫丁香一号"装载在"天鹅座"货运飞船"约翰·格伦"号中，发射进入太空，这一成果正是建立在多学科交叉创新的基础上。

要讲敢于创新和攻坚克难的结合。科研工作中要保持一颗好奇心，大胆探索、敢于质疑，保持一颗追问心，探索真理、追根究底，保持一颗勇敢心，攻坚克难、突破创新。但是更重要的是在面临挫折和困难时保持一颗包容心和忍耐心。工信部所属国防类高校每年5万余名毕业生中有一半以上进入国防系统就业；国防科技系统现任重大装备型号总师、副总师、总指挥、副总指挥等领军人才中，三分之二以上都是工信部所属高校的毕业生。从社会反馈来看，"做事踏实，知识扎实"是用人单位对这些毕业生的普遍评价。"不仅要做事，还要做成事。"这是西北工业大学张立同院士最朴素的格言。他的团队从"白手起家"到填补空白，优良传统砥砺团队成员不断奋力攻关；从初战告捷到"精益求精"，瞄准国家重大战略需求不断突破与跨越；从土生土长到国际合作，打造世界一流创新团队。

（3）提升教师在师风师德层面的思想政治教育能力

教育家徐特立特别强调教师是"经师"与"人师"的统一。他说："教师是有两种人格的，一种是经师，一种是人师。人师就是教行为，就是怎样做人的问题。经师是教学问的，就是说，除了教学问以外，学生的品质，学生的作风，学生的生活，学生的习惯，他是不管的。人师则是这些东西他都管。我们的教学是要采取人师和经师二者合一的。"教师的内在气质、道德品行与学术成就是能直接影响到学生的职业选择和人生理想的。教师在课堂上传授的知识不能保证百分之百让学生记住，但是教师的人格魅力和做人做事的方式却会长久地影响到学生的一生。强化课程思政，并不意味着专业课程的弱化，它反而是促进学生终身学习和精神继承的辅助剂。因而，课程思政在融入专业课程的过程中，教师要以高尚炽热的情感，真心实意地去关心、感化、激发、培养学生的积极情感，克服消极情感，发挥情感在教学实践中的作用。单纯的情感交流和感化还不能从根本上提高受教者的思想觉悟，因为交流感化不是一厢情愿的事，它往往取决于教育者和被教育者之间的感情是否融洽、心理是否相容。所以课程思政的设计要注重以情育情、以情感人、以情动人。此外，还因根据个人不同的心理状态和个性差异，量体裁衣，分类施教，使课程思政更有针对性。

作者：张　虹

课程思政理论与教学研究
——聚焦北京理工大学课程思政建设

单位：北京理工大学马克思主义学院

十三、课程思政建设中如何融入校史校情

很多高校在建设、成长的过程中都有自己独特的校史校情，这是各个高校珍贵的文化资源。这些文化资源在传承创新的基础上不断成长成熟，成为各级各类学校丰富可借鉴利用的历史宝库。尤其是在各根据地、边区、解放区等红色区域建立发展起来的学校，以及在这段时间内涌现出来的一大批历史人物、事件和文献，是在革命斗争实践的基础上，传承中华民族传统文化理念，摒弃帝国主义的殖民文化、封建主义的腐朽文化、官僚资产阶级的买办文化，把马克思主义作为指导思想，结合中国文化发展的实际，不断发展而来的，具有强大的延展力和生命力。为最广大人民群众服务，为民族独立自强服务，不仅是跨越时代的强音，也成为连接新时代高等教育与红色历史文化资源的桥梁。

（1）用校史榜样讲中国精神

校史意味着什么？如何在新征程中奋发有为？需要通过历史人物来进行阐释，通过榜样的力量激发创新热情。邓小平指出："学马列要精，要管用的。长篇的东西是少数搞专业的人读的，群众怎么读？要求都读大本子，那是形式主义的，办不到……其实马克思主义并不玄奥。马克思主义是很朴实的东西，很朴实的道理。"[1] 只有架起理论与大众之间的桥梁，才能使科学理论产生威力，而历史人物恰恰是马克思主义与大众之间的现实桥梁和纽带。挖掘校史中的人物榜样，运用红色资源蕴含的马克思主义信仰和社会主义、共产主义理想信念进行课程思政，能使青年学生沿着正确的方向前进，有助于培养青年学生的政治热情、政治责任感和历史使命感。

（2）用校史故事讲中国道路

新时代学生们的学习方式、交往方式、生活方式都发生了重大而深刻的变化，急剧变化的生活世界向教学工作提出了各种各样、层出不穷的问题，

---

[1] 邓小平. 邓小平文选（第三卷）[M]. 北京：人民出版社，1993：382.

这些问题光靠专业课程无法解决，迫切需要思政课程与课程思政协同发力把研究和回答问题作为出发点和落脚点。建党百年，我们如何从"走自己的路"到走"中国特色社会主义道路"，再到走"中国式现代化新道路"？这条道路将指引我们走向哪里？回顾校史，以北京理工大学为例，从"抗战建国"到"为新中国建设服务"，不变的是学校始终坚持为党和国家培养科技人才的责任与担当。校史以其极强的时代感、地域感和直观、形象、生动、如临其境的特点，可以使学生身心受到革命精神和优良传统的感染与熏陶。

（3）用校史精神讲使命担当

一段时间以来，"思政"的概念只集中在高校思想政治理论课的建设中，面对不同特质的高校、不同类型的专业难免出现单一化、均质化的倾向，一段时间以来对课程思政的大力提倡为高等教育精神使命的扩展提供了新的想象。为继承和发扬延安红色基因教育理念，共同全面提升人才培养能力和水平，本着信息互通、资源共享、整合优势、协同创新的原则所建立的"延河联盟"，就充分体现了解放思想、实事求是的延安精神，也共享了校史资源。各高校对学校精神的凝练也体现了本学校的人才培养、队伍建设、科学研究与社会服务、国际交流合作、宜学宜居校园生态建设，都是课程思政可以充分挖掘的要素。

作者：张　虹

单位：北京理工大学马克思主义学院

十四、军工文化融入课程思政的价值资源有哪些

习近平总书记在2019年3月召开的学校思想政治理论课教师座谈会上强调指出，中华优秀传统文化、革命文化和社会主义先进文化，"为思政课建设提供了深厚力量"。军工文化作为一种优质的文化资源，是课程思政体系化构建的一支重要文化力量。以军工文化为载体，推动思想政治教育与学科特色、专业特色、人才培养特色深度融合，是对习近平总书记关于"把红色资源利用好、把红色传统发扬好、把红色基因传承好"的工作指示的贯彻落实，也是深化落实显性教育和隐性教育相辅相成、实现各类课程与思政课程同向同

行、构建"大思政"格局的一个重要维度。

军工文化是中国共产党创造和培育的、伴随我国国防科技工业发展过程中衍生形成的体现国家利益、国家意志，具有科技意识、创新意识、精工意识等精神要素在内的国防科技工业文化，它既有忠诚奉献的军事特色，又有科技主导的精工气质，是国家精神和科技意识的各个要素的最佳结合，蕴含着爱国爱党、追求卓越、科学求实、无私奉献、忠诚敬业等丰富的思政元素，能够为课程思政建设提供丰富的真理性、价值性资源。军工文化的红色基因、国家意志、精神谱系、精工气质与课程思政建设的本质规定具有良好的耦合度，其政治引领力、精神感召力、人格塑造力能够很好地满足课程思政的建设需要。国防科技发展过程涌现出来的大国重器，如量子通信卫星、C919 大飞机、载人航天工程、北斗卫星导航、中国网、中国桥、中国路、中国芯、中国车等相关专业案例是课程思政建设的重要依托。一方面，军工文化的精工气质、实干精神可以激励学生立鸿鹄志、做奋斗者。另一方面，军工文化、军工历史、军工科技可以具象化在课程思政的实践教学设计中，使课程思政建设的形式、内容具有时代感、科技感、历史感，让课程内容既有知识宽度，又有历史厚度和实践力度，从而更加易于被学生理解、认同、接受。

(1) 军工文化蕴含"国家至上、献身国防"的爱国精神

"国家利益高于一切"是军工文化的核心价值观念。我国国防科技工业的发展历史表明，心系国防，时刻把为国防提供最先进的、最可靠的武器装备以保障国家安全作为军工人的最高使命，时刻把解决事关国家发展的战略高技术重大关键问题作为军工人存在价值的体现。多年来，革命军人与军工人以强烈的历史使命感和现实紧迫感，勇攀科技高峰，取得了一系列重大的国防科技创新成果，极大地增强了我国的国防实力。这些巨大成就是革命军人与军工人热爱祖国、服务国防、献身使命的爱国写照。当今世界局势，以高技术为特征的世界新军事变革继续发展，建设现代化的强大国防，保卫我国国家安全依然是重大战略任务。

(2) 军工文化蕴含"自主创新、敢于跨越"的创造精神

发展战略高技术是国防科技与生俱来的使命。一方面，国防科技工业战线所具有的国家战略性需求和关系国家安全的特征，决定了其发展必然是一个高强度的、持续的自主创新过程，墨守成规、亦步亦趋就会受制于人，永

远处于落后的局面。只有坚持走自主创新的道路，真正掌握具有自主知识产权的核心技术和关键技术，才能在世界高科技领域有所作为并不断实现跨越式发展。另一方面，国防高科技发展过程又是一个不断抢占前沿的过程。国防高技术领域每一项重大发展都建立于前沿科学理论的重大突破基础之上，继而通过相关技术领域的原始创新和集成创新实现。这其中许多大量的研究工作都超出了目前人类所能够掌握的知识范畴，这需要有前沿视野与前瞻性的思维，更需要有打破常规、大胆假设、积极探索、推陈出新的卓越智慧与胆识。军工领域的这两个基本特征培育了军工文化崇尚激励、攻关克难、宽容失败的价值理念。多年来，国防科技领域中的重大工程，"航母"入海、"威龙"腾空、"嫦娥"奔月、"祝融"探火、"北斗"组网、"东风"快递、"天宫"巡天……一个个奇迹般的工程深刻阐释了军工文化所蕴含的伟大的创造精神和优良传统。

（3）军工文化蕴含"大力协同、集智聚力"的团结精神

现代国防科技已日益成为一个既具有高度专业化又具有高度综合化的科学技术领域。军工领域的许多重大项目都是规模宏大、高度集成的系统工程，涉及众多科研领域，成百上千家单位的研制、试验和协调配合，是精诚团结万众一心、齿轮咬合集智聚力的产物，都是集成了全国顶尖的科技力量的成果。进入新时代，国防科技的发展和创新越来越需要依托整个科技和工业基础，其发展的系统性、整体性也更为突出，越来越需要集成和整合多领域的高新技术，加强协同与继承，优化资源配置，大力增强集成创新能力以带动整体创新能力的提升。军工文化所蕴含的这种组织风范、团结精神能够为广大青年学生从事创新创业实践提供宝贵的团结协作、优势互补、共同进步的开放理念。

（4）军工文化蕴含"求真求实、精益求精"的科学精神

军工文化大力弘扬科学思维、科学方法、科学思想和科学作风，体现了严谨的科学品质。多年来，广大国防科技工作者攻坚克难、不懈探索、反复试验，取得了一系列具有高显示度的科研成果。为了确保重大国防科技工程的万无一失，他们提出了诸如"零缺陷，零故障，零疑点""严上加严、细上加细、慎之又慎、精益求精""一丝不苟、分秒不差""严慎细实"等质量理念与质量行为准则。他们以极其严肃、极端认真、高度负责的态度对待每一

行程序、每一个部件、每一个环节,真正做到了严细慎实、有条不紊、精益求精、万无一失。在这个意义上说,国防军工领域项目的每一次成功,都是科学精神的成功,是科学求实的结果。军工文化的科学性,还体现在国防科技发展过程中的科学理念与科学管理。每一个国防军工项目都是以实事求是的态度审度国情国力,科学统筹、科学决策,选择有限目标和正确的技术路线,坚持将需要与可能相结合,坚持"有所为有所不为""集中力量办大事",紧紧抓住对经济社会发展全局有重大牵引作用和重要影响的重大工程项目,重点突破,走有中国特色的国防科技跨越式发展道路。军工文化蕴含的坚持真理、实事求是,以科学的态度、科学的思维投身科学研究,能够培养广大青年学子的科学理性与真知力行的价值观念。

(5)军工文化蕴含"淡泊名利、顾全大局"的奉献精神

军工文化具有塑造高尚人格的力量。从较早的"两弹一星"精神,到时下的载人航天精神、北斗精神,军工国防系统总能够以甘于寂寞和无私奉献在时代的风景上留下印记。在惊雷乍起的荒漠,在"神舟"冲天的戈壁,至今还隐藏着许多不为人知、可歌可泣的感人事迹。在军工事业的发展过程中,有许多像钱学森这样功成名就、才华横溢的科学家毅然放弃国外的优厚条件,义无反顾地回到祖国,投身于国防建设之中。也有许多顾全大局、不计名利、默默奉献的无名英雄常年奋战在科研第一线,积劳成疾,有的甚至献出了宝贵的生命,他们为中国高技术发展写下了辉煌的一页,以自己的实际行动为"国家利益至上"做了最好的诠释,用自己的人格魅力和光辉事迹创造着时代的精神财富。

军工高校有优良的军工文化基因,是培养"红色工程师"的摇篮,以军工文化助推课程思政建设,要求军工类高校要自觉弘扬军工文化"国家利益至上"的核心价值取向,学校发展层面应该坚持瞄准国家重大战略需求和世界科技发展前沿,学生成长层面要引导学生将个人成长与国家、社会发展结合在一起,从而体现军工高校与国家同呼吸、共命运的红色本色以及培养国之栋梁的责任担当。

北京理工大学作为中国共产党创办的第一所理工科院校,作为中华人民共和国成立后第一所国防军工高校,建校80多年来孕育了独特的"延安根、军工魂"文化资源,以军工文化为资源载体,依托传统国防特色优势,推动

思想政治教育与学科特色、专业特色、课程特色、国防特色深入融合,以一流专业建设为抓手,充分挖掘和运用各门课程所承载的思想政治教育功能,推动将"党史、军工史、校史"融入思政课,全面推进课程思政育人体系建设。学校基于兵器类、材料类、机械类等特色优势学科,重点打造课程思政"大国重器"的北理品牌,围绕为国铸重器的学校特色,推出了"飞行力学""武器系统分析与设计""火炸药基础""新能源车辆原理与应用技术"等课程思政示范课程,激励学生投身"大国重器"事业。

作者:孙　利

单位:北京理工大学马克思主义学院

十五、习近平新时代中国特色社会主义思想如何融入专业课程

习近平新时代中国特色社会主义思想是马克思主义中国化的最新理论成果,是全党全国人民为实现中华民族伟大复兴而奋斗的行动指南。习近平新时代中国特色社会主义思想内涵十分丰富,涵盖了经济、政治、文化、法治、科技、教育、民生、民族、宗教、社会、生态、国家安全、国防和军队、"一国两制"和祖国统一、统一战线、外交与党的建设等各个方面,可以概括为"十个明确"和"十四个坚持",它是马克思主义基本原理同中国具体实际相结合的又一次飞跃,系统回答了坚持和发展什么样的中国特色社会主义、怎样坚持和发展中国特色社会主义,建设什么样的社会主义现代化强国、怎样建设社会主义现代化强国,建设什么样的长期执政的马克思主义政党、怎样建设长期执政的马克思主义政党等系列重大问题,以崭新的思想内容丰富和发展了马克思主义,形成了一个主题鲜明、系统全面、逻辑严密、内涵丰富、内在统一的科学理论体系。以习近平新时代中国特色社会主义思想为指导,坚持不懈用习近平新时代中国特色社会主义思想铸魂育人,引导学生了解世情国情党情民情,推进习近平新时代中国特色社会主义思想进教材进课堂进头脑是课程思政建设的重要内容。

(1)从内容上,寻找结合点,促进习近平新时代中国特色社会主义思想与专业课程内容的有机结合

课程思政理论与教学研究
——聚焦北京理工大学课程思政建设

要促进习近平新时代中国特色社会主义思想与各类专业课程的有机结合，就必须根据不同专业的学科特色和优势，深入研究不同专业的教育内容、教育目标和教育对象的基本特征，以实现有机融入。

首先，要寻找专业课与习近平新时代中国特色社会主义思想的契合点。要根据不同学科的学科特色和专业优势，结合其教学内容、教学对象、教学目标，深入挖掘并提炼出专业知识中所蕴含的思政点、思想价值和精神内涵，并根据习近平新时代中国特色社会主义思想的相关内容，适当拓宽专业课程的人文性和知识性，提升专业课程的引领性和时代性。

其次，总结提炼历史上和现实中社会主义现代化建设的重要成就和优秀案例，将之有机融合到专业课中。习近平新时代中国特色社会主义思想包含了对当前中国社会生活各行各业的深入分析和政策指导。因此，在专业课的教学过程中，可以由专业课教师和马克思主义学院教师联合，共同搜集并撰写出一批包含着习近平新时代中国特色社会主义思想关键要点的专业课典型案例，形成一批具有一定普遍适用性的典型案例素材库，为各类专业课的讲授和融会贯通提供丰富的素材支撑。

最后，将习近平新时代中国特色社会主义思想的总体要求与方法原则贯穿在专业课内容之中。专业课程是有关不同学科、不同领域专业知识的讲授，而习近平新时代中国特色社会主义思想是21世纪的马克思主义，围绕着国际国内所出现的百年未有之大变局，系统地回答了在新时代坚持和发展什么样的中国特色社会主义、怎样坚持和发展中国特色社会主义等重大问题，并对新时代中国特色社会主义的总目标、总任务、总体布局、战略布局等做了全面部署，同时根据当前的新实践对政治、经济、文化、法治、教育、科技、生态、民生等各个方面做出了深入的理论分析和政策指导。所以从这一角度看，习近平新时代中国特色社会主义思想为各专业各领域的发展提供了总方向和总要求，这些都应该被深入理解、把握之后融入各个专业课程的教学中。

（2）从机制上，要建立健全相关体制机制，为将习近平新时代中国特色社会主义思想有机融入专业课中提供制度保障

习近平新时代中国特色社会主义思想融入专业课作为课程思政的重要部分，需要系统设计和政策支持，建立起切实可行的完备体制机制，以推动

习近平新时代中国特色社会主义思想有序、有效地融入各专业课中。

首先，各级教育管理单位需建立健全的课程管理体制，有条件时可以通过设置专门的课程思政教学研究中心等机构，为将习近平新时代中国特色社会主义思想融入专业课提供上层制度设计和保障。各级教育管理单位应深入研究相关政策文件，并根据文件精神建立健全的制度安排，确保将习近平新时代中国特色社会主义思想融入专业课有各级单位的支持和详细部署，明晰责任划分，落实责任到人，真正为具体工作的开展和落实提供制度支持、人力支持和资金支持，以保证工作的顺利开展。据观察，目前已有多所高校和多个地区设置了专门的课程思政教学研究中心，通过开展讲座、出台政策、搭建平台等手段为马克思主义学院和各专业课教师提供专门指导，从而为推进习近平新时代中国特色社会主义思想融入专业课程提供了有力的平台支持、政策指导和机制保障。

其次，建立教师培训体系，加深专业课教师对习近平新时代中国特色社会主义思想的认识。由于学科差异，大多数专业课教师对习近平新时代中国特色社会主义思想的认识和了解都相对有限，要将之融入自身课堂更是颇具挑战。因此，要首先对专业课教师进行思想武装，充分利用各个培训平台，对专业课教师进行系统培训和指导，加深其对习近平新时代中国特色社会主义思想的认识和把握，从而有助于其准确地将之有机地融合到自身的教学科研过程中去。

再次，促进马克思主义学院教师与专业课教师的合作。纵观高校院系设置，对习近平新时代中国特色社会主义思想了解最深、领悟最透的当属马克思主义学院的专职教师，因此，要充分发挥马克思主义学院教师在其中的重要中介作用；但马克思主义学院教师通常对其他领域的专业知识不甚熟悉，所以需要各专业课课程教师协助挖掘本门课程中的思政点，实现二者协作。一方面，专业从事习近平新时代中国特色社会主义思想研究的马克思主义学院教师，可以为各专业课老师提供思政点提炼和习近平新时代中国特色社会主义思想的专业解读，并为专业课老师提供咨询服务；另一方面，必要时专业课教师可以为马克思主义学院教师提供专业课素材，并由马克思主义学院教师进行加工制作，合作完成素材库建设。只有实现二者通力合作，才有可能将习近平新时代中国特色社会主义思想有效地与专业知识相结合。

最后，建立相应的考核与激励机制。一方面，为了确保习近平新时代中国特色社会主义思想切实融入专业课课程中，必须建立健全相应的考核机制，可以通过严把教案、在平时的教学过程中增加相应的实践环节、在考试中增设专业课与习近平新时代中国特色社会主义思想的相关结合点等方式，确保其有机融入。另一方面，为了鼓励更多的专业课教师更深入地将习近平新时代中国特色社会主义思想融入专业课，可以采取一定的激励措施，如可设立专项基金鼓励各专业课教师开发与习近平新时代中国特色社会主义思想密切相关的教学内容和案例素材库，在职称评定中设置专门的评定标准等，为切实将习近平新时代中国特色社会主义思想融入专业课的教师提供奖励。

（3）从载体上，丰富教学载体，提升习近平新时代中国特色社会主义思想融入专业课程的教学实效

丰富多样的教学载体是增进教育实效的重要手段。在推动习近平新时代中国特色社会主义思想有机融入专业课的过程中，通过丰富教学载体、加强载体建设是其内在要求。

首先，加强教材建设。在日常教学中，教材是承载教学内容的主要载体，要促进习近平新时代中国特色社会主义思想有机融入思政课，需要联系各有关单位联手组织编写教材，既要对专业知识进行深入准确的讲解，又要将习近平新时代中国特色社会主义思想中的内容有机结合到其中，在教材中加以体现和指导，从而丰富教学内容，使得学生在正确把握习近平新时代中国特色社会主义思想的基础上深入学习专业知识。

其次，加强网络教学资源建设。网络教学资源的丰富性、即时性、全面性正在促进高等教育发生革命性变化。通过丰富的网络教学资源，学生不仅能够在第一时间获取相关知识，而且能够就相关知识进行串联式搜索。因此，在将习近平新时代中国特色社会主义思想融入专业课的过程中，应着力搭建起专门的网络教学资源库，如在线课程、相关知识素材库、手机自学软件等，为同学们提供丰富的教学资源，同时为不同专业间的老师提供教学资源互助的平台，形成不同学科之间的师生深入互动。

最后，丰富课堂教学环节。将习近平新时代中国特色社会主义思想融入思政课，可以通过增加多种教学环节增加学生的参与度，从而增进他们对专业课程内容的理解和对习近平新时代中国特色社会主义思想的认识。通过增

加课外实践环节,了解相关领域关于社会主义现代化建设的重要成就,抑或是在课堂上增加讨论、展示及论文写作等环节,使得学生由被动接受变主动参与,自主地领悟将习近平新时代中国特色社会主义思想融入专业课的要义,从而提升课程的有效性。

(4)从原则上,准确把握融入原则,实现习近平新时代中国特色社会主义思想与专业课知识的合理有效融合

习近平新时代中国特色社会主义思想融入专业课程需要遵循一定的原则与方法,这样才能保证有机有效地结合,避免出现原则性错误,切实推动课程思政的落实落地。

首先,要明确习近平新时代中国特色社会主义思想之于专业课知识的角色与定位。一方面,习近平新时代中国特色社会主义思想为专业课知识提供引领与指导。习近平新时代中国特色社会主义思想内涵丰富,对中国社会经济发展的方方面面都做出了长远规划与整体要求,因此,对专业课的课程设置与内容安排具有重要的导向意义,各门专业课程可以在满足基本教学要求和保证完备的知识体系的基础上,侧重教授能够满足经济社会发展需求的专业知识。在专业课的教学过程中,既要讲清讲透专业知识,用专业知识武装同学,同时也要注意在涉及经济社会发展重大问题时,以习近平新时代中国特色社会主义思想为指导,不能违反习近平新时代中国特色社会主义思想的基本立场,树立底线意识。

其次,要明确专业课程之于习近平新时代中国特色社会主义思想进课堂的作用。专业课程要坚持严谨的专业性和科学性,这是开设专业课程的最基本要求。同时,要注意提高课程站位,将专业课程置于高等教育育人体系、置于为中国特色社会主义现代化事业培养合格的时代新人的高度中,用扎实的专业知识为习近平新时代中国特色社会主义思想指导下的经济社会发展提供具体支撑、培养合格人才,明确课程思政建设原则,树立课程思政意识,真正将专业课程提升到为党和国家培养合格专业人才的高度加以发展。

最后,要结合课程实际和具体内容,实现习近平新时代中国特色社会主义思想与专业课程知识的合理有效结合。一方面,要防止生搬硬套,专业课程应当以准确全面地讲授专业知识为基本要求,需要在适当时机、适当切入点引入习近平新时代中国特色社会主义思想,无须面面俱到;另一方面,要

防止在将习近平新时代中国特色社会主义思想引入专业课课堂时，与专业知识两张皮的现象。在课程思政的推进过程中，有少数专业课教师为了响应习近平新时代中国特色社会主义思想进课堂的号召，会在课程讲授过程中引入对相关内容的讲解，但是由于对习近平新时代中国特色社会主义思想了解不深、领悟不透等原因，无法准确传达习近平新时代中国特色社会主义思想与所授专业知识的联系，出现了二者"两张皮"的现象，会给学生以突兀之感，这种引入无法有效地实现专业知识与习近平新时代中国特色社会主义思想的真正融合，因此还是要在加深对习近平新时代中国特色社会主义思想的解读、寻找其与专业知识的有效结合点上下功夫，实现习近平新时代中国特色社会主义思想与专业课知识的合理、有度、有效结合。

作者：赵紫玉

单位：北京理工大学马克思主义学院

教学篇

课程思政教学案例

流体传动及控制基础

一、课程简介

本课程针对国家级一流本科专业——自动化专业"价值塑造、知识传授、实践能力"的人才培养要求，构建了以工程应用为主线、以学生为中心、以成果为导向的课堂行动模式，以启发式、微翻转、直观式等教学方式，引导学生积极主动参与教学过程，培养学生科学精神，掌握运用马克思主义观点方法正确认识问题、分析问题和解决问题的能力。课程围绕立德树人根本任务，构建"价值、情感、知识、能力"四位一体课程思政新模式，传承红色基因，把大国重器、节能环保、职业规范等思政元素融入教学内容，寓价值观引导于知识传授和能力培养之中。

本校1956年开设本课程，是新中国最早开展液压传动教学和科研的少数高校之一。2020年"流体传动及控制基础"课程获评首批国家级一流本科课程。2020年以"液压与气压传动"课程上线中国大学MOOC平台。2021年课程获评国家级课程思政示范课程、教学名师和团队。

二、课程教学目标

价值目标：赓续"延安根、军工魂"红色基因，厚植家国情怀和使命担当，培养学生的科学精神、批判思维能力和创新精神，具有社会责任感、良好职业道德和综合素质，把个人理想自觉融入国家发展伟业，成为适应现代科技发展与技术进步的高级工程技术人才。

知识目标：掌握流体流动、功率损失的基本概念、基本理论；掌握液压元件的基本工作原理、特点、功率损失和参数计算；掌握液压传动系统设计的基本理论、基本方法和关键参数计算。

能力目标：针对液压传动系统的实际问题，能够运用液压传动的基本概念、基本原理和基本方法对液压传动系统进行分析，提出设计方案，并能对液压传动系统进行设计和计算，在设计中培养创新意识、节能意识。具备运用马克思主义立场观点方法正确认识、分析和解决液压传动复杂工程技术问题的能力。

三、课程思政教学设计

课程思政基础在课程，灵魂在思政，关键在教师，效果在教艺，成效在学生。课程与思政的关系如同汤与盐的关系，煲好汤的关键是加好盐和掌握火候，需要深度挖掘思政元素、精心教学设计。

（一）传承红色基因

传承"延安根、军工魂"红色基因，从军工史、校史、专业史中挖掘红色资源，迈好课程思政第一步。

【案例1】讲好北理"红色故事"

"流体传动及控制基础"课程历史可以追溯到1953年学校建设自动控制与远距离操纵专业之初。当时，为满足国家特殊领域科技人才培养的需要，学校开设了自动控制与远距离操纵专业，是新中国最早开展液压传动与控制教学和科研的少数高校之一，为航空航天、舰船等国防装备研制做出了积极贡献。课程通过讲述专业发展史，增强学生的荣誉感和自豪感。

【案例2】用好"红色教具"

老一辈教师研究武器装备上的系列液压元件作为教学用具代代传承下来，这些"红色教具"在课堂教学中、课后研讨中，可以感性认知元件结构、悟透元件工作原理，理论与实践结合，使学生掌握基本概念、科学原理和基本方法。把老一辈教师攻坚克难、团结奉献、育才树人、军工报国的奋斗精神有机融入课堂教学，如春风化雨般地滋养人、培育人，激发学生情感共鸣，培养学生精益求精的大国工匠精神，激励学生胸怀壮志、明德精工、使命担当。

讲好北理"红色故事"

用好"红色教具"

（二）聚焦国家重点工程、大国重器

液压传动与控制在冶金机械、工程机械、矿山机械、发电设备、水利工程、农林机械、石油化工、舰船、兵器及航空航天等领域应用非常广泛。

【案例3】大国重器

聚焦服务国家重大战略需求打造大国重器，课程结合液压传动与控制技术的应用，以北理工教师参研的"神州第一挖"徐工700吨液压挖掘机、"京华号"盾构机、"中国二重8万吨压力机"、"华锐风力科技SL5000"、"蓝鲸1号"海洋钻井平台等大国重器为例，讲述北理工人攻坚克难、服务国家发展建设的奋斗故事。从被"卡脖子"到全球领先，这些大国重器无不凝结着"大国工匠"的敬业、精益、自主、创新精神。课程通过一个个故事讲述，教育引导学生要立鸿鹄志、做奋斗者，培养学生的奋斗精神，激发学生的家国情怀。

【案例4】 航天精神

一代代航天人锐意创新，攻坚克难，团结协作，无私奉献，用智慧与汗水铸就了"长征五号运载火箭""东风-41弹道导弹"等一座座丰碑，积淀了深厚博大的航天精神。课程将这些"大国工匠"精神、航天精神根植于学生的血液里，激励学生树立远大志向、自力更生、自主创新，激发学生科技报国的家国情怀和使命担当。

讲好大国重器

讲好航天精神

（三）关注社会热点

结合课程教学内容，从专业知识契合度出发，遴选富含节能、环保、可持续发展或健康、安全、经济成本等与社会热点相关主题的教学素材与案例。

【案例5】 液压油选择和使用维护

关注社会热点，充分考虑专业知识契合度，遴选节能、环保、可持续发展或健康、安全、经济成本等紧贴社会热点的教学素材与案例，教育引导学生要心怀"国之大者"，把个人追求同国家发展、民族复兴结合起来，与祖国共命运、与时代同进步，以青春之我建设青春之国家。

液压油选择和使用维护

（四）提升学生综合素质

以提高学生思想道德修养、人文素质和科学精神为目的，在课程具体知识点的教学过程中，依据知识点内容体量，有针对性地衔接思政资源，做到专业知识讲授、技能训练与思政教育的自然衔接与过渡。培养分析和解决复杂工程问题的能力、交流表达与合作能力，培养敬业精神及科学严谨的思维方法和职业态度。

【案例6】液压马达调速综合设计实验

对液压马达的低速稳定性、最低稳定转速进行研究分析，分析影响因素有哪些，按照现象与本质、感性与理性的辩证认识论，从液压油温度变化、黏度变化及液压马达内部相对运动零件之间摩擦力状况进行分析，培养学生工程思维、批判思维的能力，严谨求实的科学精神和运用马克思主义立场观点方法正确认识问题、分析问题和解决问题的能力。

【案例7】规范作业报告

"没有规矩，不成方圆"，规范课堂纪律，结合学生作业报告完成情况，不仅培养学生交流表达能力、写作能力，而且重视培养学生认真、规范、诚信的优良品质，为学生的全面发展和培养良好的职业道德素养打下基础。

课程思政理论与教学研究
——聚焦北京理工大学课程思政建设

液压马达调速综合设计实验

规范作业报告

四、课程思政效果分析

（一）课程思政教学评估

进入新时代，为适应党和国家的新要求，落实立德树人根本任务，"流体传动及控制基础"课程教学团队创新构建了"价值、情感、知识、能力"四位一体课程思政新模式。立足课程内容，充分挖掘提炼课程中的思政元素，找准切入点，优化设计课堂教学，充分利用课堂主渠道，围绕坚定学生理想信念，以爱党、爱国、爱社会主义、爱人民、爱集体为主线，围绕家国情怀、奋斗精神、文化素养、科学精神、道德法制观念、工程伦理和职业素养等重点优化课程思政内容供给，潜移默化地开展德育，实现了全过程、全方位的育人目标。"流体传动及控制基础"课程建设取得突出成效，2020年获评首批国家级一流本科课程，2021年获评国家级课程思政示范课程、教学名师和团队。

（二）课程思政教学效果

近10年，学生评教平均分94分以上，学生评价：讲授知识的同时，传播了工程思维和爱国教育；课程中渗透工程美学思想，培养同学们的工程师情怀；不仅讲得透彻，还传达正确的人生观、价值观，不仅是学业导师，更是人生导师；鼓励我们利用所学为国做出贡献；在教学过程中能不断地融入自己对教育的理解；以身作则，有北理工优秀传统风范。学校教务部评价：教学效果突出、深受学生喜爱，在历次学生评教中成绩优异。

（三）课程思政实施总结

"流体传动及控制基础"课程教学团队通过深入研究、梳理挖掘，找准课程中思政映射点与融入点，充分挖掘提炼课程中的思政元素，把课程思政贯穿于课堂教学、教学研讨、认知实验、作业报告各环节，因内容制宜选择启发式讲授、案例教学、以身示教、现场教学、研究性教学等，拓展课程思政建设方法和途径，寓价值观引导于知识传授和能力培养之中，将思政教育与专业课教学相融合，提高课堂吸引力、感染力和说服力，努力培养德智体美劳全面发展的社会主义建设者和接班人。

团队教师：彭熙伟　王向周　刘新刚　王　涛　李金仓　郑戍华
　　　　　李怡然
开课单位：自动化学院

沟通的力量

一、课程简介

本课程聚焦工科人才沟通能力培养，依托教师主讲的国家一流线上金课"管理沟通"和国家精品视频公开课"沟通的力量"，开展融合线上线下的混合式教学。课程秉持培养大国工程师教育使命，立足管理学视角，讲授科学的沟通理论和实践方法，以体验式学习为牵引，理解和掌握从众心理原理、角色沟通技巧和人际管理策略等知识谱系，培育工科学子通识化沟通素养，学会沟通管理科学技巧，建构"通专融合""工管协同"的个人软实力，促进德智体美劳全面发展，从而为自身的职业发展奠定基础，为团队的有效管理提供智慧。

课程以信息技术为工具，以课程思政为理念，以内容建设为抓手，提出"育心明德、道术相济"课程思政建设目标，在国内管理学科率先建构了专业课程思政教育创新内容体系，具有广泛的示范效应，自 2017 年以来，先后在全国高校课程思政教学研讨会及各省市教育厅主办会议上做主题报告近百场，为各高校各专业开展一流课程建设及专业课程思政教育提供了有价值的参考样板。

二、课程教学目标

价值目标：引领学生修德敬业、树立坚定的理想信念，提升素养，建构服务国家、服务社会的个人软实力。通过案例教学和情景模拟等，培养学生协作共赢的团队精神，引导学生养成责任担当和经世济民的职业操守与责任伦理意识，塑造具有人文素养和家国情怀的新时代大学生。

知识目标：学习管理沟通基本理论，理解科学沟通的过程与要素，掌握解决具体沟通问题的策略，学会相应的个体与群体沟通技能，培养适应模糊、复杂的沟通情境下的理性思维和科学思考，探究国内外权威期刊学术论文，以高阶性学习促进学生增慧启智，掌握管理学视角下的沟通科学知识。通过启发式学习，引领学生主动探索、深入思考，培养其专业兴趣和研究志向。

能力目标：掌握清晰表达、管理情绪、积极倾听、重视反馈、高效演讲等知识和技巧，能够将管理学中的沟通基础知识和专业实践相结合，娴熟运用沟通技能，运用有效和适当的方法解决生活和工作中的沟通问题。通过行动学习，让学生明晰各种沟通场景的实际应用，提升学生关于沟通科学的实战操作能力，具有更好适应现代社会工作、生活的能力。

三、课程思政教学设计

（一）课程思政设计思路

扎根北理工"延安根、军工魂"育人基因，秉持培养大国工程师教育使命，本着中国工程教育认证和"华盛顿协议"对工科人才培养必需的"沟通"素质毕业要求，以"育心明德、道术相济"为沟通课程思政建设目标，在全国高校管理学科率先建构专业课程思政教育创新内容体系。

依托教师主讲的国家一流线上金课"管理沟通"和国家精品视频公开课"沟通的力量"，开展线上 MOOC+线下课堂+数字化教材的混合式学习，建构"一核三维"数字化时代沟通课程教育教学模式，创新性培养数字化时代"工科专业+管理知识"相融合的复合型人才。

①所谓"一核"，是以"专业知识传授、职业能力养成、价值体系构建"三位一体为核心教育理念，努力实现对"互联网原住民"传道授业的价值引领。

②所谓"三维"，即学术化的教学导向、系统化的教学方式、信息化的教学手段，针对数字化时代学生成长诉求，引领学习需求，创新育人模式，旨

在落实立德树人的目标。

③"道术相济之法"——思政引领的沟通课程教育教学模式。

学术化:"科学性、研究性、实用性"。

系统化:"便捷性、统一性、普适性"。

信息化:"趣味性、可视性、混合性"。

④"立足工管协同"——打造专业教育融合思政教育的内容体系。系统建设"工科实践+管理学科"沟通课程资源,教学内容体现课程思政观,培育现代学子。

(二)课程思政教学方法

以体验式教学理念为思想,以立德树人为宗旨,以技能提升为目标,采用案例分析法、问卷分析法、互动教学法、情景学习法、协作学习法等多种教学方法的混合式教学,以幽默生动的语言,系统阐述多重沟通力理论及其内在逻辑,从线上问题式学习到线下翻转课堂,引发同学们的探究热情和主动学习的愿望,激发学生深入思考,注重教学实效。

1. 运用案例教学法讲中国故事、育家国情怀

教师讲授运用多元化思想政治教育案例,讲述中国故事,引导学生思考沟通能力在职业发展中的意义和作用。

2. 运用互动教学法做启发教学、育辩证思维

为了培养学生的辩证思维,授课教师结合实际问题,以体验式学习引领同学们深入思考组织内部有效沟通的价值和效用。

3. 运用协作学习法做协作任务、育职场伦理

布置团体作业,制作原创沟通微电影,旨在锻炼学生们协作能力,让学生在团队协作的实践中领会沟通的难点和重点,强调分工、重视合作,以小组展示的团体成绩核定每个人的平时成绩。

4. 运用角色扮演法做情景模拟、学职业规范

课程将情景模拟融入教学,让学生扮演不同角色,学习职业规范,亲身体验面对不同对象的沟通差异。

5. 鼓励深度学习思学术前沿、观社会实践

教师针对课程要点，平均每周给学生推荐 3 篇 SSCI 国际期刊论文、2 篇具有影响力的中文核心期刊论文，通过 MOOC 平台公告和课程配套微信公号"沟通的力量"进行发布并开展线上讨论。

部分上课情景

深度学习：本周重点推荐文献

文献名称	作者	年份	期刊
Asian and European American Cultural Values and Communication Styles Among Asian American and European American College Students	Park Yong S; Kim Bryan SK;	2008-01-31	Cultural Diversity & Ethnic Minority Psychology (SSCI)
Communication skills importance and proficiency: perception differences between IS staff and IS users	Henry H G Chen; Ruth Miller; James J Jiang; Gary K leind	2004-06-15	International Journal of Information Management (SSCI)
Personality and the enactment of emotion	Howard S Friedman; Ronald E Riggio; Daniel O Segall	1980-09-15	Journal of Nonverbal Behavior (SSCI)
人力资源管理中的情绪管理	张宇;刘蓉晖	2008-06-15	中国人力资源开发 (CSSCI)
跨文化团队成员态度与沟通行为差异经验研究	邓渝;范莉莉	2012-04-30	求索 (CSSCI)

深度学习内容

（三）课程思政教学案例

沟通系列主题微课之一。

第一部分，互动分析与问题导入。

第二部分，基于马克思主义关于人的全面发展学说，向学生讲授人的本质即"一切社会关系的总和"，并引导学生思考人的发展与社会发展的辩证关系。

第三部分，阐述沟通科学等理论定义和基本内容，采用互动教学的方式，以学生为主角，开展情景学习并进行教学分析，进而提高学生对沟通与社会现实关联的理解和掌握。

第四部分，通过典型富媒体案例，引发学生深度思考感情和沟通之间的内在机理和科学效用。最后，通过设问开展价值引领，激发学习需求和研究愿望，导出要讲述的沟通的需求理论。

第五部分，请学生分享组织生活的各种体会，以体验式学习，阐释人际沟通和管理沟通有什么区别、为什么需要管理沟通，引发学生辩证思考，培养批判性思维。

第六部分，阐述沟通科学概念，做好本讲要点回溯，以中华优秀传统文化做铺陈，引出下一讲要阐释的专业知识内容。

四、课程思政效果分析

（一）教学评价及学生反馈

教学团队依托中国大学 MOOC 平台及慕课堂等信息化软件，采用数字化评价方式，对学生进行过程性和终结性相结合的多元化考核，将线上线下、课前课中课后每一阶段学生的表现纳入考核体系，主要包括三个方面：知识水平的提高、职业能力的培养和价值观与正能量的体现。课程受到了同学们和其他老师的广泛好评，教学成效突出、育人效果显著。大家纷纷留言"老师给我们提供了很好的学习体验""无论是课堂管理还是教学互动都令人大开眼界""老师授课的方式非常适合我们"。

（二）成效及示范辐射

1. "道术相济"的创新人才培养效果显著

教学团队先后建设并获"首批国家一流线上金课、首批国家一流线上线下混合式金课、首批数字化教材建设者"，在国内产生了广泛的影响力。教学团队获首批"国家课程思政示范课程、教学名师及教学团队"；团队1人受聘新华网首批"新华思政"专家，2人受聘教育部全国高校教师网络培训中心特聘专家。在《中国大学教学》等期刊发表课程思政等论文6篇，累积4 375次下载和53次引用。担任教育部学校规划建设中心中国教育智库专家及中国高等教育学会数字化课程资源研究分会常务理事，为教育部电子商务、金融学、图书馆学等教学指导委员会，为北京、山东、吉林、广西等18个省市教育厅主办会议做主题报告。作为专家直接指导高校获省级以上一流课程及课程思政示范课20余门。

2. 信息技术与专业思政相融合建设经验在国内产生了示范辐射作用，思政育人成果广为传播

"一核三维"的课程思政育人模式被众多院校学习效仿，沟通慕课及教材被天津大学等100多所高校选用，在2020年新冠疫情期间发挥了重要作用，促进了院校协同育人。自2017年以来，先后在全国高校课程思政教学研讨会及各省市教育厅主办的会议上做主题报告近百场，获新华网、人民网等央媒报道；为北大、哈工大等300多所非军事院校，国防大学等20多所军事院校做专题讲座。

3. 中国金课日益走向社会、走向国际

2019年中文版慕课上线中宣部学习强国，截至目前累计学习党员人次超过68万；2021年英文版慕课上线哈佛大学、MIT主办的全球MOOC平台edX，153个国家地区学生注册。

证书

北京理工大学：

你校赵洱崇、杨洛安、刘平青、高昂、杨艳、裴蓉、邓剑伟、聂天贵负责的“沟通的力量”入选课程思政示范课程，授课教师入选课程思政教学名师和教学团队。

二〇二一年五月

证书编号：本-2021-0012

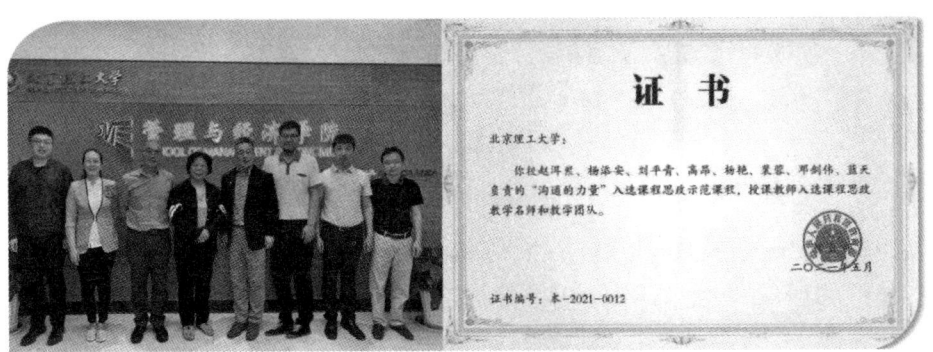

教育部课程思政教学名师与教学团队

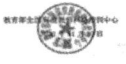

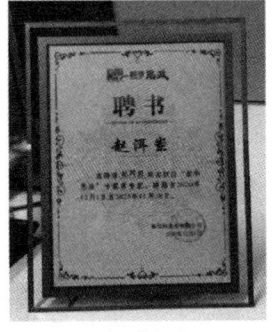

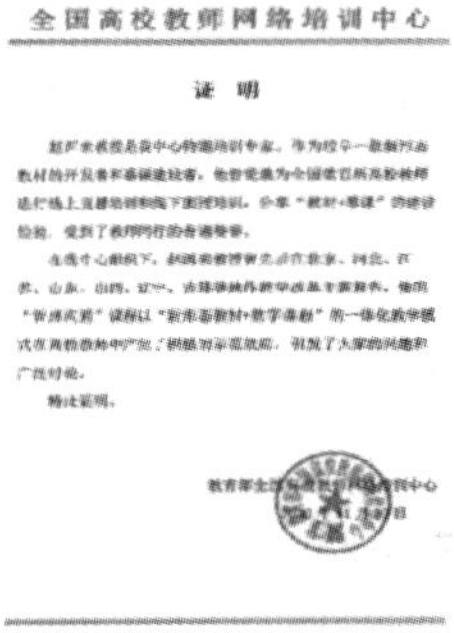

全国高校教师网络培训中心

证明

赵洱崇受聘教育部全国高校
教师网络培训中心特聘专家

赵洱崇受聘新华网
首批“新华思政”专家

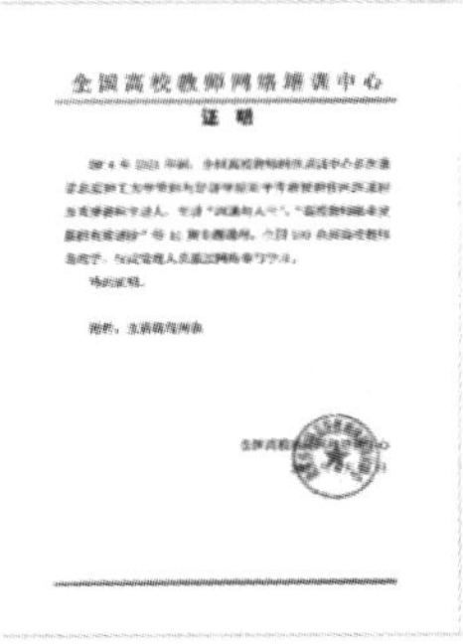

全国高校教师网络培训中心

证明

刘平青受聘教育部全国高校
教师网络培训中心特聘专家

受聘新华网及教育部高教网络培训中心专家，教研成果广为流传

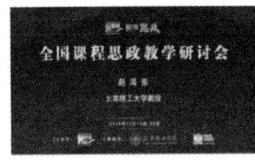

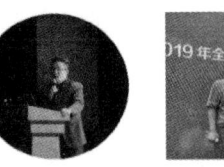

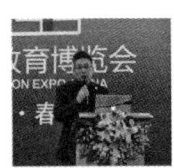

全国高校课程思政教学研讨会主题报告

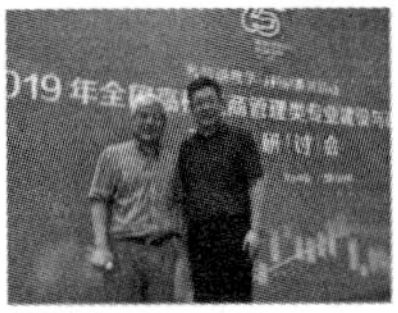

2019年全国高校工商管理类专业
建设与课程改革高级研讨会

中国高等教育博览会

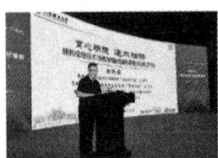

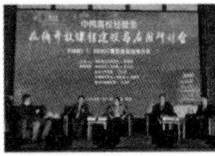

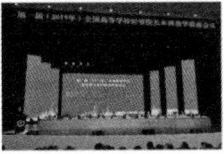

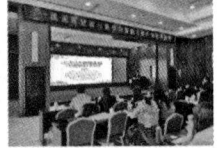

首届全国课程思政
高质量推进高级研修班

中国高校经管类在线开放
课程建设与应用研讨会

全国高等学校经管
院长本科教学会议

一流课程建设与教学
创新能力提升研修班

部分全国性课程思政会议、教育部各专业教指委主题报告

教学篇
课程思政教学案例

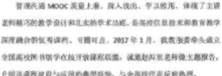

为山东省教育厅 主办会议做报告	为北京市教委 主办会议做报告	教育部图书馆学 教学指导委员会	为广西省教育厅 主办会议做报告

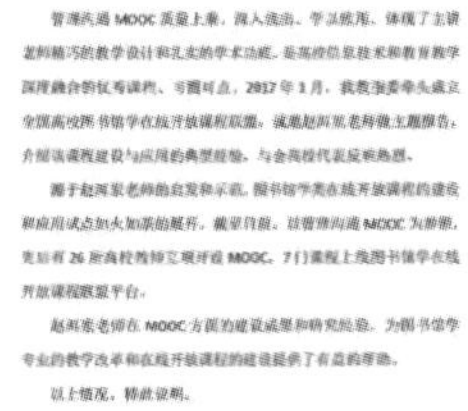

为重庆市教委 主办会议做报告	为江苏省教育厅 主办会议做报告	为四川省教育厅 主办会议做报告	为吉林省教育厅 主办会议做报告

部分全国性课程思政会议、教育部各专业教指委主题报告（续）

燕山大学	对外经贸大学	首届全国高校教材课程 研讨会	中国高校金融教育金课 联盟峰会

西南大学	中国刑事警察学院	河北师范大学	哈尔滨工业大学

为 300 多所非军事院校、20 多所军事院校进行专题讲座

课程思政理论与教学研究
——聚焦北京理工大学课程思政建设

管理沟通上线学习强国　　　　　　　　管理沟通上线edX全球MOOC平台

上线学习强国和哈佛大学、MIT 主办 edX 平台

团队教师：赵洱崬　杨添安　刘平青　高　昂　杨　艳　裴　蓉
　　　　　邓剑伟　蓝　天
开课单位：管理与经济学院

工 程 伦 理

一、课程简介

"工程伦理"课程面向工科专业学位研究生开展,共有 16 学时。该课程旨在培养学生工程伦理意识,让学生在掌握工程伦理相关概念、理论及基本规范的基础上,提高工程伦理的决策能力和解决工程实践中复杂伦理问题的能力。课程内容主要涵盖三个方向:工程伦理的概念、工程实践中的伦理问题、处理工程伦理问题的基本原则。课程从责任伦理与伦理责任、利益分配与公正、环境伦理与环境正义三个方面探讨工程实践面对的共性问题,探讨工程师的职业伦理。

课程特色是建设正德明理、精工致远、思政引领下的生态化课程,体现在:

生态化的教育理念:将新发展理念与伦理教育结合,以人为本,师生共情。将工程的严谨性、系统性、综合性与人文情怀结合,将工程活动的内容与工程伦理意识培养结合,将掌握工程的内涵与培养工程素养结合,将教学目标与思政目标结合,将学生的培养阶段与工程伦理知识点结合。

生态化的教学资源:学科交叉,理念共识、不断进取的教学团队,精心收集的传承我校红色基因和最新科研成果的思政元素、源自工程又打破专业界限的课程案例等。

生态化的教学过程:适应跨专业混编的大班授课、不同形式的课堂分组教学活动、贯穿过程的考核环节,教学充满活力,并不断改进,可持续发展。

二、课程教学目标

价值目标：提升道德意志力，不断完善自身的价值观与道德观；树立正确的职业美德；领会工程伦理的最高准则是为社会的公共健康福祉，培养伦理的责任感。

知识目标：深入理解工程伦理相关概念和理论，培养相关从业者的工程伦理意识，提升伦理问题的敏感度，增加理解重视工程实践中各种伦理问题的自觉性和能动性。系统把握工程伦理的基本规范，掌握具体工程领域的伦理规范要求。

能力目标：全面提高工程伦理的决策能力，能够解决工程实践中的复杂伦理问题。

三、课程思政教学设计

（一）课程思政整体方案

北京理工大学每年有 1 400 名左右的专业学位研究生，覆盖多学科领域，必须融合科技基础和创新能力，培养知识结构合理、与时俱进、具有国际竞争能力、有社会责任意识和创新精神的人才。"工程伦理"课程思政建设方向是正德明理、精工致远、思政引领、师生联动的生态化教学，即在创新、协调、绿色、开放、共享的新发展理念下对伦理教育的迫切需求，针对解决好"为谁培养人""培养什么人""怎样培养人"的根本问题，以德为先将创新工程教育融入伦理教育，建设多学科领域交叉融合共享机制，探索并实施工程伦理教育与课程思政深度融合的教学策略，打造北理工特色的绿色、开放、共享的教学范式。

1. 师德为先，建设学科交叉的教学团队

教学团队成员来自机械与车辆学院、光电学院、机电学院、自动化学院、材料学院、生命学院和计算机学院。跨学科的团队建设，凝练教学文化，围

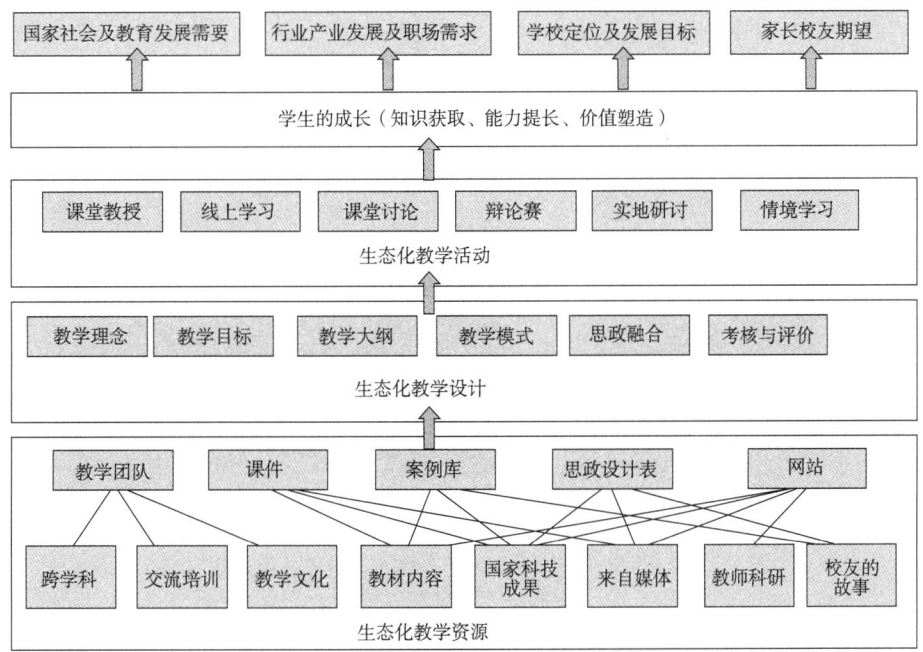

绕为工程补上伦理"短板",培养学生具有伦理意识、遵守伦理规范、具有伦理抉择能力,在知识传授、能力培养的基础上塑造"公共善"的价值观的目标,教学团队凝心聚力,形成正德明理、精工致远、思政引领下的教学生态化的鲜明特色。

2. 深入挖掘思政元素,建设课程思政资源

寻红色历史,立家国情怀。精心收集传承我校红色基因和教师科研的感人事迹,讲北理工人做顶天人、干飞天事、立擎天志的故事,着力传递价值导向、锤炼公共善的品格。

立师德师风,促价值养成。选取全国若干模范教师爱岗敬业、关爱学生、潜心钻研教学的典型案例,提出:一个有效能的教师必须在"德、智、能"三个方面成长。

看校友榜样,激报国壮志。请优秀毕业生——始终坚守在华北柴油机有限公司的李胜利,就"如何做一个负责任的工程师"为同学们讲解(以视频形式),请刚毕业的研究生孙嘉伟分享创新创业中的伦理风险意识。

案例名称	85岁张忠廉老教师——"递水递毛巾，做好勤务员"	所在章节	第一章
知识点	如何理解伦理		
育人目标	职业品格：爱岗敬业、淡泊名利、甘于奉献		
教学内容	德性论与义务论的区别：德性伦有利于我们判断一个人。我们判断一个人善良与否，不是看他的某一次行为，而是看他长期的行为趋向或努力。义务论或功利论，尤其是功利论，很强调一次性行为的后果，这对于个人的判断往往是不成功的。或者说，我们判断个人的善与恶，不能仅仅依据某次行为的后果来确定。与义务论相比较，义务论强调义务、责任、职责的中心性，在这个意义上，义务论可以说明一般人们的行为的道德性。或者说，义务论解释了平常一般道德水准的人们的行为道德性的一般依据。但是对于圣贤或英雄的道德，以及对于道德楷模的道德行为以及道德境界，却不是仅从职责义务可以解释得了的。 85岁张忠廉老教师——"递水递毛巾，做好勤务员" 当时针划过深夜12点，北京理工大学校园的又一个凌晨，一位耄耋老者、一群青年学子走出教学楼，相伴而行的路上，对实验中的难题仍然讨论个不停。这位每天陪伴学子们勤奋学习的慈祥师长，就是北京理工大学光电创新教育实验基地创始人，84岁高龄的张忠廉教授。张忠廉谦虚地说"我的作用只是在他们需要的时候递水递毛巾，做好他们的勤务员。"从青丝到华发，张忠廉与北理工相伴，至今已63载。		
融入思政元素	张忠廉老师是淡泊名利、甘于奉献的道德楷模，他的身上有"延安根、军工魂"的红色基因。学生们说，他走在校园里的样子，就像一盏照亮学子前行的明灯。		
课程与思政元素的契合的形式	大家能不能举一些圣贤的例子，他们的行为不是仅靠义务论可以解释了的。我们应该怎样行动，或什么样的行动（行为）在道德上是正当的或正确的。		
撰稿者	孔令琴		

教学篇
课程思政教学案例

案例名称	服务国家科技战略，技术创新兴国	所在章节	第三章
知识点	工程价值的多元性		
育人目标	科技创新，技术精湛		
教学内容	工程价值的多元性：工程服务于社会的各个方面，包括科学价值、政治价值、社会价值、文化价值等方面。 案例1：助力国家重大工程，科技助力盛典：2019年，庆祝中华人民共和国成立70周年的相关活动中，北京理工大学计算机学院数字表演与仿真技术北京市重点实验室主任丁刚毅教授团队，自主研发出仿真系统，以秒级和厘米级的精度，对群众游行、联欢晚会等活动进行了全要素、全方位、全流程的三维还原，该系统在策划、训练及现场指挥方面都给予了数据支持。打造了一支政治过硬、业务精良、技术精湛的仿真团队，服务国家重点重大活动的能力全面提升，培养在文化创意领域具有良好科学素养和技术创新能力的复合型、国际化的青年领军人才。 **仿真系统里的各类人群模型**		
融入思政元素	传承学校"延安根、军工魂"红色基因，自主研发，科技强国精神。		
课程与思政元素的契合的形式	工程的价值是多元化的，从上面的案例可以看出，工程还具有科学、政治价值。作为军工院校，一直秉承"延安根、军工魂"的红色基因，像丁刚毅团队一般，千次模拟求精准，"零失误"成就辉煌壮景，坚持创新引领，满足国家和国防重大亟需。坚持"自主研发，科技强国"，在国家重大战略活动中做出巨大贡献。		
撰稿者	郑军		

案例名称	倪志福群钻	所在章节	第五章
知识点	职业伦理中的协同创新精神		
育人目标	职业品格：携手协同创新，凝聚民族精神		
教学内容	1953年10月，时为北京永定机械厂的青年钳工倪志福创制了一种新型钻头，其基本特征为"三尖七刃锐当先，月牙弧槽分两边"，生产效率和使用寿命均大幅提高，被称为"倪志福钻头"。北京理工大学于启勋教授是中国切削技术领域资深专家。1956年，当时在北京工业学院金属切削专业任教的于启勋被组织上派到北京永定机械厂讲课，与当时在该厂工作倪志福同志见面，由此开始合作。倪志福同志在生产实践中创制了新型钻头，于启勋从切削力、刀具寿命、和钻头几何角度等方面进行试验，在取得的数据上加以理论概括。后来，倪志福、于启勋、周淑英、王育民等合作、于启勋执笔撰写了《倪志福钻头》，1963年由国防工业出版社出版。 1965年，倪志福同志建议将"倪志福钻头"改名为"群钻"，因为它是群众智慧的结晶，实现了领导、专家和群众的三结合。于启勋数十年来研究"群钻"理论和应用，取得了大量成果，作为《机械工人》的老朋友，于启勋注意在杂志上介绍"群钻"的新进展，1999年于启勋撰写《群钻的特征和使用性能》介绍"群钻"产生的历史背景、特征及使用性能，随后，他又与北京永定机械厂柳德春等同志合作撰写了《群钻技术的发展》，介绍了新材料的"群钻"、新结构的"群钻"、钻型的发展等、"群钻"的刃磨等最新情况。倪志福与"群钻"不仅代表着我国金属加工技术载入史册的辉煌过去，也代表着我国金属加工技术不断创新的灿烂未来。		
融入思政元素	工程的社会价值。		
课程与思政元素的契合的形式	价值游戏，引出对价值的理解。分组讨论，每组发言。		
撰稿者	薛庆		

闻时事热点，明是非真理。选取现代科技发展中的典型案例，如基因编辑婴儿问题、智能科技如何关怀老人等，理解工程的价值、解决数字鸿沟问题等。

3. 实施教学改革，探索生态教学模式

在教学方法、教学设计、教学活动、考核与评价多方面不断改进，打造师生共同参与的生态共情课堂，建设师生思政融通的教学模式。

立足学生成长。紧密结合研究生的学习过程，建立工程伦理知识点与学生成长路径的对应关系。例如在课程学习阶段、开题阶段、研究阶段、论文发表阶段、求职过程不同阶段，融入工程伦理知识，使课程思政与专业教育同向同行，让学生入耳、入脑、入心，师生共情。

立足学校特色。针对学校教师、校友故事和科研成果，建立了40余个思政案例表，形成系统的思政案例库，有机融入课堂活动。

立足教学改革活化课堂。教学不仅是教师讲授，也包括分组研讨、视频作业展示、伦理辩论赛等。每个学生参与到教学活动中，教师有文化底蕴、有情怀、有创新、有激情，学生有收获，课堂有厚度、有温度、有深度，形成思政融通的生态教学模式。

（二）课程思政教学方法

工程伦理课程具有"寻红色历史、立家国情怀""立师德师风、促价值养成""看校友榜样、激报国壮志""闻时事热点、明是非真理"四大特色板块。团队教师深入挖掘思政元素，收集数十个思政案例形成思政元素设计表，讲校友故事、学生创业故事、北理工服务国家重大战略取得科技进步的故事，突显科技强国、工匠精神、家国情怀和民族自信。

教学环节和方法有：

1. 核心内容课堂讲授——大班授课

按照教材章节，将16学时分15＋1，由于大班授课，每次课3学时。最后1学时作为优秀案例展示或其他教学活动，课程总结。

2. 重点内容案例分析——导入或总结

课程教学按照有效教学设计 BOPPPS 开展，问题或案例导入，引出本次课核心内容，穿插其他案例，加深同学们的印象，课程结束前以案例总结本次课核心伦理观点或提升内容的伦理境界。

3. 难点内容分组讨论——参与式学习

划分学习小组，专题讨论典型的工程伦理困境，并做好课堂讨论记录，充分利用线上线下混合资源，除有声 PPT 外，在乐学平台分享视频案例，在讨论区布置题目，提升学生参与度。

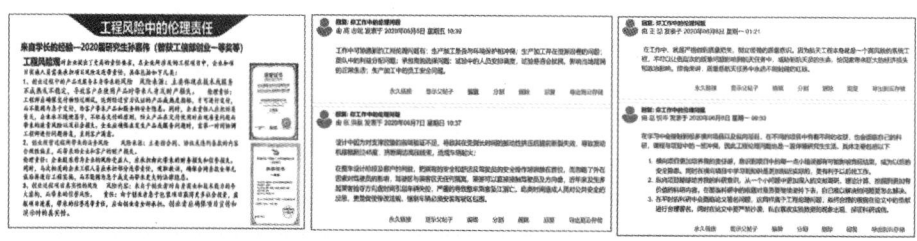

乐学平台的讨论和学长分享创业经历

4. 热点问题学生思辨——团队视频

课程考核内容之一，就是学生针对一个社会热点问题，分组做一个视频展示，例如老旧小区加装电梯工程中的行贿受贿、豆腐渣工程、校园毒跑道等热点问题。课程还集中组织辩论赛，分初赛、决赛，启发学生深度思考。

"工程伦理"教学活动

（三）课程思政教学案例：工程伦理课辩论赛

教学内容：结课时在各教学班进行工程伦理辩论赛。通过对辩题的剖析，学生从不同角度深入理解工程伦理的基本概念、原理、准则、道德价值尺度、公众安全义务、社会责任等要素，提升道德意识，培养道德情感，规范道德行为。

"工程伦理"课程辩论赛决赛现场

四、课程思政效果分析

课程覆盖全校各专业学生约 4 200 名（含非全日制），好评如潮："非常满意""超棒""该老师上课积极，很容易带动学生的学习积极性""该课程授课形式丰富多样"。课程改革取得成效，获批校研究生课程思政示范课。"工程伦理"课程思政示范课（1 学时）在"学堂在线"平台上线。2021 年获批国家级课程思政示范课程、教学名师和团队。

课程负责人受聘中国高等教育培训中心入库专家（教育管理、学科指导方面）、北京理工大学课程思政研究中心专家、北京理工大学教师发展中心专家。曾应邀在高校研究生工程伦理教学研讨会、清华大学工程伦理培训班、电子科技大学、北京化工大学、中国石油大学、华北电力大学、中国农业大学、北方工业大学等高校做讲座，介绍有效教学和课程思政经验，听众反馈："听了您的课受益匪浅，希望还有机会多向您学习。""您讲得特别棒，受益匪浅。"也赴北京理工大学定点扶贫地区山西吕梁方山县为当地教育工作者做报告。

团队教师：薛　庆　王岭雪　姚晓兰　赵　雪　孔令琴　常　帅　徐远清　郑　军

开课单位：机械与车辆学院

新能源车辆原理与应用技术

一、课程简介

本课程依托北京市新能源汽车继续教育特色专业，深入贯彻习近平总书记提出的"六个要""八个相统一"的思想政治教育要求，针对我国新能源汽车产业应用技术人才短缺问题，深入挖掘新能源汽车产业发展历程、典型企业创新案例等蕴含的思想政治资源，探索构建"报国情怀、创新能力、工匠精神"三位一体的人才培养模式。

二、课程教学目标

价值目标：将知识传授与学生职业发展规划引导相结合，培养学生社会主义核心价值观，树立绿色发展观，增强社会责任感、创新精神，激发学生科技报国的情怀与担当。

知识目标：通过讲解新能源车辆与应用技术，使学生全面了解新能源汽车发展历程与现状，掌握新能源汽车分类方法；理解不同种类新能源汽车基本构造及工作原理；了解新能源汽车驱动电机的类别及工作原理；能够对新能源汽车动力电池系统有较为清晰的认识，理解动力电池种类、基本工作原理与老化失效机制。

能力目标：锻炼学生在新能源汽车产品研发、设计以及制造等方面的相关技能，将基础理论学习与工程应用实例联系在一起，通过教学过程的交互设计，提高学生专业技术能力，培养学生联系工程实例应用的能力，培养学生个性化独立思考能力和团队协作能力。

三、课程思政教学设计

（一）课程思政整体方案

课程团队依托国家级继续教育课程思政教学研究示范中心，围绕北京市新能源汽车继续教育特色专业建设，瞄准继续教育高质量、有特色、重创新、讲实用的办学定位，结合理论与实践教学并重的课程特点，深入挖掘北京理工大学"延安根、军工魂"红色基因，从新能源汽车产业自主创新历程、典型技术创新案例、领军人物先进事迹等方面深入挖掘思政内容，将报国情怀、红色基因、创新能力、工匠精神等新工科思政理念融入专业教学，讲好中国故事，从混合式教学、情景式教学等方面创新课程思政教学模式与方法，为培养政治可靠、技术过硬的产业技术人才服务，支撑国家战略新兴产业发展和交通强国战略实施。

1. 前沿讲座，激发学生科技报国情怀

通过讲解我国新能源汽车产业成长历程和典型企业的国际引领优势，激发学生民族自豪感和自信心；通过剖析我国新能源汽车产业亟待突破的"卡脖子"技术，树立学生的使命担当。

2. 典型案例，培育学生创新能力

面向继续教育人才培养特点，建立自主创新和领军企业经典案例进课堂机制，增强学生自主创新和工程实践创新能力，激发学生的创新自信，鼓励和引导学生甘于奉献和勇于创新。

3. 榜样人物，使学生树立大国工匠精神

通过介绍新能源汽车产业诺贝尔奖获得者、院士、全国劳模等先进人物事迹，阐释劳动意义、奉献精神和科技创新规律，引导学生树立"道技合一、追求卓越"的工匠精神。

（二）课程思政教学方法

1. 推动"线上+线下"混合式教学，提升教学效果

开通线上微课堂，邀请业内专家在线授课并交流互动，已累计举办24期，参与者超过5万人次。该模式丰富了课堂组织形式，拓宽了课程内容，提升了教学效果。

线上微课堂+线下教学

2. 开展情景化教学，提升学生创新能力

依托新能源汽车国家监测与管理平台、动力电池溯源管理国家平台等国家级行业大数据平台，拓展建设新能源汽车大数据开放和实践教学平台；基于实车运行数据，构建面向企业真实生产环境的教学模式。

情景化现场教学

3. 开展企业实践教学，提升工程实践能力

组织团队教师按需跨地域集中现场授课，组织学生就近到新能源汽车企业实习，实地了解企业生产实际，加深学生对专业知识的理解和应用，提升学生实践能力。

企业实践教学

（三）课程思政教学案例

示例一：弘扬自主创新，坚定创新自信

讲述我国新能源汽车产业中的典型民族企业自主创新历程，让学生领会大国制造的工匠精神并建立创新自信。如吉利汽车作为国内纯电动乘用车产业品牌影响力最大的民营企业之一，通过自主创新打入南美、东欧等国际市场，收购沃尔沃汽车并成为奔驰汽车最大股东等事例，开展创新成就感与荣誉感教育，促进学生价值观、人生观、世界观与新能源汽车产业发展担当相融合。

讲解电动车辆国家工程实验室发展历程

示例二：讲述典型技术跨越式发展，激发强国壮志

将新能源汽车"刀片型"新结构电池技术、电池自动快换技术、数据驱动车辆安全管控技术等坚持自主创新并最终实现技术引领的经典案例引入课堂，通过讲解我国锂离子电池产业的典型企业（宁德时代公司后来居上，实现动力电池产销量世界第一）、典型技术（比亚迪"刀片型"新结构动力电池引领世界），从"跟跑"到"并跑—领跑"的发展历程以及"创新驱动、产业升级"的奋斗过程，培养学生认识、分析和解决实际工程问题的创新能力，激发学生的民族自豪感和爱国热情，振奋学生的产业自信心，激发学生立志科研报国、科研强国的志向与担当。

介绍比亚迪"刀片"电池、电池自动快换技术等经典案例

示例三：宣介领军人物，诠释工匠精神

介绍诺贝尔奖获得者 Goodenough（锂离子电池之父）、中国工程院院士孙逢春（中国新能源汽车领域奠基人之一）等先进人物事迹，结合具体工程创新案例，深入剖析科技创新规律，引导学生树立工匠精神，扎根工作岗位，勇于创新。

四、课程思政效果分析

（一）课程思政教学评估

本课程建立了知识传授与价值引领并重的考核评价机制，具体包括：

①家国情怀提升：通过课堂主题讨论、课后文献调研、主观论述考题等形式，考查学生剖析产业现状、分析瓶颈问题和投身产业报国的主人翁意识；

②学习能力提高：针对网络学习、课堂教学和实践教学，采用线上答题、口试笔试结合、课程设计等多种方式，跟踪评价学生个体学习情况；

③工匠精神践行：通过对领军人物事迹、科研成果及创新竞赛作品开展座谈交流心得，跟踪学生对精益、专注、创新精神的认知情况。

（二）课程思政教学效果

课程示范效应显著，辐射范围广。通过多样化、情景式教学方案，充分调动学生积极性，提升了学生的课堂投入度和专注度。通过学期教学质量考查，95%以上的学生能够熟练掌握本课堂主要教学内容和重难点知识。课程实践教学环节获团中央"到梦空间"APP超100万用户关注。

目前，本课程已被纳入人力资源和社会保障部新能源汽车国培项目教学体系，已开课两期；课程教材《电动汽车原理与应用技术》《电动车辆动力电池系统及应用技术》累计销售超过48 000册，被十几所高校采用；课程教学模式已在哈尔滨工业大学、长安大学等多所高校推广应用；作为一汽、北汽等龙头企业的培训课程，培训人员6 000余人次；课程获北汽新能源公司、厦门金龙客车公司等企业广泛认可，为提高员工专业技能和综合素质提供了途径和方法。

2021年"新能源车辆原理与应用技术"获评国家级课程思政示范课程、教学名师和团队。

授课教师：王震坡　张　雷　张照生　刘　鹏　邓钧君　王　硕
　　　　　明道福　陈宗海

开课单位：机械与车辆学院

飞 行 力 学

一、课程简介

"飞行力学"课程主要传授飞行力学的基本原理和分析方法，属于航空航天类的专业基础课程，是飞行器设计与工程专业的必修课和其他航空航天类专业的选修课，面向大学三年级学生开设。主要内容包括坐标系定义及变换、飞行器建模方法、方案弹道和导引弹道及飞行器动态特性分析等理论，同时包括导弹弹道解算与分析仿真实验，还包括"矢志国防　飞行报国"的思政内容，三大部分内容有机融合、相辅相成，共同构建了方向明确、目标清晰、内容硬核、实验丰富的专业知识体系。2019 年，建设了同名慕课并在中国大学慕课网上线运行。基于慕课建设了飞行力学 SPOC 课和线上线下混合型课程。

二、课程教学目标

价值目标：培养学生爱国主义精神和矢志国防的初心、决心和信心；培养学生求真务实、开拓进取、钻研拼搏的奋斗精神；培养学生为我国国防事业奋斗终生的精神。

知识目标：①掌握飞行力学狭义和广义的定义，明确飞行力学的研究内容、研究方法；②掌握用于飞行器建模的坐标体系的定义以及坐标系之间的转换关系，明确俄罗斯坐标系与英美坐标系的区别与联系及各自的应用场合；③掌握近程战术导弹建模基于的假设及采用的方法以及特殊情况下对导弹运动模型进行简化的前提条件及简化方法；④理解导弹方案弹道和导引弹道的定义、区别与联系；掌握飞行方案的设计方法、典型导引规律的弹道特性及导引规律的设计方法；⑤理解导弹稳定性和操纵性的概念和研究方法；掌握导弹纵向动态特性和侧向动态特性的研究方法与特点。

能力目标：①使学生掌握导弹受力分析、导弹运动方程组的建立、导引律分析以及动态特性分析的基础知识，并具备将所学知识拓展应用于其他飞行器的能力；②使学生能够应用飞行力学基础知识和理论、自动控制原理的基本理论来分析飞行器的弹道特性、飞行稳定性、飞行操纵性等问题，并具有综合运用所学知识对飞行器的飞行性能进行分析的能力；③使学生能够综合运用所学的飞行器弹道学、飞行器动态特性方面的理论知识和实验动手能力，分析和解决飞行器系统集成设计中的相关飞行力学问题。

三、课程思政教学设计

（一）课程思政理念

飞行力学作为飞行器设计与工程专业的必修课，在传授飞行器飞行力学相关知识的同时注重对学生的"矢志国防，'飞行'报国"的价值引领，让学生在对我国航空航天发展过程、核心技术了解的基础上，树立正确的学习态度和为国防事业奋斗的价值观、人生观，将专业教育和思政教育有机融合，实现知识传递与价值引领的统一。

（二）课程思政整体方案

以前辈故事为榜样、国家战略为牵引、关键技术为指针、励志报国为目标，多点布局，润物无声。将我国老一辈飞行力学工作者努力拼搏取得的卓越成就融入飞行力学发展史中；从当前国际形势和国家战略安全，引出飞行力学的热点问题和发展方向；再以影响和制约我国发展先进飞行器的热点问题与关键技术，激励学生胸怀空天报国之志，矢志国防，投身祖国航空航天事业，实现对学生的多维教育。

课程思政内容由三大模块组成：

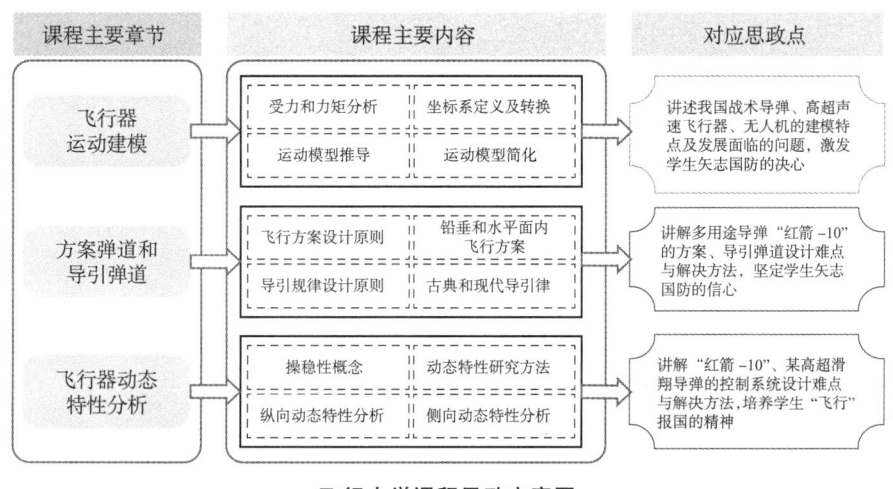

飞行力学课程思政方案图

飞行运动建模模块。主要包括的内容有导弹的运动受力和力矩情况、坐标系定义及转换、飞行器运动建模推导以及飞行器运动模型的简化。除了讲述课程中战术导弹的建模理论之外，还要讲述我国战术导弹、高超声速飞行器、无人机、制导炮弹等飞行器各自的建模特点、发展历程以及发展面临的问题，通过观历史、读现在、展未来，激发学生矢志国防的决心。

方案弹道和导引弹道模块。主要包括的内容有飞行方案的设计原则、铅垂和水平两个平面的飞行方案设计、导引规律设计原则以及古典和现代导引律。以"红箭－10"的典型弹道为切入点，讲述"红箭－10"弹道设计过程中遇到的问题，以及我专业校友总师邹汝平如何带领团队克服困难解决问题的故事，坚定学生矢志国防的信心。

飞行器动态特性分析模块。主要包括的内容有操稳性的概念、飞行器动态特性的研究方法以及飞行器的纵、侧向动态特性分析。以"红箭－10"为例，首先说明导弹不同操稳性对目标搜索、识别与捕获的影响，讲述我校参与研制老前辈刻苦钻研控制系统研究的事迹；同时，讲述我国某高超声速滑翔飞行器的控制系统设计特点和难点，以及公关团队废寝忘食解决问题的故事，培养学生"飞行"报国的精神与决心。

三、课程思政教学示例

示例一：红色传承，做合格接班人

在系统讲授近程战术导弹的建模、弹道设计以及动态特性分析的基础上，以北京理工大学飞行器工程系的老中青几代教师参与"红箭"研制的历史，讲述"红箭"三代人的传承，激励学生以前辈为楷模，热爱祖国，坚定矢志国防、做合格接班人的决心。

示例二：攻坚克难，做奋勇开拓者

讲述以我专业毕业杰出校友邹汝平为带头人的团队攻坚克难、勇于开拓，历经 20 余年的时光磨砺，克服了大大小小无数个困难，最终取得重大的、具有开拓性和里程碑意义的技术突破，为装备技术发展做出突出贡献的先进事迹，激发学生刻苦钻研、报效国家、勇于创新、勇做开拓者的决心和信心。

四、课程思政效果分析

课程思政强调"溶盐入汤""润物无声"，体现了典型的隐性教育特征，使学生在"做中学"和"悟中学"中体验到情感、态度和价值观发生潜移默化的变化。目前，从课程结构和内容上讲，明确的思政主题覆盖了主要的内容章节，实现了思政内容盐与课程内容汤的良好交融；从教学模式上讲，线上线下混合式教学模式实现了思政教育的针对性、高效性、灵活性和深入性。近三年，学生对任课教师的评价均为"优秀"。飞行力学课在大三第二学期开设，这个时候正是学生选择保研或考研方向、思考就业领域的时候，近三年上过本课的学生在保研和考研时，95% 选择了航空航天和兵器方向，就业学生中 90% 去了行业内的兵工企业、研究所，显示了学生对本行业的强烈认同感，以及矢志国防的决心和行动。

2021 年，"飞行力学"获评北京市课程思政示范课程、教学名师和团队。

授课教师：王晓芳　林　海　唐胜景

开课单位：宇航学院

航天器发射技术

一、课程简介

本课程是武器发射工程专业学生的专业选修课，为发射专业本科生提供全面并有一定深度的发射专业知识，紧跟专业、行业前沿，讲授国内外先进的发射技术和科研最新进展，开阔学生视野，培养航天报国情怀。武器发射工程专业前身成立于1958年，1960年开始培养研究生，2009年获批教育部特色专业，2020年获批北京市一流专业，是兵工学会、宇航学会发射工程方向委员单位，国防特色鲜明，历史悠久，学术底蕴深厚，为我国航天和国防事业培养了大批领军领导人才。

二、课程教学目标

价值目标：以培养"专业基础扎实、富于创新精神、善于解决难题、勇于时代担当"的国防工程科学家为基本价值目标，结合"打造国之重器"的专业特色，增强学生专业认同感和自豪感，践行"知识、工程、国际、创新"四维一体人才培养模式。

知识目标：①航天器系统及发射装置的基础知识；②燃气射流动力学、发射动力学、弹射内弹道学等关键基础理论知识；③典型发射方式的基本形式和发射装置的基本结构，关键分系统或部件的设计方法；④航天发射场的基本组成与总体设计技术。

能力目标：①实践能力。具备给定武器系统发射战技术要求或航天运载工具参数，选择适合发射方式，并确定总体结构的能力。②创新能力。具有利用基础理论知识创新性地解决武器系统中发射分系统工程问题的能力。③自主学习能力。具备给定题目，完成最新资料检索和调研报告撰写、宣讲、交流的自主学习能力与表达能力。

三、课程思政教学设计

（一）课程思政理念

①以弘扬航天精神、创新精神和奥运精神为核心价值要素设计教学案例，系统讲授具有一定深度的发射专业知识，增强学生专业认同感和自豪感，提升学生航天报国的情怀；②紧跟学科、行业前沿，以国内外发射技术和科研的最新进展，如长征十一号运载火箭的海上发射技术，SpaceX 的运载火箭和整流罩回收技术等及时反哺教学科研，培养学生科技前沿意识；③以研讨式教学法，通过翻转课堂，帮助学生挑战学业难度，提高专业资料的检索能力。

（二）课程思政整体方案

以武器发射工程专业发展史为线，以为我国航天和国防事业中培养的领军领导人才，如黄先祥院士、张泽明少将等杰出代表为镜，以国庆 70 周年阅兵中深度参与研制的国家重大发射系统为珠，以长期从事发射专业前沿的专业教师的科研工作为点，精心设计多个精彩教学案例，彰显专业底蕴，提振专业自豪。

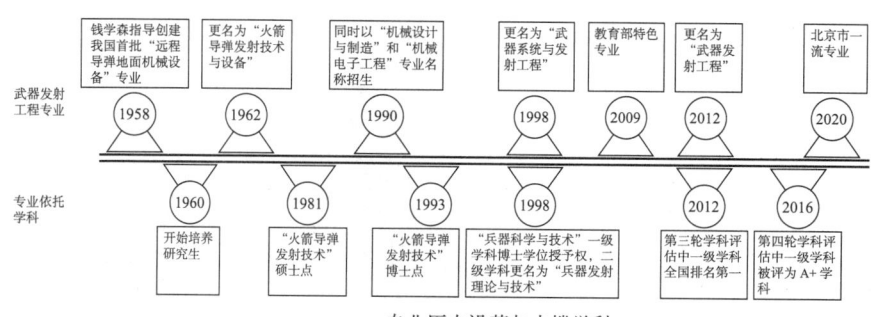

专业历史沿革与支撑学科

（三）课程思政教学方法

本课程主要采用案例教学法，以航天精神（"特别能吃苦、特别能战斗、特别能攻关、特别能奉献"）、创新精神（"一种勇于抛弃旧思想旧事物、创立新思想新事物的精神"）和奥运精神（"更高、更快、更强"）三大思政点贴合课程内容与知识点精心设计教学案例，建立课程思政案例库，如为弘扬航天精神而设计的弹射装置研制案例、热发射装置研制案例等；为弘扬创新精神而设计的科技助力冬奥案例、从工程实践凝练基础问题并获得世界级成果案例等；为弘扬奥运精神而设计的国家运动员刻苦训练案例等。

> **▶ 思政案例设计**　　　　　　　　　　　　　　北京理工大学
> 　　　　　　　　　　　　　　　　　　　　　　　宇航学院
>
> **1. 案例设计1：航天精神**
> ——在第一章发射方式知识章节，介绍某新型发射技术研制过程，宣贯航天精神
>
> **2. 案例设计2：航天精神**
> ——在第五章航天发射场章节，介绍我国载人航天、海南发射场导流系统设计过程，长征11号运载火箭特点等，宣贯航天精神
>
> **贴合课程内容，自然带入　润物细无声**
>
> **3. 案例设计3：创新精神**
> ——在第五章航天发射场章节，介绍工程研究中创新性地凝练科学问题，找到学科前沿，科学研究中继续发扬创新精神，推动科学发展
>
> **4. 案例设计4：奥运精神**
> ——在第三章弹射内弹道学知识章节，介绍从导弹弹射到人体弹射的研制过程，带出速度滑冰国家队奋勇争先，勇夺奥运冠军的故事，宣贯奥运精神和创新精神

本课程部分课程思政案例

（四）课程思政教学示例

示例：弘扬航天精神、创新精神，以科技助力冬奥

基于弹射原理，研究人体高速弹射装置，以科技助力冬奥。专业教师面向2022年北京冬奥会助力我国运动员"登上领奖台"的国家重大需求，通过产学研用的指导理念，借鉴提拉杆式弹射技术原理，成功研制国内第一台套人体高速弹射装置，可辅助速度滑冰运动员的弯道滑行技术训练，实现了加速过程的精准控制，大幅降低了运动员的体力消耗，填补了该领域的国内空

白,实现了科技助力冬奥,提升了国家队训练水平,助力我国实现体育强国目标,并培育了新的学科增长点。

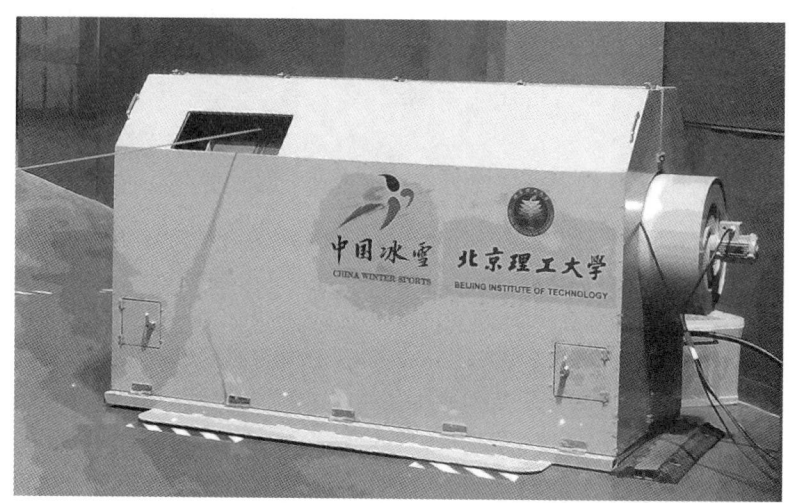

人体高速弹射装置

速度滑冰国家队应用装置开展训练

四、课程思政效果分析

秉承长期以来的国防教育特色,本专业75%的毕业生就业于航天和国防领域,包括航天科技、航天科工、兵器工业、兵器装备、船舶重工、航空工业等军工集团所属研究所或企业,为国家航天和国防建设做出了重要贡献,涌现了大批领军领导人才;毕业生中80%以上的保研学生到依托二级学科深造,校内名列前茅;学生科研兴趣强,积极参与各类科技竞赛,获含周培源大学生力学竞赛一等奖在内的各类大学生科技竞赛奖数十项。

2020年,该课程获北京理工大学课程思政教学设计优秀案例认定。

授课教师:郝继光　姜　毅

开课单位:宇航学院

动态测试技术

一、课程简介

"动态测试技术"是一门具有显著国防军工特色、侧重兵器工业测试技能、工程性质较强的本科专业基础课，主要面向弹药工程与爆炸技术、特种能源与烟火技术等专业，目的是夯实学生专业领域测试基础，拓展学生专业测试知识，锻炼学生实验操作技能，提高学生测试系统设计、测试信号分析与处理等能力，为学生后续专业课程学习奠定测试理论基础，为专业领域开展科研工作奠定工程实践基础。

课程主要涉及兵器科学与技术领域爆炸、冲击、燃烧等高温、高压、高速测试环境下，时间、速度、压力、所用过程等典型瞬动态物理量的测量。本课程主要针对电探极、压电、压阻、应变、可见光高速摄影、脉冲 X 光高速摄影、激光干涉测速、虚拟实验等典型电学、光学测试方法，围绕测试系统组成与设计、测试原理和方法、误差分析、使用注意事项、数据处理方法和应用实例等内容开展教学。

课程集光学、电学、力学、数学等知识为一体，具有综合性强、实践性强、测试技术先进等突出特点，是我校培养国防领域领军人才的基石课程。

二、课程教学目标

价值目标：激发学生的专业热情，培养学生不畏艰辛、矢志国防的报国精神；提升学生的安全意识、安全理念和安全素养，培养学生遵守试验安全操作规程，杜绝侥幸心理，树立保护自身和他人生命安全为第一要务的安全责任意识。

知识目标：①掌握电探极、压阻、压电、高速录像、脉冲 X 光摄影等测试方法及动态测试技术特点、测试信号特征等，能够根据被测对象特点、测试信号特征等，选择合适的测试方法，具备对速度、压力、作用过程等动态测试问题进行分析的能力；②掌握测试系统组成、技术参数、误差与数据处理方法等，能够根据实验方案构建实验系统，具备捕获、处理动态信号，分析并解决试验结果中压力削峰、图像模糊等典型问题的能力；③熟悉兵器领域动态测试常用的电探极、压阻计、压电传感器、可见光高速摄影机、脉冲 X 光摄影系统、模拟软件等测试仪器，掌握其工作原理、使用方法和适用范围。

能力目标：提升学生国际视野，锻炼科技创新能力，跟踪学习国内外先进测试技术和方法，增强自主创新意识和自主设计能力。

三、课程思政教学设计

（一）课程思政理念

围绕"立德树人"根本任务，以"爱国家、爱国防"立身，以"安全第一，技能优先"立学，以"艰苦奋斗、勇于创新"施教，注重加强对学生的国家认同、国防自信、价值观等教育，积极引导学生为国贡献、为国防献身、艰苦奋斗、勇于创新、技术争先，努力成为我国国防事业合格的接班人。

（二）课程思政整体方案

以"国防热情、科技创新、安全意识"为核心思政元素，结合国防领域与专业测试技术相关典型案例、榜样故事、亲身经历等，实现测试技术知识传授、国防科学技术研究价值塑造和分析、解决能力培养的三元统一，整体方案如下：

1. 增强国防意识，激发爱国热情

结合国际军事大事及军事高科技视频影视等，展现国防科技事业的魅力和地位，激发学生的国防热情，点燃学生的爱国激情；结合"本专业典型实验视频"展现测试技术在生活、学习、科研、工作中的运用，激发学生对测试技术专业学习的热情。

2. 开拓创新思维，弘扬奉献精神

"科技是国家强胜之基，创新是民族进步之魂"，本课程以习近平总书记关于"科技创新"的系列论述为切入点，结合本专业"老、中、青"三代教师的科研创新实践，展现科技创新的重要性，坚守专业传承，弘扬献身国防、无私奉献的精神。

3. 贯彻生命第一理念，强化专业安全意识

结合科研生产、测试实验中真实发生的专业领域案例，剖析事故原因，讲解事故危害，警醒学生牢固树立专业安全责任意识，贯彻生命第一理念，严肃认真，严慎细实。

（三）课程思政教学方法

主要以案例教学法为主，围绕"经历触动""榜样示范""事故警示""情境实践"等，实现"热爱祖国、服务国防、安全第一、技能优先、艰苦奋斗、勇于创新"的课程思政培养目标。

1. "经历触动"教学

"献身国防、矢志军工"是动态测试技术专业教师的理念。围绕任课教师亲身经历的动态测试技术实验，科研团队之间的集智聚力、协作攻关的经历，带学生开展动态测试、精工实习的教研经历等，讲述发现问题、分析问题、解决问题的科研过程，培养学生脚踏实地、艰苦奋斗、勇于创新的精神。

2. "榜样示范"教学

针对典型动态测试技术的特点，结合专业发展史，选取本专业知名专家的辉煌成就和艰苦奋斗史作为典型案例，既让学生更加深入地了解专业、国防、科研，又能体会测试技术的重要作用，激发学生敢于下"先手棋"、破"技术瓶颈"、勇于走在世界科技前沿的进取精神。

3. "事故警示"教学

动态测试实验大多数涉及爆炸危险品，在实验过程中的安全操作注意事项，

是课程教学内容之一,也是科研实验中的重要保障。本课程特在各测试技术应用环节,融入生命安全教育,选取因侥幸心理、麻痹大意、不遵守规章制度等造成的身体乃至生命安全事故,教育学生严格遵守规章制度和安全操作规程。

4."情景实践"教学

实验教学在本课程中具有十分重要的地位,是巩固理论知识、培养实验技能、启发创新思维、锻炼独立分析解决问题能力的有效途径。在实验教学环节中,采用情景实践教学方法,通过在各项实验中预设典型工程问题,引导、启发学生发现、分析和解决问题,体会成功后的喜悦,培养学生独立思考、不畏艰辛、求真务实的精神。

(四)课程思政教学示例

示例一:培养安全责任意识,激发国防情怀

以"中国兵器宣传片"等相关影视载体,结合测速、测压、测运动过程等测试技术,激发学生的专业认同感;以弹药工程与爆炸技术、特种能源与烟火技术两大顶尖科技支撑国家重大战略的精彩案例以及多位教授在国防科技研究领域中的突出贡献,讲授测试技术在学生生活、学习和科研中的重要地位以及未来的科研发展方向,激发学生的国防热情和爱国情怀;以"高压电事故""某厂战斗部爆炸破片伤人事故""高速摄像机镜头被打坏"等专业案例,结合动态测试技术的特点、爆炸测试技术的特点讲解安全规程操作的重要性,融入安全教育。

专业教授、科学家以及为祖国做出的贡献

专业教授、科学家以及为祖国做出的贡献（续）

示例二：勇于自主创新，激发科技报国的使命担当

讲授电探极种类与结构时，以我校前辈教师和年轻教师自主设计的同轴探针、测速靶网纸板为例，讲授其中的技术创意、解决的问题和实用性，同时根据现有测速靶的问题与不足，要求学生自主设计改进。在讲授电探极测速应用实例中的弹道枪驱动破片侵彻靶板实例时，以王海福团队活性破片毁伤效应研究为例，讲解测速靶的选取、布置、使用注意事项等，同时以王教授为例，结合我国创新驱动发展战略，讲述我国科学技术发展的国际领先性，测试在科学研究的贡献以及把核心关键技术掌握在自己手中的重要性，激励学生勇于自主创新。

四、课程思政效果分析

本课程作为校级课程思政示范课程，支撑了弹药工程与爆炸技术专业认证（兵器科学与技术学科首个开展工程教育认证的专业）。本课程将安全教育、国防教育、爱国教育、创新教育贯穿始终，思政教学要素明确，实现了思政教学与专业知识的有机融合，课程思政效果显著。调查问卷结果显示，

4.5 电探极应用实例——破片速度测量

> 要瞄准世界科技前沿，抓住大趋势，下好"先手棋"，打好基础、储备长远，甘于坐冷板凳，勇于做栽树人、挖井人，实现前瞻性基础研究、引领性原创成果重大突破，夯实世界科技强国建设的根基。
> ——2018年5月28日，习主席在中国科学院第十九次院士大会时强调

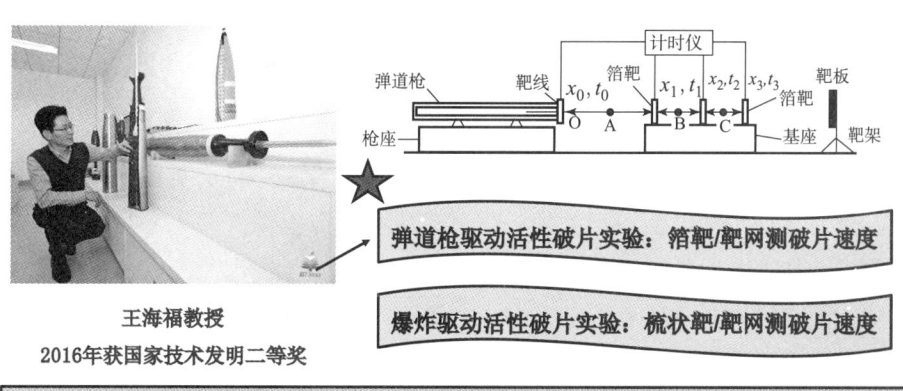

王海福教授
2016年获国家技术发明二等奖

弹道枪驱动活性破片实验：箔靶/靶网测破片速度

爆炸驱动活性破片实验：梳状靶/靶网测破片速度

《动态测试技术》课程组

科技创新教育

学生对课程教学满意度、对专业的认可度、对国防科研的热衷度等均显著提高。学生的科研热情、测试水平、安全意识均有提升。2022年，被高等学校兵器类专业教学指导委员会推荐为兵器类专业课程思政典型案例。

授课教师：李　梅　蒋建伟　王树有　门建兵　刘　瀚

开课单位：机电学院

有机材料化学基础

一、课程简介

"有机材料化学基础"是兵器类专业大学三年级的一门必修的化学基础课程，更是与含能材料密切相关的一门基础课程。课程依托北京理工大学——兵器科学与技术学科一流A＋学科、兵器类特种能源技术与工程一流专业的优势，围绕特种能源技术与工程专业本科生培养目标，着重讲授含能材料相关的有机化合物的组成、结构、性质、反应、合成以及应用等知识，使学生系统掌握有机化学的基本理论、基本知识、基本实验技能及学习有机化学的基本思想和方法。本课程已在中国大学MOOC网、融优学堂上线。

二、课程教学目标

价值目标：落实立德树人根本任务，坚持社会主义核心价值观的引领，培养学生精益求精的科学精神；激发科技报国的家国情怀和使命担当，培育学生关心国防、热爱军事、勇于探索的敬业精神；引导学生树立责任意识，强化保密教育和安全教育，培养奉献、奋斗、创新的兵器精神。

知识目标：知悉和理解有机化学的基本理论、基本知识，有机化合物基本物理、化学性质；掌握有机化合物命名和结构、重要有机化学反应和合成方法，形成良好的科学思维和行为习惯，掌握有机化合物的研究方法。

能力目标：能够驾驭有机化学合成、结构解析方法和反应机理分析，具备良好系统思维能力和科学素养；能够解决有机化学反应和典型有机实验的基本问题;具有解决复杂有机合成工程问题的设计能力;培养学生自主学习、解决问题的能力,锻炼学生系统性思考问题的能力和团队协作能力。

三、课程思政教学设计

(一)课程思政理念

结合学校办学定位、专业特色和人才培养要求,围绕"培养什么人、怎么培养人、为谁培养人"这一根本问题,将价值塑造、知识传授和能力培养紧密融合,重点从价值引领、家国情怀、兵器精神、保密意识、国防安全教育、劳动教育、文化素养等方面开展课程思政建设。

(二)课程思政整体方案

①结合学科史、专业史、含能材料发展史、特色兵器文化等,夯实含能材料基础知识的学习,培养学生科学严谨、精益求精的科学态度,如介绍德国化学家凯库勒(Kekulé)及苯分子结构的发现史。

②结合有机材料化学在起爆药、火炸药、发射药、推进剂等含能材料领域的应用,以及结合火炸药实际品种、具体应用案例等国防领域应用,强化安全教育、保密教育。

③结合我国、我校科研人员在新型含能化合物设计、制造及配方应用及其在国家重大工程中的应用案例,激发学生对兵器类专业和所从事研究方向的学习兴趣,培养学生技术报国的爱国主义精神,如讲授硝基化合物、氨基化合物时引入硝基芳香族化合物典型代表物——三硝基甲苯(TNT)、核武器用钝感炸药代表物——三硝基三氨基苯(TATB)的结构、制备及性质。以TNT及其在弹药中的应用作为教学案例,培养学生的敬业精神。

④结合榜样人物追求真理、甘于奉献的经历,情理交融,激发学生的情感共鸣。如讲授醛酮还原反应时,向学生介绍"黄鸣龙反应",让家国情怀、民族自豪感成为学生成长的精神动力。

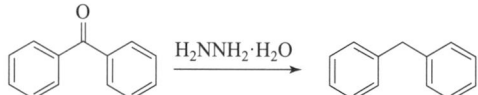

黄鸣龙先生在做Kishner-Wolff还原反应时,对羰基还原为亚甲基的方法进行了创造性的改进。现此法简称黄鸣龙还原法,在国际上已广泛采用,并被写入各国有机化学教科书中。成果取得与黄鸣龙一贯严格的科学态度和严谨的治学精神是分不开的。

黄鸣龙

黄鸣龙先生与"黄鸣龙反应"

(三) 课程思政教学方法

采用线上引领、线下拓展的混合式教学模式,结合专题式教学法、项目教学法、案例教学法、研讨式教学法等,完成课程育人目标。

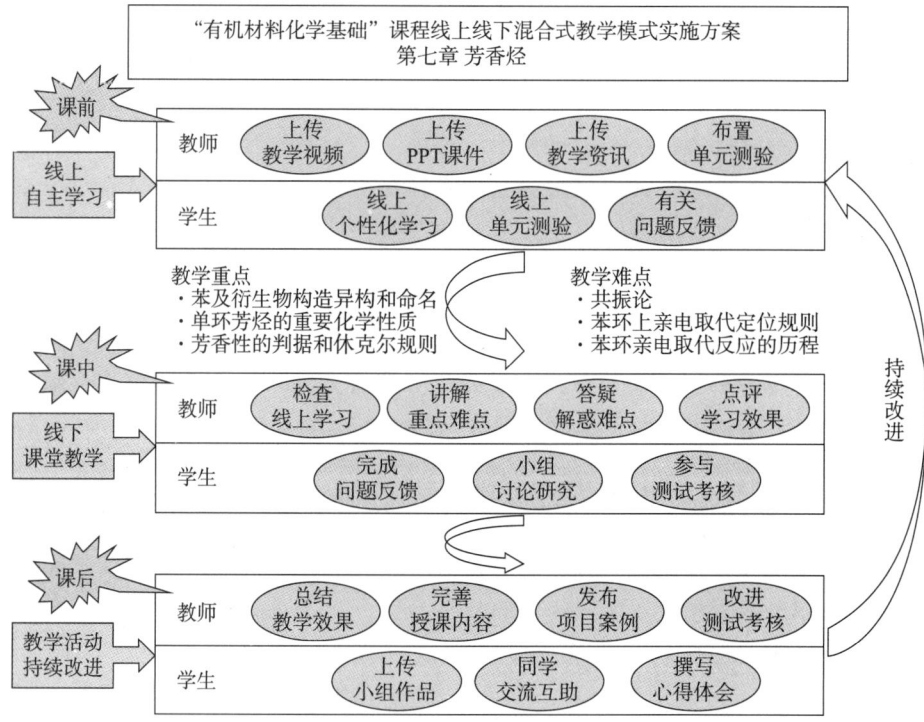

线上线下混合式教学模式实施方案图

(四）课程思政教学示例

示例一：榜样人物引领，促进课程育人

介绍我校火炸药领域泰斗徐更光院士、爆炸学科泰斗丁敬先生。讲述他们以国家需求为己任，潜心研究、默默奉献的事迹，培养学生热爱国防的家国情怀。

示例二：瞄准学术前沿，激发学习活力

将科研转化为教学，将含能材料最新的学术前沿、火炸药领域的最新研究成果融入课堂教学内容中，做到授课内容的时讲时新，更好地彰显兵器类专业特色，体现课程的创新性。如将六硝基六氮杂异伍兹烷的相关研究进展、发表于 Science、Nature 的 N_5^- 的最新化合物结构介绍给学生，激发学生的内在学习动力。

示例三：项目制教学，提升学业能力

依托国家级实验平台开展项目制研究型教学，通过设计"综合试验项目"凝聚学生团队，全面提升学生团队协作能力，体现课程的高阶性和挑战度。课程评价注重"过程化"考核，学生需要自学线上 MOOC，完成每章的单元测验试题并通过考核。学生撰写研究报告并完成学术汇报与答辩，进行探究性学习，提升独立思辨能力和团队协作能力，锻炼多角度解决问题的综合能力——体现了课程的挑战度。重视课程学习的过程性评价和持续改进，形成了该课程多元化的学习效果评价机制和持续改进机制。

四、课程思政效果分析

针对线上线下混合教学特点设计了课程预期学习成果（Intended Learning Outcomes，ILOs）达成情况评价方法，每年度课程均完成毕业要求达成度评价和持续改进分析报告，针对存在问题开展持续改进活动。本科教学督导组与学生评教在近三年评价均为优秀，督导组认为本课程教学方法灵活，教学中采用案例教学、项目制学习等教学方式，能够极大地激发学生学习的积极性，课堂教学效果良好。从学生评教结果看，前沿含能材料知识的引入，显著激发了他们的学习热情和主动性。通过项目制教学，学生的自主学习创新能力显著增强,解决问题能力得到有效提升。

获评北京理工大学首批课程思政示范课程并入选新华网优秀课程思政教学资源,荣获"在线开放课程优秀案例"。课程在中国大学MOOC网、融优学堂平台上线,并已开设四轮次。2021年,获批"北京市高校优质本科课程(重点项目)"。

授课教师:张建国　张同来　李志敏

开课单位:机电学院

工程热力学

一、课程简介

工程热力学是所有工程专业本科生的一门重要的技术基础课,是研究热能有效利用以及热能与其他能量之间相互转换规律的科学。课程内容包括热功转化系统的定义与特点、热功转化的基本规律、热功转化的过程及其转化的效率、影响转化的因素、采用的工质(理想气体、水蒸气、湿空气)、热功转化的工具与装置。工程热力学揭示的是能量运动和转换的本质规律,所讨论的问题涉及物质和能量的本质,深奥难懂,规律晦涩,是一门具有学业挑战度的课程。

二、课程教学目标

价值目标:培养学生的辩证思维和认识世界、改造世界的方法论,以及利用㶲分析观分析事物的发展,即任何不可逆过程都向着㶲品质减少的方向发展,㶲是事物品质的代表,也是能量具有价值的体现。

知识目标:学生知悉和理解工程热力学基本理论的发展历史、重大技术突破的背景与影响;掌握热力学的一系列基本概念、基本定律,掌握提高能量利用率的基本原则和主要技术途径;掌握热工过程和热力循环的基本分析方法及热力学的宏观研究方法;掌握热力学工质的物性计算公式和图表的制作方法;掌握能源与动力工程专业重要文献资料的来源和获取方法。

能力目标:培养学生发现问题和解决问题的能力,综合应用各学科知识解决复杂实际工程的能力，利用热科学知识从事能源系统设计、计算、规划和研究的能力，初步具有建立热力学模型的能力。

三、课程思政教学设计

（一）课程思政理念

课程以人的自我价值实现为隐含的育人主线，通过分析热力学的整体知识构架，特别是热力学的基本定律，借用热力学规律探索人生的发展变化规律，探索人的发展与人的自我价值的实现，阐释立志拼搏的人生哲理。

（二）课程思政整体方案

借用热力学系统与人体系统的相似性，帮助学生从宏观上理解工程热力学的基本定律（特别是系统能量运动发展过程中，能量的转化和储存的基本规律），同时又帮助学生通过热力学的熵增定律与人生发展规律的相似性阐明人生哲理。

人体系统有着与热力学系统非常类似的结构。它们都是利用能量并实现做功能力转换的系统，能量在其内部的运动变化，促使系统状态的变化和做功过程的发生。热力学系统做出的完全是物理功，而人体系统则可以做出物理功、社会价值功等有益于整个人类发展的"人生价值功"来。

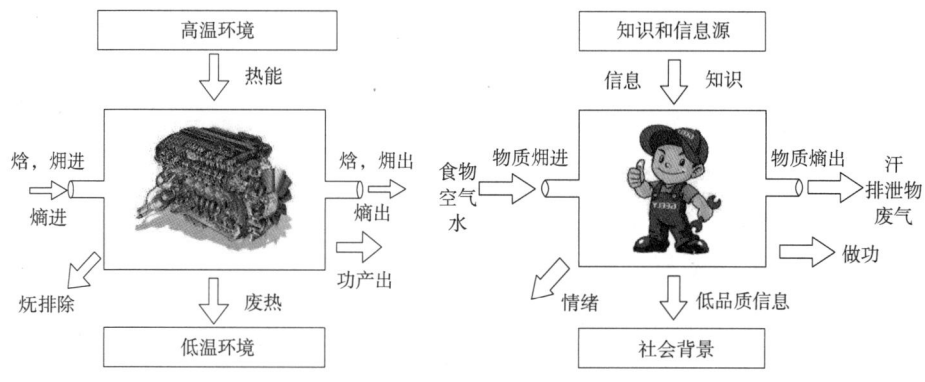

热力学系统与人体系统比较

①稳定平衡定律与人生发展规律的相似性。热力学中的稳定平衡定律指出：热力学过程总是朝着单一方向进行的（单向性），每个中间允许状态只能经历一次（演进性），过程的终态是唯一的（唯一性），当系统达到稳定平衡态时过程就结束了（有限性）。人生也是如此，个体生命的时间是有限的，那么如何在有限的生命中去思考人生在世的价值？

②熵增定律与人生发展规律的相似性。熵代表"无序度"或"混乱度"，因此要想使系统变得更有序，必须减少它的熵才行。然而，使系统熵增是容易的，使系统熵减是困难的。把盐溶于水要比把盐从水里结晶出来容易得多；把热系统变冷比把冷系统变热容易得多；把一堆码好的积木踢散比收拢它们并码放整齐容易得多，等等。人生的道理也一样：学好三年，学坏三天。你想把自己变得更高级，就得对它"做功"。说得更通俗一点，就是告诉你，天上不会掉馅饼，世上没有免费的午餐，想要收获，必须有付出。

③提升品质的方法与人生发展规律的相似性。热力学定律指出：任何自由的过程，都是品质下降的过程。人的品质提升，也需要防止"自由过程"。所谓自由过程就是满足自己各种欲望的自然发展趋向，包括吃、喝、玩、乐、欲等。因此特别要加强对自己"欲望"的管理，如果不加以管理，必将使人体思想和肉体趋向混乱。玩物丧志、欲壑难填的事例比比皆是！

④评价方法具有相似性。我们知道，含㶲值大的能量品质高，作用大，价格高。同样，高素质的人才对社会贡献大，人的可用性也由三个因素决定：个人具有较高的专业能力、对社会和事业有良好的认识和态度、社会提供给他良好的环境。

（三）课程思政教学方法

综合运用课堂讲授、专题教学以及学习小组讨论法等讲述热力学的基本概念、参数和基本热力过程，诠释热力学定律及其本质，讨论热力学、用能与工业革命兴起的关系，学会利用热力学㶲品质理论指导自己的人生发展方向，自觉减少人生中熵损耗，保持人生主旋律，获得人生最大㶲值。树立将自我实现融入国家社会发展中的人生价值观。

（四）课程思政教学示例

示例一：充实自己，是实现人生最大价值的基本保障

对人生个体来说，在某个特定阶段，可以将他看着一个系统。系统的㶲可以表述为，

$$Ex = \Delta H - T_0 \Delta S$$

式中，ΔH 表现为个人能力的高低，具体表现为与周围人才比较的差异大小。T_0 为环境参数，ΔS 为与环境的熵差，具体表现为对人生的认识程度。从这个计算热力学系统㶲的公式可以看出，要想个人能力大，就必须具有足够大的 ΔH，它是保障个人㶲值高的主要条件。

示例二：优选人生舞台，追求人生最大㶲值

帮助同学正确理解人生自我价值与社会价值的辩证统一。一个人对社会发展进步贡献越大，就越能体现人生的自我价值。

示例三：心中有梦想，树立高尚的人生目标

梦想就是头脑中时时都有自己的人生目标，这是我们奋斗的动力源泉，从热力学的角度看，就是我们头脑中的熵值最小化，大脑中思想更有序，从而我们的行动更有序。坚定志向，心无旁骛，内部的耗散因素就会减小，更能达成目标。

示例四：把握人生关键期，实现辉煌人生

凡事都有轻、重、缓、急。要善于抓住主要矛盾解决关键问题，才会产生最大效益。作为青年学生，要抓住人生的拔节孕穗期，努力奋斗，掌握技能，扣好人生的第一粒扣子，把握好人生的方向盘。

示例五：学会改变自己，创造良好环境

㶲是系统与环境差异度的量度，差异越大，越显示出自己的价值。物以稀为贵，这是环境体现价值的最好诠释。在人生成长过程中，环境是很关键的因素，环境包括思想环境和客观环境。减少环境耗散就是要减少"内卷"，形成有利的发挥能力的空间。获得良好的环境包括选择环境和创造环境两种方式，创造环境又包括适应环境和改造环境两种方法。

四、课程思政效果分析

在提炼热力学课程的课程思政内容过程中,产生了许多新思想和新方法。五年的教学实践证明,在热力学中融入人生哲理,帮助学生树立正确的人生观价值观是非常有意义的。本课程被新华网的新华思政收录,截至2022年3月,累计在线学习者1.5万余人。基于课程思政内容的提炼与融合,发表了5篇教学论文,出版了具有新时代背景的新教材并已在我校本科生中连续使用了4届。

团队教师指导的大学生创新活动连获佳绩。获得全国大学生节能减排创新大赛一等奖1项、三等奖5项;省部级大赛特等奖1项、一等奖1项、三等奖1项;学校创新大赛特等奖1项、一等奖2项。

授课教师:郑宏飞　康慧芳

开课单位:机械与车辆学院

流 体 力 学

一、课程简介

流体力学作为力学的重要分支，既是探索自然规律的基础学科，也是解决工程实际问题的应用学科，在现代科学中占有重要地位。"流体力学"是一门面向本科三年级学生的专业基础必修课程，主要研究流体在外力作用下的平衡和运动规律，旨在使学生获得流体力学及水力学必要的基本理论、基本知识和基本试验方法。课程教学采用 BOPPPS 教学结构进行构建式学习，依托试验与仿真平台开展水洞试验、CFD 仿真、结果分析，扩宽实践教学方法和体验裕度，让学生了解和认识流体力学基本控制方程的数学本质，进而形成流体力学问题分析、求解的数学思维。

二、课程教学目标

价值目标：①知悉和理解流体力学发展历史，体会流体力学理论发展变革和科研探索精神，传承老一辈科学家的科学精神，了解民族复兴之艰辛，激发专业责任感与认同感；②知悉流体力学相关领域的技术现状和发展趋势，树立专业学术志向，能够把个人理想自觉融入国家发展伟业，胸怀家国理想，拓宽国际视野；③坚守职业道德和匠心精神，养成终身学习、求真务实、实践创新、不断探索的行为意识。

知识目标：①掌握流体力学的基本概念和流动的基本特征，理解流体力学基本原理；②掌握流体静力学和流体动力学基本方程，掌握平衡流体压强分布规律以及流体作用在壁面上的总压力计算；③知悉和理解相似理论和量纲分析一般原理及其对研究的指导意义，能够运用量纲分析对实际工程问题进行分析；④掌握流体在圆管层流、紊流运动阻力和水头损失的计算与实验研究方法，能够运用基本公式和图表对简单串、并联管路进行分析和计算；⑤掌握流体力学的研究方法，能够对能源与动力以及工程机械系统的特征流动参数和运行参数的计算、实验结果进行分析。

能力目标：①具备运用流体力学基础知识对机械工程和动力机械系统、过程、工艺进行建模、表达、分析、综合的能力；②具备利用流体力学等基础知识设计和实施实验的能力，并能够对实验结果进行分析；③具备综合运用数学、自然科学和工程科学的基本原理和工程技术手段对流动现象和流动规律进行分析的能力，能够综合考虑经济、环境、法律、安全、健康、伦理等制约因素；④具备综合运用流体力学基础知识完成项目研究的能力和综合应用各学科知识分析解决复杂实际工程问题的能力。

三、课程思政教学设计

（一）课程思政理念

构建"五位一体"课程思政教学体系，从"教学目标、教学设计、教学内容、考核方式、学生评价"五个方面深化课程思政建设，从政治认同、人格养成、学术志向层面开展教学工作，注重知识传授与价值引导同频共振。

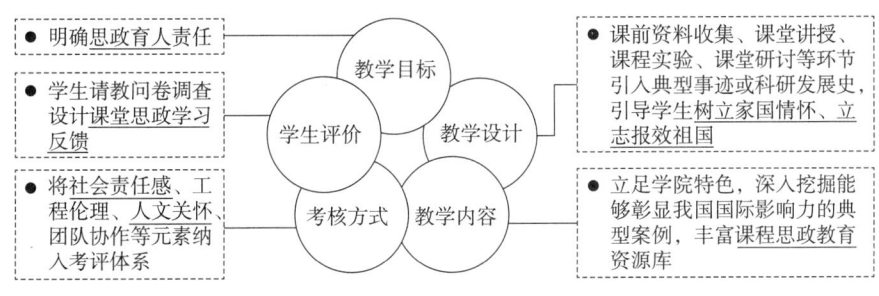

"五位一体"课程思政教学体系

（二）课程思政整体方案

①从政治认同和国家意识层面开展流体力学教学工作，依托国家重大科技成果、国家重大工程建设、国家重大发展战略等阐述学科背景与要点，厚植学生为国家强盛而奋斗的家国情怀。

②从学术志向和科学世界观层面开展流体力学教学工作。依托典型案例、学术大师，弘扬求实创新的科学精神与追求真理、潜心研究的科学家精神，掌握科学研究方法。如通过对"中国核潜艇之父"黄旭华等科学家攻坚克难解决重大国家工程项目和科研事迹的讲述，培养学生的敬业、爱岗、创新精神。

③将美德、美育融入流体力学教学，弘扬真善美精神。

（三）课程思政教学方法

①基于 MOOC 的翻转课堂混合式教学。学生线上学习，引导学生阅读相关著作，拓展知识。将周培源、钱学森等人物的精神与行业发展责任感培养融入教育教学过程。线下讨论，分享老一辈科学家爱国奉献精神与严谨治学态度感悟。

②聚焦产业一线的专题研讨式教学。结合行业共性需求，搭建流体工程应用研究课题库，引导学生自主选取具有学科特色的工程应用案例，分组开展调研、建模、分析等实践。通过调研产业一线了解我国航空、航天、船舶等工程发展历程，以历史方式展现技术发展脉络，增强学生的专业认同感；建模与分析过程激发学生的创新思维和发散思维，培养求真务实、精益求精的精神；汇报过程引导学生建立系统的问题解决分析能力，培养严谨的科研素养，引导学生勇敢肩负起时代赋予的光荣使命。

③依托实验与仿真平台的多元实践式教学。实验是流体力学问题研究的重要组成部分。基于循环流动实验平台、小型风洞实验平台和流动显示系统等教学平台进行创新实验设计、实施、分析，培养学生组织管理能力、团队协作能力等。数值计算技术的发展是应用流体力学方程解决工程实际问题的重要支撑。结合主流素材开展计算流体力学工程计算软件的上机实践，如围绕战胜疫情的主题，引导学生对室内空气流动进行数值模拟仿真，掌握专业

技能的同时激发社会责任感。

（四）课程思政教学示例

以"层流与紊流"教学单元为例，采用 BOPPPS 教学结构进行构建式学习，通过引入、学习目标、前测、参与式学习、后测和总结六个教学环节，使学生掌握黏性流体的两种流动状态，理解雷诺数的物理意义，培养学生的创造性。具体教学环节如图所示：

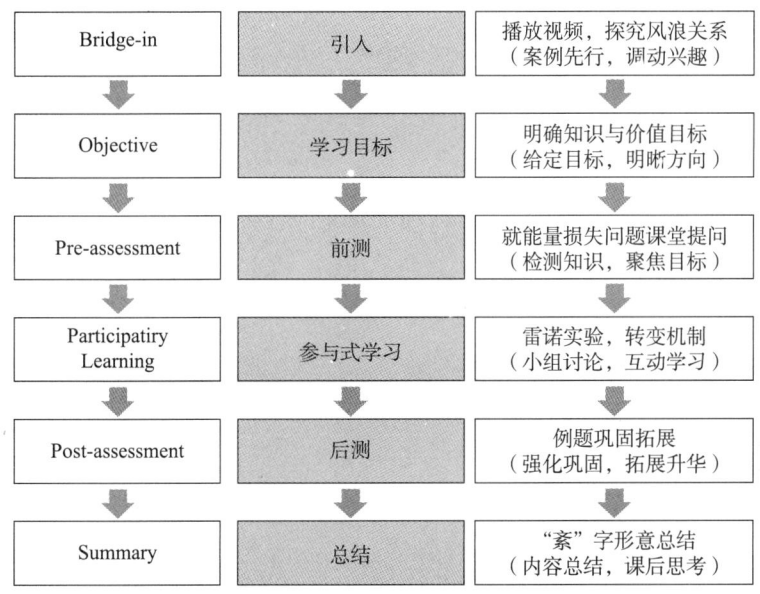

基于 BOPPPS 的"层流与紊流"课程实施示意图

①Bridge-in 引入：以世界著名的冲浪胜地——我国海南万宁日月湾视频资料，展现壮阔的海浪，以自然界中常见的现象海浪引入，由"无风三尺浪"与"无风不起浪"这两个广为流传的谚语，引导聚焦单元主题"层流与紊流"。

②Objective 学习目标：从知识、能力和价值层面列举本单元学习目标。包括雷诺实验、层流与紊流的基本概念和紊流流动的特征。

③Pre-assessment 前测：回顾前述知识——能量损失的影响因素，通过问卷星进行小测验，增加学习的趣味性，提高学生的学习兴趣。

④Participatory Learning 参与式学习：a. 层层设疑启发学生思考雷诺实验的基本原理；b. 抛出问题，引导学生发现已学知识的不足，介绍雷诺数的源由（雷诺实验），重点关注雷诺数的物理意义（惯性力和黏性力之比）；c. 展示雷诺实验结果，以互动讨论、头脑风暴、小组讨论的方式，引导学生分析流动状态的影响因素，巩固学生对层流向紊流转变机制的理解，激发学生的发散性思维；d. 类比层流流速的概念，结合示意图、语言阐释和公式表达，引出紊流流速的描述方法，引导学生推导脉动速度的时均值和脉动速度平方的时均值，深刻理解紊流流动特征。

⑤Post – assessment 后测：趁热打铁，指导学生课堂求解例题，及时检测、巩固深化课堂学习成果；教师巡查学生解题情况，对学生掌握薄弱的知识内容再次强调深化。

⑥Summary 总结：梳理知识要点，通过汉字"紊"的形意特点巧妙对应紊流的形成要素，总结归纳湍流特征，将国学文化与科学相联系，帮助学生整合本次课的主要内容，让学生有更深刻而生动的印象。

四、课程思政效果分析

（一）课程思政教学评估

本课程构建了课程思政教学评估目标，着重从课程价值目标的达成情况来评估课程思政教学，综合进行个人自评、学生互评和教师评价。

课程思政教学目标达成情况评价

指标点	权重	达标值	评价值 2019 届	评价值 2020 届	达标情况
知悉和理解流体力学发展历史，体会流体力学理论发展变革和科研探索精神，传承老一辈科学家的科学精神，了解民族复兴之艰辛，具备专业责任感	0.1	0.07	0.089	0.091	√

续表

指标点	权重	达标值	评价值 2019届	评价值 2020届	达标情况
知悉流体力学相关领域的技术现状和发展趋势，具有宽广的国际视野，具有专业认同感与民族自豪感	0.2	0.14	0.18	0.18	√
树立专业学术志向，具有求真务实、实践创新、精益求精的精神	0.2	0.14	0.18	0.19	√
具有家国情怀，能够把个人理想自觉融入国家发展伟业，坚定文化自觉和文化自信	0.25	0.2	0.21	0.23	√
坚守职业道德和匠心精神，形成不断学习和自主探索的行为习惯	0.25	0.2	0.22	0.22	√

通过以上评价指标评价，本课程授课案例选取丰富，思政元素多样，融合了祖国山川之美、国防重大工程以及交叉学科应用，培养了学生的科研自信与民族自豪，培养了辩证思维模式，同时通过方程的推导变换过程传达了透过现象看本质的哲学思想。课堂氛围活跃，学生学习积极性高，对流体力学的学习充满兴趣与期待。课程采取 BOPPPS 的教学设计理念，充分发挥了学生的主体性，实现了良好的课堂互动效果。

（二）学生学习效果评价

本课程实行过程性评价与结果性评价相结合，关注学生学习行为、学习体验、学习作品与学习绩效的多元化综合评价。本单元具体以学生的出勤情况、随堂测验情况、课上学习活动参与情况和课后实践情况等为主要评定依据，对学生进行综合评定，积极创造学生自我评价和同伴互评的机会，充分体现知识、能力与价值并重。

（三）课程思政实施总结

课程摒弃传统灌输式的教学方法，引入启发式教学、案例式教学等先进

课程思政理论与教学研究
——聚焦北京理工大学课程思政建设

课程评价内容				
评价内容	出勤情况	随堂单元测评	课上学习活动参与度	课后作业与实践
评价主体	老师参评	生生互评 教师参评	教师参评	组间互评 教师参评
成绩构成	个人	个人	个人	小组+个人
评价细则	出勤评价环节用等级A+、A、B、C进行评价,综合运用签到小程序及课堂回答问题的方式,做好考勤记录	随堂单元测评环节用等级A+、A、B、C进行评价,综合生生互评(占比50%)及教师参评(占比50%)进行记录	课上学习活动参与度环境用等级 A+、A、B、C进行评价,对本次课堂有效互动次数进行记录	本评价环节用等级A+、A、B、C进行评定,对于单人任务,根据结果的正确性与完整性做出评价;对于小组仿真实践,根据结果的合理性、成果的丰富度、研究过程的规范性等综合评价,两项成绩取平均值

学生学习效果评价

的教学理念与教学方式,有效融合知识教育与思政教育,提升了专业课程思政教学的效果。课程建立了科学合理的考评体系,促进了学生专业素养、专业技能与职业道德修养的提高,为探索培养具有工匠精神的"新工科"人才提供了思考。

课程教学团队经过多年持续的课程思政教学改革研究,实现了"国家级—省部级—校级"一流课程全覆盖。2018年"工程流体力学"MOOC获评首批国家级精品在线开放课程;2021年,"流体力学"获评北京市课程思政示范课程、教学名师和团队。以赛促教,课程教学团队成员获北京市青教赛一等奖等各层级教学基本功比赛及教书育人奖励。

授课教师:吴 钦 黄 彪 王国玉
开课单位:机械与车辆学院

内燃机原理

一、课程简介

课程面向能源与动力工程专业本科三年级学生。北京理工大学内燃机专业1950年成立，内燃机原理一直是内燃机专业的核心课程，该课程2008年被评为校精品课，2019年推行研究型教学改革，依托该课程建设的内燃机性能测试虚拟实验获批国家级虚拟仿真一流课程。

本专业先后入选工信部重点专业、教育部卓越工程师培养专业、北京市一流专业、国家一流专业。目前本专业已累计为国防事业和社会各界输送了3 500多名优秀毕业生，为内燃机行业的技术进步，特别是军用地面车辆动力系统发展做出了重要贡献，为行业内培养了一大批高水平专业领军人才和复合型领袖人才。我国所有自主研发的军用车辆动力总设计师均为北京理工大学能源与动力工程专业毕业生。

本课程充分发挥内燃机复杂的结构特点、热—电—流—固多学科交叉耦合特点，结合研究型教学模式，培养学生分析问题、解决复杂工程问题的能力，通过研讨式、启发式教学实践环节培养学生的创新思维能力与沟通能力，有力支撑专业要求的"科学研究能力""工具使用能力""工程与社会"能力培养目标。

二、课程教学目标

价值目标：传承红色基因，秉承专业精神，培养科学精神与人文精神统一的复合型人才；培养学生的专业责任感与历史使命感，引导学生树立将自我实现与社会发展、民族复兴结合在一起的正确的人生观、价值观；树立可持续发展与双碳目标统一的发展理念。

知识目标：通过课堂理论教学掌握内燃机的基本理论基础，工作原理、性能指标、燃烧理论等基础理论知识；通过研究型教学和研讨，掌握和理解提升内燃机升功率、优化燃烧技术途径、改善内燃机排放等技术途径所依托的理论知识点，在掌握知识点的同时理解其内涵与应用；通过实践环节和实验环节，掌握内燃机的性能参数与结构参数、系统参数之间的关联关系，构建出总体性能与子系统之间的映射关系，掌握内燃机作为动力系统对车辆或平台的影响。

能力目标：培养学生利用基本知识和计算方法等技能，分析和解决内燃机复杂工程问题的能力，具备进行项目规划和项目研究的基本专业素养，培养学生综合运用内燃机理论和专业技术手段完成科研项目的研究能力。

三、课程思政教学设计

（一）课程思政理念

"延安根、军工魂"的红色底蕴和浓厚的爱国主义情怀是本专业的发展特色。能源与动力工程专业自 1950 年建设以来，70 多年的辛勤耕耘、德学并重，构建了从学士、硕士、博士直到博士后的完整的人才培养体系，70 多年来，孕育了"团结、勤奋、求实、创新"的集体风气，努力遵循"更快、更高、更强、更新"的专业精神，致力于发展"运转速度更快、功率密度更高、承载能力更强、更加节能环保的新型动力系统"，致力于培养"适应社会更快、学术水平更高、工程能力更强、乐于协作奉献的高端创新人才"。我国所有自主研发的 150 系列、132 系列重型柴油机的总设计师均为我专业优秀毕业生，造就了完整的陆军动力总师梯队，服务国防，直接提升陆军战斗力。课程思政建设紧密围绕 70 多年的专业传承与专业精神，挖掘富有真理性、价值性的思政资源，传承北京理工大学"延安根、军工魂"红色底蕴，持续为我国国防现代化事业输送又红又专的高素质人才。

（二）课程思政整体方案

1. 根据课程特点，整合科研成果进课堂

结合我校多年来在军民领域的科研成果，将先进装备动力（五款典型发动机）提炼成精彩的研究型教学案例，让学生在学习之余感受我国、我校科技实力，激发学生的民族自豪感。

2. 重构课程教学目标，整合知识教育与思政教育

根据已有思政资源，结合本课程内容，整合对应思政点，重构课程教学目标，将对应教学内容与思政点有机融合，构成完整知识体系和思政要点。

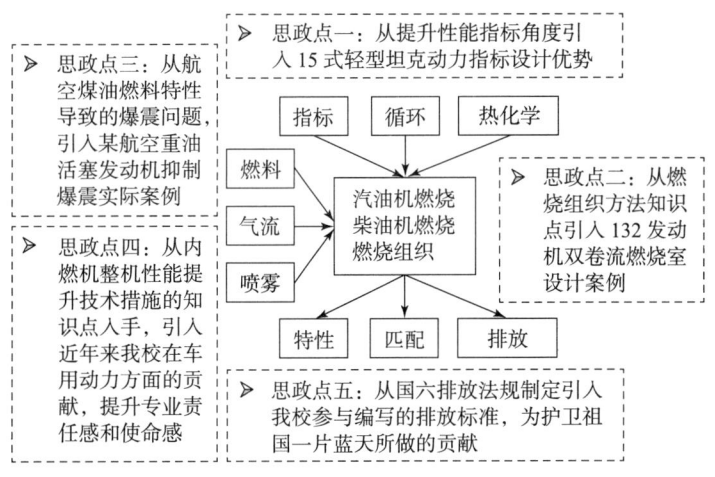

思政点挖掘案例示意图

（三）课程思政教学方法

1. 案例教学，前沿装备故事进课堂

以国防科研为背景，以装备技术为主线，从热点事件出发，推动课程守正创新，从教学中激励青年学生对个人成长与国家发展的思考，铸牢社会主义核心价值观，践行北京理工大学"红色育人"传统。

2. 情境教学，一线官兵进课堂

依托红色资源与国防战线杰出人才资源，邀请装备15式轻型坦克的兵团战士、士官、军官等走进课堂，分享由北京理工大学作为动力总师单位设计的15式轻坦在国庆70周年大阅兵中的杰出表现以及在中印对峙过程中的突出表现，生动诠释现代化国防装备在保卫国家安全中的重要作用。

（四）课程思政教学示例

示例一：国防装备在卫国戍边中的作用

从"边境问题与国防装备"角度来看，中印边界问题的由来、2020年冲突对峙的始末，以及现今边境局势，从第一视角介绍卫国戍边的感人事迹，了解国防装备对解决边境问题的现实意义。

以我系教师作为总设计师研制的15式轻型坦克动力在高原上的优良表现以及研制过程中一线教师攻坚克难的感人故事作为思政点，分析车辆、坦克在高原环境下的技术难点，阐明内燃机性能优化对装备作战效能形成的影响，使学生加深设计过程中多因素综合考虑兼顾理念，激发学生的爱国热情、专业责任感、社会使命感。

本节课的讲授策略是充分利用学生对坦克、装甲车辆的兴趣，将理论知识点紧密贴合实际，从时事政治、热点实际等引出问题，通过理论分析解决问题，再次将理论知识升华到实际发动机解决高原动力性的具体技术措施当中。

采用"实际—理论—实际""螺旋式"认知教学法，从实际中引出理论，通过理论讲解，再将理论返回到实际，在"知其然"到"知其所以然"的渐进式教学过程中激发学生进行新结构、新原理创新的兴趣。

四、课程思政效果分析

1. 重构课程考核评价体系，体现学生思政学习成效

将思政教育考核纳入课程考核评价体系，提升思政考核平时成绩占比，提升学生对思政课程学习的积极性。学生对课程的评价都在98分以上，课程督导组的评价均为优秀。

2. 注重校内外同行督导，学生评价先行

课程建设与完善过程中，邀请校内外同行进行同期督导，定期召开课程督导总结会，将督导意见实时更新至课堂建设过程中。同时课程建设全程广泛吸纳学生评价及意见，将学生关心的热点事件、课程建设意见考虑到课程推进体系中。

本课程的教学团队承担了本专业的核心课程群建设，团队成员包括北京市教学名师、专业责任教授、北京市教学基本功一等奖获得者、北京市优秀共产党员、15式轻型坦克一线设计教师、国庆阅兵一线保障技术员、中印对峙技术保障员等，为课程思政建设提供了大量有价值的资源。该课程的思政案例已被新华网刊登、新华思政教学资源服务平台转载，发挥了辐射示范效应。

授课教师：赵振峰　崔　涛　王宇满

开课单位：机械与车辆学院

汽车车身结构与设计

一、课程简介

该课程面向车辆工程专业学生，结合北京理工大学孙逢春院士创建和发展电动车辆工程技术教学与科研平台及服务国家战略等关键事件，增强学生自信心及自豪感，引领学生将自身发展与国家发展相结合。学生通过该课程的学习，理解汽车车身的重要地位和技术特点，了解汽车车身结构设计方法的发展趋势，掌握汽车车身设计流程和相关理论，掌握各种车型的车身结构型式和计算分析方法，熟悉车身设计的相关标准和规范，具备一定的汽车车身结构设计能力。

二、课程教学目标

价值目标：①培育法制思维。掌握车身结构性能，特别是碰撞安全性能验证法规，如美国法规、欧洲法规、日本法规、中国法规等。②提升车身设计审美能力。了解车身结构演变历史，能够从人机工程学、车身曲面建模等历史与文化因素等多角度分析车身设计，初步掌握车身技术发展的前沿现状与趋势。

知识目标：①培养实践能力。能够了解车身结构的冲压、焊接、涂装和总装四大工艺，了解车身结构制造过程。②提高计算能力。通过利用相关数学、力学等自然科学知识，针对车身设计问题，能够借助于计算机和自编程序（Matlab、Fortran）或工业软件（Hypermesh、Optistruct）等进行车身结构的力学性能分析。

能力目标：培养管理与领导力。能够熟悉和组织简单车型车身结构开发，制定合理的节点与节拍，充分考察市场与成本要素等。

三、课程思政教学设计

（一）课程思政理念

以"立德树人、国家战略、北理特色"为指导原则，坚持"高起点、高站位、重事实、多视角"的思路，梳理电动车辆国家工程实验室在服务国家战略、科技独立自强、支撑重大工程、开拓创新的点滴故事，融入车辆工程专业课程，激发青年学子建设社会主义现代化国家的豪情壮志。

（二）课程思政整体方案

从课程群角度，以数据集的形式整体建设具有北理工特色、反映我国电动车辆发展历程的课程思政模块。包括四大模块：①从无到有，上升为国家战略；②科技自强，攻克核心技术；③奥运之缘，国家利益至上；④行稳致远，创新永无止境。具体内容如下：

模块一：从无到有，上升为国家战略。从能源危机、环境污染、传统车辆科技壁垒等角度出发，展示20世纪90年代及21世纪初我国汽车工业发展的困境。在此背景下，科技部成立了新能源汽车总体专家组，时任我校电动车辆工程技术中心主任孙逢春教授从无到有创建了电动车辆国家工程实验室等教学与科研平台，为国家产业发展提供人才与技术支撑，见证新能源汽车上升为国家战略型支柱产业的历程。

模块二：科技自强，攻克核心技术。以系统攻克电池、电机、电控"三大电"和电转向、电制动、电动化空调"三小电"等关键核心技术为主要内容，讲述"关键核心技术牢牢掌握在自己手中"的自主创新意义。

模块三：奥运之缘，国家利益至上。主要聚焦2008年北京奥运会和2022年冬奥会等国家重大工程，电动车辆国家工程实验室联合行业力量，开展产学研技术攻关，紧盯关键时间节点，出色完成国家的重大工程保障任务。

课程思政理论与教学研究
——聚焦北京理工大学课程思政建设

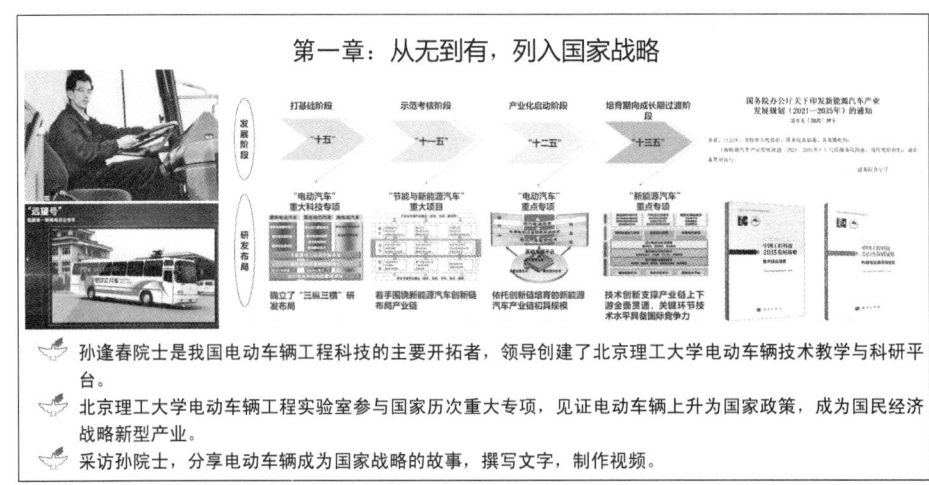

孙逢春院士的开创性成果

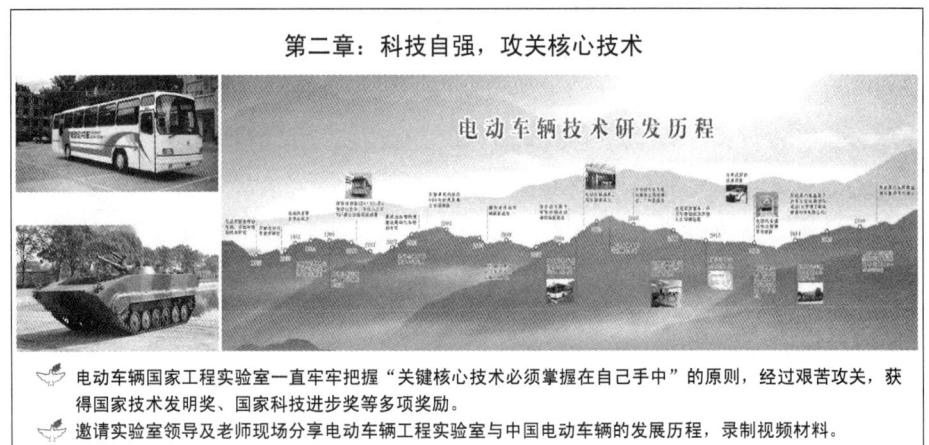

电动车辆技术研发历程

模块四：行稳致远，创新永无止境。展示未来新能源汽车发展业态，重点介绍新能源汽车大数据摇篮——北京理工大学新能源汽车国家监测与管理中心。同时介绍在学科型公司服务于行业发展，创新电动车辆国家工程实验室深圳研究院和嘉兴中心，孵化新兴技术，服务区域经济发展。

教学篇
课程思政教学案例

由实验室研发，服务于夏奥会、冬奥会的电动车辆

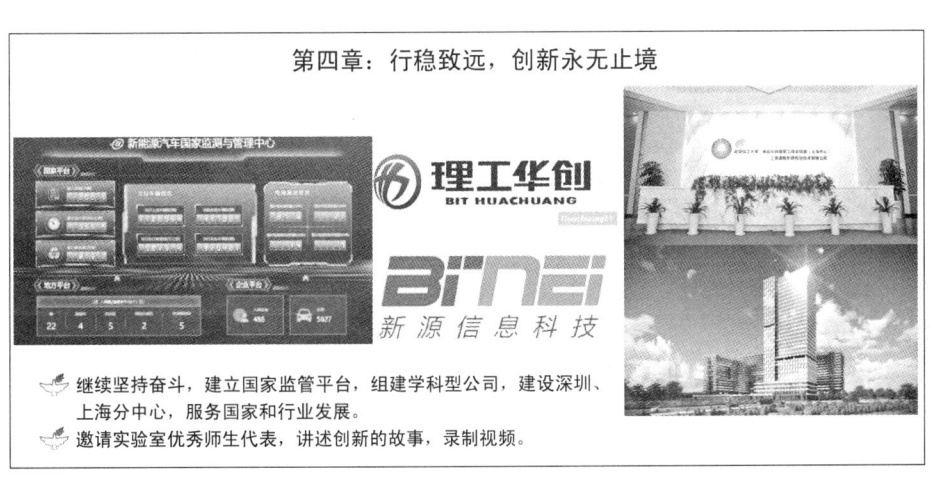

新能源汽车发展业态

（三）课程思政教学示例

示例一：计算能力

在教学过程中，学生结合数学、力学知识，对国内外新能源汽车车身结构的扭转刚度进行计算。通过对比单一指标性能，了解我国近五年在新能源汽车车身结构材料—结构—性能设计方面取得的进步。

示例二：审美能力

在教学过程中，学生结合国内外新能源汽车车身结构演变趋势，从车身美学及心理学角度出发探讨车身结构演变背后的社会因素、经济因素、文化因素等。

示例三：法制意识

在教学过程中，引导学生了解车身设计背后的碰撞安全法规，了解法规的由来并对汽车提供保障的重要性。与此同时，引导学生了解我国在碰撞安全法规建立中所做的重要工作。

示例四：实践能力

在教学过程中，引导学生通过计算机辅助工程和虚拟工厂的方式，进行车身结构设计与制造，提升工程实践能力。

汽车生产线

示例五：领导力与工程管理

在教学过程中，引导学生了解汽车产品开发项目管理内容，提升沟通、组织与领导能力。

四、课程思政效果分析

（一）课程思政教学评估

车辆专业特色课程思政模块建设，是落实立德树人根本任务、推动课程思政建设的战略方针在专业层面的推进，有助于提升课程思政的成效，实现专业课程群/课程从"干巴巴的说教"向"热乎乎的教学"转变。该课程坚持知识传授和价值引领相统一，重点以学生的能力达成度培养为考核对象，以计算能力—审美能力—法制意识—领导力等多维度综合评价学生,构建出适用于人才培养的共性、共用课程思政模块素材,既形成"惊涛拍岸"的声势,也产生"润物无声"的育人效果。

通过"电动车辆"课程思政模块建设,特别是融入"汽车车身结构与设计"等专业课程,学生评价维度扩展,学生的获得感和信心大幅提升,初步建成了北理工特色明显、专业知识与课程思政融合、专业教师深度参与的课程思政教学新模式。

授课教师:白影春　林　程　陈潇凯　王文伟　王志福　翟　丽
　　　　　张照生　孙　超
开课单位:机械与车辆学院

光学系统设计与工艺

一、课程简介

本课程是测控与光电类本科专业的必修课，是国内高校中最早开设的光学系统设计课程，是学校认定的研究型课程，面向学院本科专业二、三年级学生。课程紧跟国际和国内先进科学技术前沿，既有经典理论和经典系统设计，又包含最先进的光学系统设计热点，同时还教授国际上最先进的光学设计软件使用方法，在国内高校中处于领先水平。

二、课程教学目标

价值目标：①通过介绍我国光学界王大珩、袁旭沧、陈晃明等老一辈科学家的丰功伟绩和崇高风尚，弘扬科学家精神和科学精神，培养学生一丝不苟的严谨的科学态度；②依托我国在空间光学、机载光学、陆海军光学领域所取得的巨大成就，培养和激发学生的爱国主义情怀，鼓励学生毕业后为国家、为人民投身到科研事业中去。

知识目标：①理解光学系统的像质评价方法和像差理论知识，掌握采用各种像质评价方法来评价光学系统的成像质量；②掌握利用初级像差理论的特性以及光学系统初始参数求解的问题，解决光学设计软件初始建模的问题，解决利用光学设计软件来评价光学系统成像质量的问题；③学习光学自动设计原理和程序，并掌握国际主流光学设计软件 Zemax 的使用方法；④掌握各类典型光学仪器的设计方法和步骤。

能力目标：本课程以必修的形式使所有学生都能够得到光电仪器设计训练机会，达成以下目标：①具备光电系统总体设计能力和工程实践设计能力，具备光电仪器设计工程师基本和良好的科学素养；②具备光电仪器设计、光学系统设计工程师所拥有的创新能力、正确行为习惯和系统思维模式；③培养学生的自学能力、动手能力和解决实际问题的技术能力；④具备团队合作精神和合作技能。

三、课程思政教学设计

（一）课程思政理念

坚持立德树人根本任务，遵循专业教学及专业课程自身规律，结合专业课程内容，挖掘提炼我国在光电领域的著名科学家的感人事迹以及在航空航天方面所取得的巨大成就，贯穿到课程教学中，在达到专业教学目标的同时潜移默化地将思想政治教育融入人才培养过程。

（二）课程思政整体方案

①依托专业领域杰出的科学家事迹，如我国光学界王大珩、袁旭沧、陈晃明等老一辈科学家的丰功伟绩，挖掘提炼胸怀祖国、服务人民的爱国精神，追求真理、严谨治学的求实精神，勇攀高峰、敢为人先的创新精神，淡泊名利、潜心研究的奉献精神。

②依托我国在空间光学、机载光学、陆海军光学领域所取得的的巨大成就，挖掘提炼追求真理、勇攀高峰的科学精神，勇于创新、严谨求实的学术风气，激励学生把个人理想自觉融入国家发展伟业，在科学前沿孜孜求索，敢于挑战重大科技难题。

③课程以跨学科复杂问题相关的项目或案例作为主要载体承载知识体系，促进学生通过项目和案例的研习拓展学习的深度和广度，加强创新性、批判性、颠覆性思维的培养。

（三）课程思政教学方法

课程秉持激发研学潜能的教育理念，将最新的科研成果、行业技术引入课程，将理论学习与项目研究深度结合，以专题讲授、问题研讨、项目研究、报告答辩、论文撰写等形式开展基于学生团队项目的研究型教学。课程考核体现"目标达成"，学生要求提交所设计的望远镜物镜、显微镜物镜、目镜、照相物镜以及研究型课题的设计报告，以研究性结果作为成绩评定主要依据。

（四）课程思政教学示例

示例一：学习前辈，开拓创新，为光学设计软件开发做贡献

光学系统设计在光电仪器设计中占有举足轻重的决定性地位，而现代的光学系统设计都离不开先进的光学设计软件。当讲解到利用光学设计软件评价光学系统成像质量、利用软件中的自动优化模块进行自动优化设计等内容时，除了介绍目前国内国外光学设计软件的现状，同时重点介绍1984年本授课教师李林教授在老一辈科学家袁旭沧教授领导下，亲自参与研制的国内第一套具有自主知识产权的光学设计软件SOD88，介绍当年这套软件的研制参与者不畏艰险、敢于创新、废寝忘食的研制过程，2000年以前国内几乎所有的大型光电仪器设备都是用这套软件设计成功的。在介绍软件的特点、功能与使用方法的同时不避讳SOD88软件的衰退甚至退出市场的原因，然后介绍目前国内外的形势、西方反华势力对我国的封锁和制裁，介绍我国决定重新开发完善基于SOD88的新型光学设计软件，激励学生的爱国热情，鼓励学生今后投身到国产光学设计软件的开发工作中，为我国的光电事业做出贡献。

示例二：追踪科技前沿热点，激发学生矢志报国

本课程在讲解望远镜和照相物镜时，课程组特意穿插介绍了我国在航空航天领域取得的巨大成就；在望远镜方面，介绍了我国研制的具有国际先进水平亚洲领先的LAMOST望远镜，也就是郭守敬望远镜，介绍这个望远镜的研制者崔向群院士十几年在河北兴隆山上艰苦的环境下不畏艰苦的感人事迹，介绍这个望远镜的特点与先进性。同时，还介绍了授课教师李林教授参与设计研制的85厘米望远镜改造工程项目，为我国航天巡视做出了突出的贡献。在航天观测光学系统方面，介绍了授课教师李林教授参与的中巴资源卫星中

继系统研制、深空探测杂散光分析计算、超长焦距分块主镜航天光学系统设计、嫦娥三号"玉兔号"月球车导航相机避障相机太阳敏感器的设计与杂散光分析、空间站与后续飞船全天时全方位交会对接技术研究、火星探测器导航相机避障相机太阳敏感器杂散光分析研究等。通过在讲授授课内容时，穿插讲解介绍这些前沿科技热点，极大地激发了学生矢志报国的爱国热情，取得了很好的教学效果。

四、课程思政效果分析

（一）课程思政教学评估

最近三个学期课程教学目标达成情况：

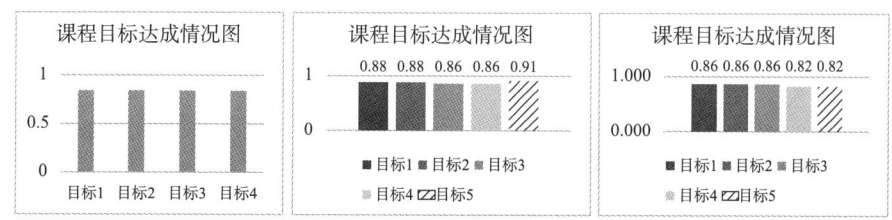

2019—2021 三个学期的课程教学目标达成情况

（二）课程思政教学效果

课程改革获得了学生的一致好评和欢迎。同学们热情高涨，科学研究能力得到锻炼提升。"光学系统设计与工艺"课程作为光电学院光电信息科学与工程和测控技术与仪器所有两个专业本科生的必修课程，进行研究型教学改革是非常必要的。在不断的实践教学中，教学团队先后针对研究型教学中的教学设计、考核管理、项目选择、分组方式等方面做出了有意义的尝试和改进。

（三）课程思政实施总结

①课程教学团队坚持正确的政治方向和价值引领，将思想政治教育和知

课程思政理论与教学研究
——聚焦北京理工大学课程思政建设

学生小组讨论研究设计的情形

识体系教育有机统一,落实立德树人根本任务。

②课程组对原有的教学大纲进行了修改,提出的课程目标与人才培养目标和学校办学定位相符合,有明确的、公开的、可落实、可评价的预期学习成果(Intended Learning Outcomes,ILOs),并与课程目标协调一致,设计依据充分,对毕业要求中相应的能力指标有重要支撑作用。

③课程针对每项ILOs为每个学生设计并提供了必要的训练环节,课程的教学内容、教学策略、组织形式、实施过程和管理手段能保证每个学生按照设计要求完成研究和学习,能够有效地帮助学生达成各项ILOs。近年来学生团队分别设计了以下航空航天及民用领域实际的研究型课题:航天科技集团五院508所的"星载离轴三反光学系统设计",航天科技集团五院502所的"星载星敏感器设计",北京恒润科技公司的"智慧城市半球型超大视场广角监控镜头设计",中国船舶重工研究院的"直升机舰载助降光学系统设计",北京高普乐光电公司的"防电磁泄漏投影镜头设计"。这些研究型课题既是目前国内光电行业的研究前沿课题,也是实际需要的应用课题,极大激发了学生的研究兴趣,提升了学生的研究能力。

④课程针对每项ILOs设计了形成性评价模式和评价标准,试卷形式的期末考试在总评成绩中的占比不超过50%。课程对学生个体的ILOs达成情况和课程整体的ILOs达成情况进行了评价。

⑤课程教学团队有科研经历、工程实践经验和教学经验丰富的师资队伍

参与课程的设计和教学工作，可从企业、科研院所聘请工程经验丰富的研究人员、工程师作为兼职教师联合补充师资队伍。

本课程教学团队带头人李林和黄一帆均从事光学系统设计与工艺的科研和教学工作，具有近 40 年工程实践的经历和经验。教学团队还聘请了航天五院 502 所赵春晖研究员和王立研究员、航天五院 508 所阮宁娟研究员和李博研究员、北京高普乐光电公司郑维彦总经理等科研院所和企业界等工程经验丰富的研究人员、工程师作为兼职教师联合补充师资队伍。

授课教师：黄一帆　李　林

开课单位：光电学院

光电成像原理与技术

一、课程简介

"光电成像原理与技术"课程是本科教育第六学期面向"光电信息科学与工程""测控技术与仪器"专业开设的专业课。课程以光子、光电子为图像信息载体,研究图像信息传递过程的光电转换、增强、传输、处理、显示等物理过程的综合知识。课程组立足学校培养领军、领导人才的定位,注重培养学生获取前沿信息的能力、创新能力以及解决实际问题的能力,不断推进高等教育的改革发展。

课程的主要特色体现在以下四个方面:

完整性。内容上充分考虑相关技术的发展脉络,按照基础理论、技术与器件、系统和应用,完整地展现了光电成像技术的全貌,可以给学生一个从理论到技术,从器件到系统再到工程的认知和训练过程。

综合性。除涉及半导体物理、光电效应等基础理论外,还涉及人眼的目标探测识别模型、目标与景物的辐射特性、大气的辐射传输及各种成像技术的内容。从原理、器件到系统应用的教学思路,使知识广博而又综合,成为体系。

先进性。作为国家级精品课程、国家级精品资源共享课,课程随时引入相关学科领域的世界前沿技术成果,介绍最新应用案例。任课教师均具有国际留学及交流经历、宽阔的国际视野和活跃的教育教学改革思想。

多元性。课程建立有资源共享课、MOOC、SPOC三套深浅不同的线上资源,还配套了一门为期三周的"光电成像系统设计与实践"课程。教学资源立体、弹性且可伸缩，不仅可实现定制化和个性化学习，还可促成大范围专业人才的培养。

二、课程教学目标

贯彻国家"立德树人"的教育方针，结合学校培养领军领导人才的定位，依托"光电信息科学与工程"教育部首批一流本科专业，本课程的教学目标设定为：

价值目标：培养实事求是、严谨治学、勇于探索的科学精神，培养从实际中来，到实际中去的踏实学风，树立科技报国的远大理想，坚定"科技强国"的使命担当。

知识目标：知悉和理解人眼基本结构与图像视觉的基本要求，图像的物理形式、形成的基本环节、质量影响因素及基本参数；知悉和理解直视型成像的像管，电视型成像的摄像管，CCD，CMOS，各类紫外、红外成像器件以及与之相应的光学元件的结构和工作原理，包括光机扫描的成像机理与手段。

能力目标：能够形成解决光电成像技术领域复杂工程问题所需要的辩证唯物主义的思维习惯；能够根据典型景物反射与辐射特性、大气光学传输特性，利用现有成像系统性能评价理论及方法，解决直视型成像器件、电视型成像器件、光学系统核心技术参数的选择和成像效果的估算问题；拥有根据所掌握的光电成像技术，针对各种社会需求提出相应的光电成像系统选择方案，分析影响微光成像系统、红外成像系统性能因素的能力。

三、课程思政教学设计

（一）课程思政理念

"光电成像原理与技术"课程作为光电信息科学与工程专业的核心主干专业课，在继承发展历史上多门课程的经典理论和技术积淀的同时，也传承和延续着这个专业与生俱来的国防特色和红色基因。本课程以专业领域内的老一代科学家为榜样，以国际时局为背景，通过将思政元素融入课程教学内容，传承本专业的优良传统，启发和引导学生爱国荣校，以所学专业知识为武器，树立高远的理想，将个人发展与国家需要统一起来，担当起开拓未来、建设祖国的重任。

（二）课程思政整体方案

光电成像原理与技术课程作为一门逻辑严谨，内容丰富，历史发展脉络清晰，在社会发展、国计民生、国防建设等领域有广阔作为的工科专业课程，开展课程思政教育有其独特的优势。如何在不增加课时的前提下，将课程思政的理念融入教学中，课程组针对不同章节的特点，进行了一整套课程思政设计，其中重点实施课程思政的主要章节如下：

教学内容	学时分配（含教学形式）	教学目标和思政要点及策略
第一章　绪论 第一节　关于光电成像技术	2学时 讲授、课堂讨论，应用图片展示，辅助网络课程资源补充相关拓展知识	知识认知上：建立图像和成像过程的基本概念；理解光电成像技术的内涵，了解光电成像技术对人眼视觉局限的突破和所受到的限制。 能力培养上：能够初步区分不同应用领域使用的是哪种不同的光电成像器件和技术；能够指出人眼视觉性能改善的技术途径，并合理分析各影响因素相互制约的关系。 思维方式上：初步形成以专业视角观察自然与社会、技术与工程的意识；关注矛盾对立统一的工科思维方式。 价值引领上：通过学习相关的光电成像技术知识，了解光电成像技术在国防建设方面的重要应用和价值，形成大国防意识和理念，以及科技强国的使命和担当意识
第三章　电子光学聚焦成像技术 第二节　像管的结构、分类与制造 第三节　像管的性能参数 第五节　电子图像的成像理论	3学时 讲授，实物展示，课堂讨论推导演算，辅助网络课程资源补充相关拓展知识。 完成首次作业评判及单元测验	知识认知上：知悉和理解电子光学聚焦成像的机理和手段。对与之相应的像管的结构，基本工作原理，性能参数的基本概念和定义式，光阴极、电子光学系统、荧光屏等部件的核心工作过程要有完整系统的理解。理解零代管、一代像管、二代像管、三代像管之间的核心技术区别以及由此带来的性能差异的机理。

续表

教学内容	学时分配 （含教学形式）	教学目标和思政要点及策略
		能力培养上：能够根据像管的性能参数预测其成像效果，能够发现不同类型的像管在发展过程中所使用的技术手段的巧妙之处，以及留下来的遗憾和问题。 思维方式上：关注辩证唯物主义的方法论在解决像管技术问题中的应用，建立以解决实际问题为导向的工科思维。 价值引领上：通过学习老一代科学家在半导体发射理论、电子光学理论等方面的科学成就，增强热爱科学，为祖国科技事业献身的理想信念。通过对像管研究方面的进展与差距方面的讲述，强化学生们的科技强国使命和责任担当意识
第四章　电子驱动自扫描成像技术（1） 第一节　固体成像器件的发展 第三节　CCD 的结构及其物理性能分析 第四节　CCD 成像原理及 CCD 的应用 第五节　特殊 CCD 成像器件	4 学时 此环节可根据网上学习情况，适度考虑翻转教学，通过提问、实物展示、机理动画展示与课堂研讨，过渡到归纳性讲授	知识认知上：知悉和理解电子驱动自扫描成像的机理和手段；对与之相应的 CCD、CMOS 等传感器的结构、基本工作原理、性能参数、电荷读出方式等核心工作过程要有完整系统的理解；理解增强型 CCD 器件核心技术。 能力培养上：能够根据 CCD 的工作原理理解固体成像器件与真空摄像器件（摄像管）的工作模式的差异及优点，理解其性能参数方面的差异及特殊性；能够发现不同成像器件在发展过程中所使用的技术手段的巧妙之处，以及现阶段的广泛应用。 思维方式上：关注辩证唯物主义的方法论在解决固体摄像器件系列技术问题中的应用，进一步建立抓事物的主要矛盾和以解决实际问题为导向的工科思维。 价值引领上：通过学习 CCD 发明者获得诺贝尔物理学奖及目前相关应用发展方面的成就，增强学生们热爱科学、为祖国科技事业献身的理想信念

续表

教学内容	学时分配（含教学形式）	教学目标和思政要点及策略
第五章 电子驱动自扫描成像技术（2） 第一节 红外探测器的分类与性能 第二节 红外探测器的工作条件和性能参数 第三节 红外焦平面探测器技术 第四节 光电导型红外探测器理论分析 第五节 光伏型红外探测器理论分析 第六节 量子阱与量子点红外探测器 第七节 非制冷红外焦平面探测器 第八节 基于光学读出的红外热成像技术	8学时 讲授，推导演算、图片展示与课堂研讨	知识认知上：系统完整地知悉和理解红外探测器及成像器件的分类与特点，光电导探测器、光伏探测器及各类制冷及非制冷红外焦平面成像器件的结构、基本工作原理、性能参数、工作条件。 能力培养上：能够利用简单的物理模型，推导诸如本征型半导体的光电导效应、光伏型探测器的主要特性参数的表达式，并根据推导结果，正确分析这些参数的影响因素；能够依据不同红外成像器件性能上的差异，针对不同应用背景和工作条件选择合适的红外成像器件。 思维方式上：掌握对比、归纳总结的学习方法。从形形色色的红外成像器件中，体验可以使用多种物理概念和技术手段解决同一个实际问题的工程思维逻辑。养成关注成像领域新理念和新技术进展的发展式学习习惯。 价值引领上：通过学习和了解红外热成像器件的发展与研究现状，以及我们与世界先进水平的差距，增强学生们为祖国科技事业献身的责任感和使命感，形成担当意识
第六章 光机扫描成像技术 第一节 光机扫描成像原理及基本参数 第二节 光机扫描系统 第三节 光机扫描成像信号处理与显示 第四节 红外热成像系统中的微扫描技术	3学时 讲授，推导，图片展示与课堂讨论	知识认知上：系统完整地知悉和理解光机扫描技术的机理、特点及性能参数，典型的光机扫描方式、扫描器、扫描系统以及在不同模式下的扫描信号的特点与处理方式。 能力培养上：能够利用根据不同成像需求和探测器的特点，选择合适的扫描系统，并根据扫描参数，推测图像输出的基本格式，选择与之适用的信号处理方法。 思维方式上：建立以解决实际问题为目标可以不拘泥于技术途径的工程思维。辩证地看待机械扫描与电子扫描之间的关系。 价值引领上：通过学习和了解我国红外热成像技术的发展过程，弘扬我国相关科技工作者的独立自主、为国争先的精神，增强学生们为祖国科技事业献身的责任感和使命感，形成担当意识

教学篇
课程思政教学案例

续表

教学内容	学时分配 （含教学形式）	教学目标和思政要点及策略
第八章 微光成像系统 第一节 微光成像系统的分类与构成 第二节 主动微光成像的辅助照明系统 第三节 微光夜视系统的光学系统 第四节 微光成像系统性能分析 第五节 选通成像技术及其应用	4学时 讲授，推导，图片、视频展示与课堂讨论	知识认知上：系统完整地知悉和理解直视型微光成像系统的分类与构成，辅助照明系统、夜视光学系统的类型与特点，理解不同因素对微光成像系统整体性能的影响，以及选通成像技术的基本原理和实现方法。 能力培养上：能够利用根据不同成像需求，选择合适的夜视光学成像系统参数与对应性能的直视型夜视器件组合出最佳的夜视成像系统（含选通成像等需要主动照明光源的成像系统），并预测其整体性能。 思维方式上：通过不同组合方式的系统设计与性能分析的训练，从解决实际问题出发，养成关注技术难度与工程成本之间的关系，形成工程问题解决的综合性思维。 价值引领上：通过学习和了解微光夜视技术的发展与研究现状，认识我们与世界先进水平的差距，弘扬我国相关科技工作者的独立自主、为国争先的精神，增强学生们为祖国科技和国防事业献身的责任感和使命感，形成担当意识
第九章 红外热成像系统 第一节 红外热成像系统的构成 第四节 红外热成像系统的性能参数 第五节 红外热成像系统总体设计分析	2学时 讲授，图片展示与课堂讨论	知识认知上：系统完整地知悉和理解红外热成像系统的构成与分类，红外热成像系统的光学系统，制冷技术与制冷器，系统整体的主要性能参数。 能力培养上：能够根据不同成像需求，选择合适的红外光学成像系统参数与对应性能的红外热成像器件、制冷技术系统；能根据红外热成像系统的性能参数理解不同红外热成像系统的差异，并依据应用需要进行合理的选择。 思维方式上：通过不同组合方式的系统设计与性能分析的训练，从解决实际问题出发，开始关注技术难度与工程成本之间的关系，形成工程问题解决的综合性思维。 价值引领上：通过学习和了解红外夜视技术的发展与研究现状，认识我们与世界先进

续表

教学内容	学时分配 （含教学形式）	教学目标和思政要点及策略
		水平的差距，弘扬我国相关科技工作者的独立自主、为国争先的精神，增强学生们为祖国科技和国防事业献身的责任感和使命感，形成担当意识

（三）课程思政教学示例

示例一：培养辩证思维与科学思维，提升解决实际问题的能力

第三章第二节介绍像管结构、分类与制造时，将完全不具备聚焦能力的近贴像管与聚焦倒像式像管进行对比分析，教师会设计连续的发问，从"没有能力的近贴像管怎么能持续存在"，到"近贴能缓解电子束的发散，那是否越近贴越好"，再到"怎样才能在近贴、防止场致发射、保持一定的电子束加速能力中间找到平衡"，将学生的思维引向矛盾的不同方面来观察同一个事物，然后通过板书推演和归纳总结，提醒学生要关注辩证唯物主义的方法论在解决工程技术问题中的应用，遇到实际问题，要先分清主要矛盾和次要矛盾，解决问题时要遵循矛盾的主要方面优于矛盾的次要方面的原则，要有意识地建立起以解决实际问题为导向的工科思维。

示例二：坚定理想信念，感悟老一辈科学家攻坚克难、勇闯国际前沿的精神

在讲述像管阴极的物理模型和像管电子光学理论时，通过介绍我国吴全德院士对银氧铯阴极模型的理论成果、侯洵院士在多碱阴极理论研究上的成就，以及周立伟院士的宽束电子光学理论体系，树立学生的民族自信。同时，老师也会客观地指出我国在三代像管上的技术与世界一流国家还有明显差距，提醒同学们国防科技的进步还有待我辈的进一步攻坚克难。此外，教师在线上建立扩展资源，将描写周院士在构建宽束电子光学理论体系的过程中求学苦读、终生不辍的文章上传到课程平台，要求学生课下阅读，以激发学生为祖国富强而读书的动力，以及为理想信念笃定前行的信心。

示例三：激发专业情怀，牢记科技强国使命

在第九章红外热成像系统的讲授中，通过美军阿帕奇武装直升机在夜视环境下利用红外热成像技术精准猎杀目标的视频，让学生感受到战争的残酷性的同时，思考当下安居乐业的和平生活是经过艰苦卓绝、流血牺牲的顽强抗争和努力不懈、自力更生的发展建设换来的，激励学生为祖国更加富强而读书，树立大理想，为世世代代安居乐业而努力。

在讲到红外热成像系统的性能参数时，通过对比两款美国 FLIR 公司的红外热成像仪产品的性能参数，引出美国禁止向中国销售高性能产品，以遏制中国的国防和军事力量发展，维护自身霸权地位的事实，用事实说话，启发学生思考自身的人生目标，鼓励学生将自身发展的需求同国家发展的需要统一起来，并认识到所学专业的重要性，激发学生的学习兴趣和热情。

四、课程思政效果分析

本课程结合课程的国防高科技特色，有目的、有意识地融入相关思政元素，将无形的思政教育化为有形，依托知识、技术和能力的培养影响青年学子的世界观、人生观和价值观，思政元素与课堂教学的有机融合展现出"润物细无声"的育人效果，对学生的情怀态度、人格发展和思维方法都起到了积极的正向作用。

授课教师：曹峰梅　何玉青　张丽君　白廷柱

开课单位：光电学院

信息系统安全与对抗技术

一、课程简介

"信息系统安全与对抗技术"是信息对抗技术专业必修课,主要面向本科三年级学生。课程有理论、有管理、有工程、有技术,系统深入地讲授信息安全对抗的核心思想、核心原理、核心方法,重点引导学生从顶层理解和掌握信息系统与安全对抗问题,系统全面地学习信息系统与安全对抗领域的核心概念、原理和技术,培养学生的系统思维和创新能力。

历经多年的教学积累,本课程已经打造出自己的特色。

一是创建了信息安全对抗引领型人才培养知识图谱。引入系统科学与工程思想,基于固有的矛盾演化规律,融合自组织、博弈论等理论,构建了体系化信息安全与对抗理论、技术与方法。

二是建立了理论+技术+实践相互贯通的研究型教学方法。基于前沿方向课程,通过快速学习、跨界整合及系统思维方法,融合培养专业、创新、协作和领导能力。

三是创建了先进高效弹性可伸缩的课程教学大资源和平台。集线下线上和6项自研系统为一体,提升信息安全意识,普及信息安全知识,实践信息安全技术,共创信息安全环境,发现信息安全人才,形成了大范围专业人才培养能力。2004年国内首创信息安全与对抗技术竞赛,累计参赛6万人次,年参加院校1 000多所。

二、课程教学目标

价值目标：①围绕政治认同、家国情怀、文化素养、宪法法治意识、道德修养等内容，落实立德树人根本任务，坚定学生理想信念。②培养跨界整合和全球思维。依托开放型项目开展跨学科教学，强化情境性教学，综合提升合作、创新、伦理和系统思维能力，充分体现跨学科交叉融合特征。③培养科学探索与科学发现精神。基于互联网＋智能＋新工科教育生态，搭建具有不同学科背景学生共同创新创造平台，从工程实践、创新实践、创造能力向科学发现能力延伸。

知识目标：掌握工程系统理论及系统工程基础、信息安全与对抗知识基础、信息安全检测与攻击技术、信息安全防御与对抗技术、信息安全管理与犯罪立法、信息安全标准与风险评估、信息系统安全工程及能力等。

能力目标。培养学生的科学思维、系统思维、战略思维能力，强化快速学习能力，培养运用系统思维、辩证思维解决复杂问题的能力，丰富知识图谱，面向未来培养大局观、大视野。

三、课程思政教学设计

（一）课程思政理念

秉承北京理工大学"延安根、军工魂"红色文化基因，以弘扬延安精神、军工精神、爱国主义精神、时代精神为内核，针对网络空间安全领域对高政治素养人才的要求，构建军工项目＋保密培训＋思政教育相融合的全方位、全过程课程思政育人模式，深度融合信息安全基础知识与课程思政要素，打造提升信息安全意识和普及信息安全常识的保密教育闭环促进平台，构建课程思政育人思维导图。

针对网络空间安全虚拟抽象、复杂时变、知识密集等问题，建立在线对抗、技术竞赛等创新实践类多元化教育资源和平台，以实现道（理论与技术基础）器（实践方法与技巧）相长、能力（创新技术研究能力、工程实践能力）突出的创新人才培养目标。

课程思政理论与教学研究
——聚焦北京理工大学课程思政建设

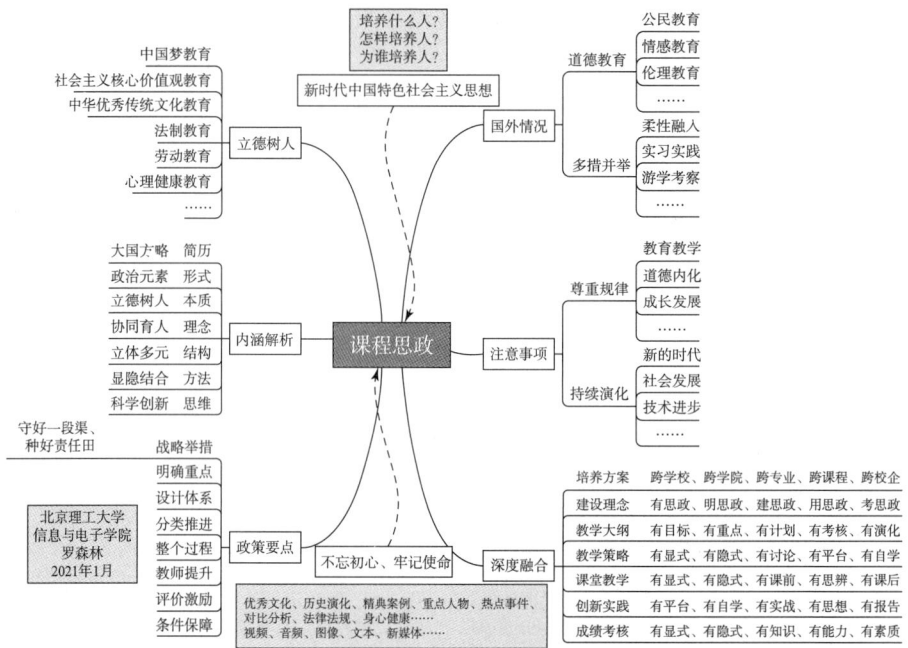

课程思政育人思维导图

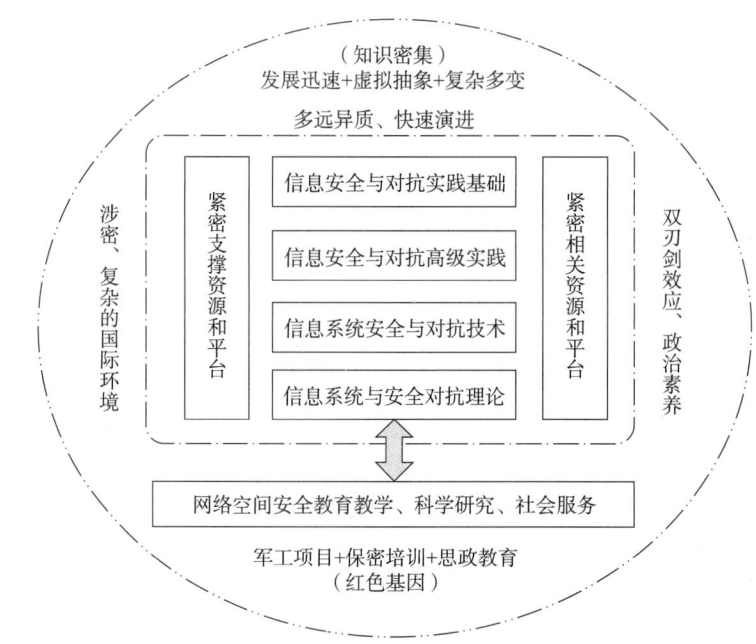

网络空间安全特征的创新人才培养体系

（二）课程思政整体方案

结合价值—知识—能力"三位一体"的课程思政目标框架，采用云化融入技术，即整体上形成课程思政云要素、云资源，各门课程的课程思政重点略有不同，要素资源和融入方法多样化、弹性化，如采用视频授课、专题短片、知识答题、在线培训、在线竞技等多种教学手段，构建专业课思政云化融入原理图。

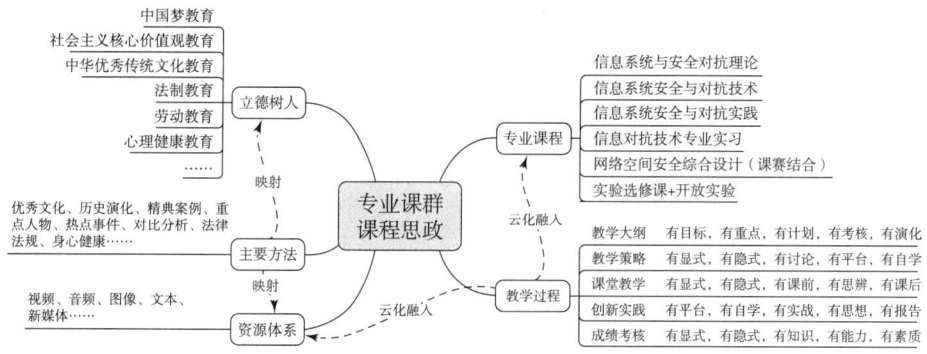

专业课思政云化融入原理图

依据课程核心知识图谱与课程思政要素图谱映射关系图，建设体系化多类型的课程思政育人资源。同时，构建课程思政资源管理信息系统，对课程思政资源实施全生命周期管理，对累积数据进行定性与定量相结合的效果分析，利用大数据挖掘能力迭代演化，持续改进优化，确保资源的有效性。

（三）课程思政教学方法

针对网络空间安全技术发展迅速、技术更新快等问题，建立理论讲授和在线对抗相结合的授课模式，建立融理论、技术、实践三位一体的教材体系，建立依托复杂信息系统科研项目的育人机制，培养学生解决复杂问题和适应技术快速变化的能力。授课过程主要采用案例教学法，实践教学法，通过案例以及典型技术的讲授和研讨，提供分层次的实践内容和类别，吸引学生动手实践，同时加强各类课程的辅助的实践教学活动。

课程思政理论与教学研究
——聚焦北京理工大学课程思政建设

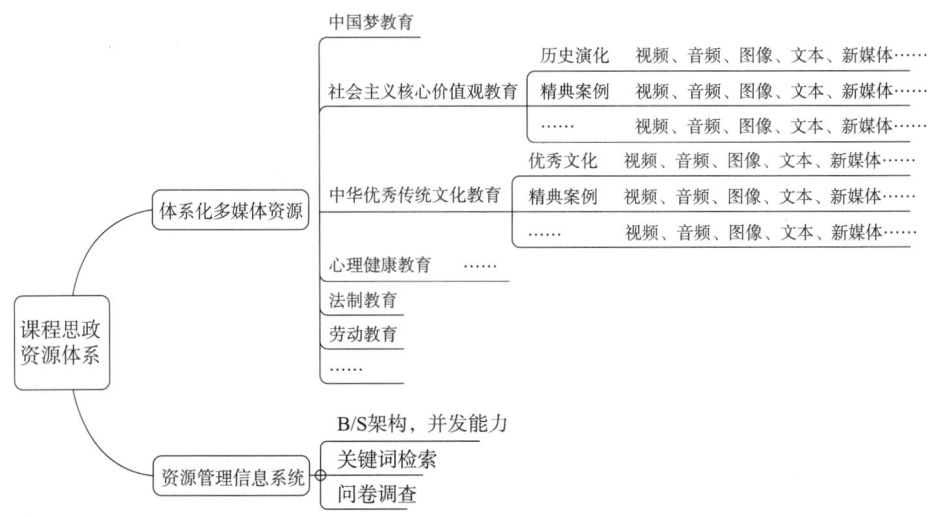

课程思政资源体系

（四）课程思政教学示例

示例：伪基站信息安全与对抗虚拟仿真实验系统与思政教育相结合

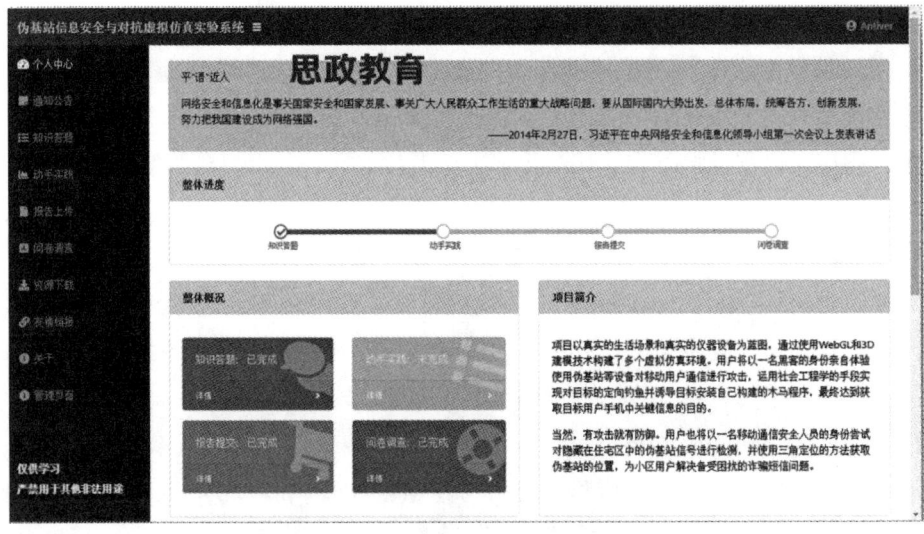

创新与工程实践系统中的课程思政

五、课程思政效果分析

（一）课程思政教学评估

初步设计了课程思政环节融入度定量评价、课程思政资源演化定性评价、课程思政教学效果间接评价等评价方法。

课程思政环节融入度评价包括三种课程思政育人效果评价方法。

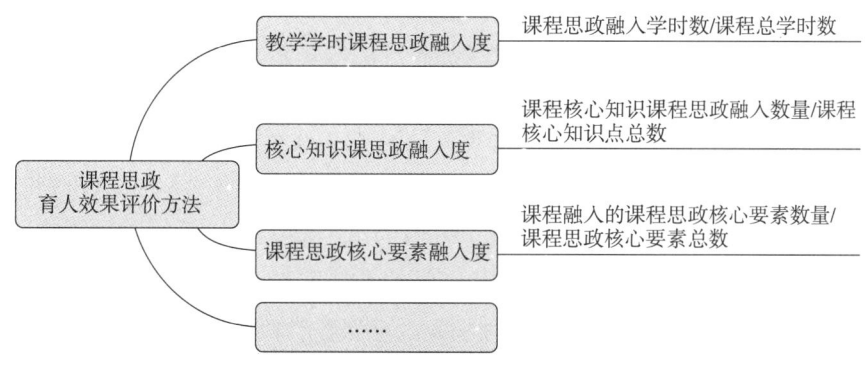

课程思政育人效果评价方法

课程思政资源演化定性评价。课程思政育人过程实施全生命周期信息化管理与大数据知识挖掘，以期实现持续改进的闭环促进模式。通过全生命周期信息化管理，建立合理、有效的设计、实施、评价、改进的课程思政教学过程跟踪机制，详细记录各项数据，再通过教学大数据挖掘分析逐步形成课程思政育人能力的闭环促进模式，提升课程思政育人效果。同时设计问卷调查表，统计分析与建议总结，持续改进。

课程思政教学效果间接评价。通过教育教学改革、教学成果、教学效果等多方面进行课程思政间接效果评价。

（二）课程思政教学效果

课程突显高阶性、创新性和挑战性，形成了面向世界一流的课程学习生态。学生自悟自省能力持续增强，学生的"快速学习能力、系统思维方法、丰富的知识图谱"效果持续提升。自开课以来学生评教全优良，督导组评教全优。学生评价"育木成林，催林成森，是一位杰出的好老师""立德树人，确有实效"。

同行评价高，应用推广好。思政育人理念先进引领，手段丰富多样，风格鲜明，效果显著。相关教育部产学合作等特邀报告 40 多次，培训交流 50 多次，新华网、人民网等媒体报道近 50 次。获教书育人类表彰、杰出教学贡献奖等 30 多项。

（三）课程思政实施总结

创新性地提出了学科专业培养方案课程思政要素系统性分布式化解方法；创新性地提出了专业课群课程思政要素的云化融入方法及内容体系；创新性地提出了专业课群课程思政新形态体系化育人体系化资源；提出了面向课程的思政育人效果定性与定量相结合的评价方法；建设了专业课群课程思政权威标杆示范工程，形成了植入红色基因的高品质人才培养能力，在课程思政建设层面进行了有益的尝试，取得了良好的效果。

该课程获评 2021 年北京市课程思政示范课程、教学名师和团队，所在专业获首批国家一流本科专业（2019.12）、教育部特色专业、国防特色专业、北京市特色专业、工业和信息化部重点专业。建立了体系化专业课思政示范工程，在线开放国家级课程 5 门次、学员 7 万人次；出版著作 14 部，众多院校使用 5 万册；《信息系统安全与对抗技术》为北京市精品教材、工信部"十四五"规划教材。主讲教师被评为北京市教学名师、北京高校"习近平新时代中国特色社会主义思想"市级思想政治理论课授课教师、北京理工大学课程思政研究中心专家、北京理工大学教师发展指导专家等。

授课教师：罗森林　潘丽敏　王　越

开课单位：信息与电子学院

信号处理理论与技术

一、课程简介

"信号处理理论与技术"是面向北京理工大学徐特立英才班（电子信息和自动化方向）学生开设的专业核心贯通课，教学内容同样适合于信息与电子类各专业。本课程处于"明精计划"培养方案中的专业教育环节，服务于本硕博贯通培养，致力于培养拔尖创新人才。

本课程以信号与系统、数字信号处理、随机信号分析、信号检测与估计的基本理论为贯穿线索，分为Ⅰ、Ⅱ、Ⅲ三个部分，通过三个学期完成（开课学期为本科二年级第二学期、三年级第一学期和二学期），第一部分重点讲授"连续时间信号与系统"，第二部分重点讲授"离散时间信号与系统"，第三部分重点讲授"随机信号分析与处理"。每学期56学时（其中理论学时48个、实验学时8个），3.5学分/学期。本课程从学生未来发展对信号与信息处理的知识需求出发，围绕"新工科"人才培养和"信号与信息处理+"型拔尖创新人才培养目标，将专业课教学和思政教育有机融合，打开前沿视野的同时注入红色基因和爱国情怀，做到"立德树人，润物无声"。

本课程2015年入选北京理工大学"明精计划"，不断进行建设和持续改进，2018年入选校级精品课程，2019年获得校级研究型课程认证，2020年入选首批国家级一流本科课程，获得校级课堂思政认证。本课程教学团队核心成员5人，隶属于国家自然科学基金创新研究群体、教育部创新团队；同时也是首批全国高校黄大年式教师团队。

二、课程教学目标

价值目标：培养科学思维，提升思考、质疑、研究、沟通、表达等多方面的能力，成长为具有国际视野、创新能力和家国情怀的"信号与信息处理+"型人才。同时培养学生实事求是、追求理想、不懈奋斗的科学精神，增强新时代青年的使命与担当。

知识目标：理解信号处理的基本理论和方法，包括理解信号的采样、滤波、分解；掌握离散傅里叶变换的定义和主要性质；了解前沿信号处理应用背景以及国家重大工程需求；能够掌握现代信号与信息处理学科前沿基础知识；能够掌握雷达通信一体化、人工智能、生物医学、车联网等国际前沿领域中涉及的信号频谱分析、系统分析、阵列信号处理、统计信号处理等信号处理的基础理论与方法；能够利用信号处理基础理论对实际工程问题进行建模。

能力目标：具有根据所掌握的数字信号处理理论，针对指标需求提出相应的数字系统参数选择方案和性能因素评估的能力，具有进行信号频域分析、数字滤波器设计和性能评估的能力；能够利用信号处理基础知识解决大学生创新活动、"挑战杯"、大学生电子设计大赛中的实际问题，提出解决方案；进一步地能够初步分析解决雷达通信一体化、人工智能、生物医学、车联网等国际前沿领域中的基本实际工程问题。

三、课程思政教学设计

（一）课程思政理念

卓越创新人才的培养离不开对国情、社情、党情的充分把握，专业课程体量大、覆盖面广，从某种意义上来说专业课程的思想政治教育更能激发学生的共鸣。本课程聚焦电子信息专业课程思政，以培养德才兼备的本科生人才为目的，围绕信息学科的关键科学问题，以"信号处理理论与技术"等本硕博贯通课程为突破口，挖掘课程思政内容纳入专业课程教学，通过结合课题组的平台优势和科研基础，全面推进课程思政建设，培养学生的辩证思维与科学思维，了解科技前沿热点，传承红色基因，厚植爱国情怀，做到"立德树人，润物无声"。

（二）课程思政整体方案

课程思政是在专业知识层面上的价值提升，是科学向哲学的升华。课程以通信、雷达探测、导弹制导、无人机侦察、信息作战、航空航天等军事国防领域中所涉及的信号处理问题为背景，剖析关键核心技术的自主创新对于从根本上保障国家经济安全、国防安全和国家总体安全的重大意义，进而增强学生科技兴国的使命感、责任感，培养爱国主义情怀。课程把马克思主义立场观点方法的教育与科学精神的培养结合起来，使学生在系统掌握专业知识的基础上，全面提升专业能力、科研能力，激发科技报国的志气，培养学生探索未知、追求真理、勇攀科学高峰的责任感和使命感。

本课程从最新的前沿领域应用案例出发，结合本科生阶段需要掌握的信号处理类知识点，重点以科学家事迹涵养家国情怀，以科技成就弘扬科学精神，以科学问题激发创新热情，注重提高课程内容科学性、思想性和理论性，强化政治引导、价值引导、实践引导，让人真懂真信。注重提高针对性和实效性，把道理讲彻底，把事实讲明白，把问题讲清楚，让人口服心服。注重提高亲和力和感染力，推进多样化、互动化、生动化、协同化教学，让人爱听爱学。

（三）课程思政教学方法

①建设思政素材库，以人物故事涵养家国情怀，以科技成就传播科学精神，以科学问题激发创新热情。电子信息工程学科课程思政素材库分为时代楷模与身边榜样、重大工程中的信号与信息处理问题、中国雷达史、生活中的信号与信息处理、信息人的光荣使命等板块，通过搜集整理领域突出人物、相关前沿科技与应用背景等资料，配置与教学内容相匹配的思政点，为讲好电子信息工程学科课程提供鲜活事例。

②结合多种教学模式，将思想政治元素融入电子信息工程本科生教学。结合启发式、讨论式、翻转课堂等教学模式，教学过程中加强互动交流和启

发性引导，发挥同伴教育、榜样示范的作用，通过学生与科学家面对面交流的机会，启发学生、引导学生将自己的专业价值与国家未来发展的重大技术需求相结合，实现知识传授与价值引领的有机融合。

（四）课程思政教学示例

示例一：弘扬科学家精神，涵养家国情怀

信号处理在雷达中的应用。通过讲述北京理工大学雷达三代人的故事，激励同学们勇担重任。在讲解信号处理在雷达中的应用时，介绍王越院士在建立中国电子工程对抗系统的理论体系中的奠基性伟大成就；引入毛二可院士对雷达事业的初心与坚守，引导教育学生体会到科学家的钻研精神，从而树立远大目标，为社会的发展做出自己的贡献。

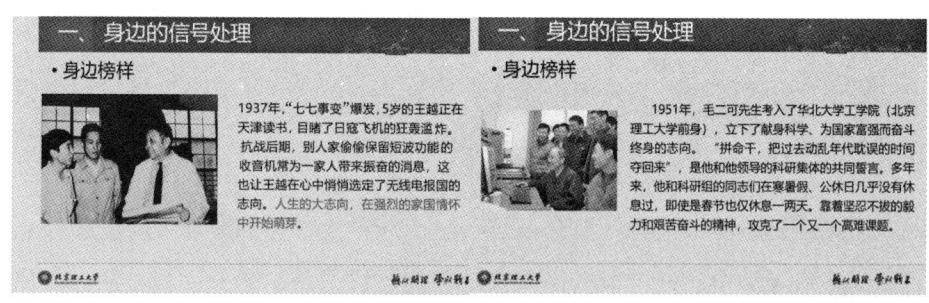

人物故事涵养家国情怀

示例二：以科技成就弘扬科学精神

傅里叶变换相关理论与应用。从雷达、通信、图像处理中的实际工程问题出发，介绍傅里叶变换在其中的应用，拓展学生知识面，加深学生对时频分析的理解，激发学生对前沿的信号处理如何解决国家重大需求的科研兴趣，同时穿插傅里叶提出这个重要理论体系时遭到权威专家的否定多年才正式发表的故事，树立学生为追求真理而敢于坐冷板凳的坚韧精神。

示例三：实现科技自立自强，激发科技兴国使命

以通信、雷达探测、导弹制导、无人机侦察、信息作战、航空航天等军事国防领域中所涉及的信号处理问题为背景，剖析国内外研究现状，了解关键核心技术是要不来、买不来的。只有把关键核心技术掌握在自己手中，才

科技成就传播科学精神

能从根本上保障国家经济安全、国防安全和其他安全,进而增强学生科技兴国的使命感、责任感,培养爱国主义情怀。同时回顾傅里叶对信息学科的贡献和王越院士、毛二可院士对国家发展的贡献,引出"科学无国界,但科学家有祖国"的核心价值观,鼓励学生勇攀科学高峰的同时还要具有家国情怀,成长为担当民族复兴大任的栋梁之材。

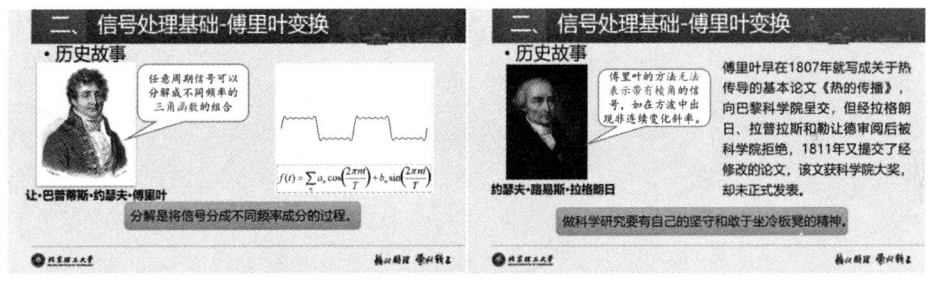

科学问题激发创新热情

四、课程思政效果分析

本课程旨在我校"双一流"学科建设背景下,培养具有全球化视野、系统思维、协同创新能力兼具家国情怀的新工科人才。通过整合信号处理领域的思政素材和知识体系,注重理论基础和学科前沿研究的贯通培养,同时注重人才个性化学习能力提升、科学素养和爱国主义情怀的培养,并关注国际视野和家国情怀的培养,使得专业课在传播专业知识的同时,成为社会主义核心价值观、科学精神、传统文化、爱国情怀教育的生动教学载体。课程受到专家与学生的一致好评,通过提炼课程的思政元素,将信号处理晦涩的知识科普化,将科学家事迹故事化,传递正能量,上出专业课的温度,提升教学的感染力和效果。学生不但理解掌握了深奥难懂的理论知识,而且收获了很多课本以外的知识与感悟。

该课程被评为2019年首届本科生课程思政教学设计优秀案例,同时完成录制了"从傅里叶变换到分数傅里叶变换"思政慕课。从教学效果看,课程思政体现了专业课的育人价值,实现了科学与哲学的融会贯通,让学生在学习专业知识的同时感受知识的温度,引发更深层次的思考和感悟,形成了专业知识和价值观、哲学观的良性互动和循环。

授课教师:陶　然　辛　怡

开课单位:信息与电子学院

数字电子技术基础

一、课程简介

"数字电子技术基础"（简称"数电"）是国内外高等学校为工科专业开设的一门核心专业基础课，是工程和技术领域的重要组成部分，目的是使学生掌握分析和设计实际工程中的数字电路所必需的基础知识和技能。主要面向大学二年级本科生。

数电课程主要以下几个特色：第一，授课面广，我校授课对象包括自动化类、机电类、光电类等10个本科专业大类、26个专业，此课程对后续专业课程形成了强有力的支撑。第二，形成以学生知识、能力、素质为培养目标，线上线下深度融合的多模态教学模式。第三，编写了国家级规划教材，形成了具有系统性、实践性和先进性的系列配套教材。第四，科研成果反哺教学，团队多数主讲教师承担或参与国家级科研项目，主要成员中长江学者特聘教授1人、青年长江学者1人，4人获得国家科技进步一等奖或二等奖。

二、课程教学目标

围绕北理工"胸怀壮志、明德精工、创新包容、时代担当"的人才培养目标和工程教育专业认证标准，在知识、能力、素质三个方面培养学生。

价值目标：树立勇于创新、探索求真，实事求是、追求卓越，爱国奋斗、担当进取的科学精神，养成严谨、认真、细致的工作作风，提升团结协作能力，以过硬技术更好地服务国家和社会。

知识目标：通过 MOOC 学生自学、课堂精讲、小组研讨等多种教学模式，学习逻辑代数基础、半导体与门电路、组合逻辑电路、触发器、时序逻辑电路、脉冲波形的产生与整形、存储器与可编程逻辑器件、模数与数模转换等方面的理论知识。

能力目标：培养学生具有工程需求分析能力，具有运用工程思维分析设计电路，EDA 仿真、电路优化与性能提升，创新，团队合作与自主学习能力。结合授课内容需要具备的具体能力如下：能够运用工程思维方法，确定在实际工程应用中数字电路的组成及其参数；能够运用数字电子技术理论知识，对实际工程问题进行分析和设计；能够针对实际问题，确定数字电路设计方案和器件选型，进行电路设计和分析；能够借助文献检索工具，查阅相关文献资料，使用现代工程仿真工具 EDA 软件进行仿真，分析电路功能或验证设计电路的有效性。

三、课程思政教学设计

（一）课程思政理念

结合学校特色、专业特色和发展特色，挖掘提炼课程知识体系中所蕴含的思想价值和精神内涵，注重学思结合、知行统一，培养学生爱国奋斗、担当进取的科学精神，勇于探索、追求卓越的创新精神，实事求是、善于解决问题的实践能力，严谨、认真、细致的求实作风和团结协作能力，以过硬技术更好地服务国家和社会。

（二）课程思政教学方法

课程授课分为普通授课和翻转课堂两种模式，普通授课结合课程实验以及 EDA 仿真软件，翻转课堂通过课堂即时设计与验证实验、课后设计电路与 EDA 仿真、团队项目。

（三）课程思政教学示例

示例一：自觉弘扬中华优秀传统文化

电子技术发展历程。以中国古代辨别方向用的仪器——司南入手，介绍古代劳动人民在长期的实践中对物体磁性认识的发明，开启电"磁"之旅。在此方面以传统文化的家国情怀，说明电子技术发展历史之悠久、电子技术来自实践，激发学生的学习兴趣，激励其勇于创新、探索求真。

示例二：勇于创新、探索求真

授课内容：电子技术发展历史

1785年，库仑从实验室确定了电荷间的相互作用力。

1826年，欧姆通过实验得出欧姆定律。

1831年，法拉第发现电磁感应现象。

1864年起，麦克斯韦提出电磁场理论。

1883年，爱迪生发现热电子效应。

1904年，弗莱明利用热电子效应制成电子二极管（真空二极管）、证实电子管具有"阀门"作用。

1906年，德福雷斯特在弗莱明的二极管中放进了第三个电极——栅极，发明了电子三极管。

示例三：实事求是、追求卓越

授课内容：电子技术发展历史

1947年，贝尔实验室发明第一个点接触型晶体管，1948年进入晶体管时代。

1958年，第一块锗质集成电路，电子技术进入集成电路时代。

1960年集成电路处于"小规模集成"阶段，每个半导体芯片上有不到100个器件。1966年进入"中规模集成"阶段，每个芯片上有100～1 000个元器件。1969年进入"大规模集成"阶段，每个芯片上的元器件达到10 000个左右。1975年跨入"超大规模集成"阶段，每个芯片上的元器件多达10 000个以上。从1960年至1980年的20年间，芯片上元器件的集成度增加了1 000 000倍，每年递增率约为2倍。

摩尔定律：集成电路上可以容纳的晶体管数目在大约每经过18个月便会增加一倍。目前在几十平方毫米的芯片上有上百万个元器件，已经进入微电子时代，电子技术的发展大大促进了先进科学技术的发展。

示例四：追求卓越、爱国担当

中规模集成器件原理与应用。以实际应用案例——举重裁判电路的设计为例，培养学生追求卓越、精益求精的大国工匠精神，培养学生根据工程需求选器件、定方案的分析问题、解决问题以及方案多样性的设计思维。

讲授集成器件时引入"中国芯",培养学生的爱国奋斗精神,传承"延安根 军工魂"红色基因,从中国制造到中国创造,激发学生勇于创新、担当进取的激情。

"中国芯"

示例五:技术过硬、担当进取

电子技术的应用。电子技术高速发展,已广泛应用于智能终端、汽车电子、5G通信、物联网以及航空航天、能源交通等领域。电子技术对于社会生产力的发展,起了变革性的推动作用,对解决"卡脖子"技术具有强支撑作用,原创性和引领性科技攻关对于强化国家战略科技力量意义重大,鼓励学生要努力成为专业技术过硬、富有进取精神的科技人才,立大志、明大德、成大才、担大任。

示例六:职业规范、团结协作

学生团队课题。学生自发组成团队,团队自拟课题,自行分工、确定方案、EDA仿真、搭建电路、调试优化电路、撰写报告、制作视频、分享设计理念、演示成果,提高学生综合素质,培养其团队协作能力。

四、课程思政效果分析

以学生团队课题说明课程思政教学效果。

（一）探索求真、追求卓越的科学精神，严谨、认真、细致的工作作风

2019 级徐特立学院"我们都有光明的未来"小组　手绘电路图

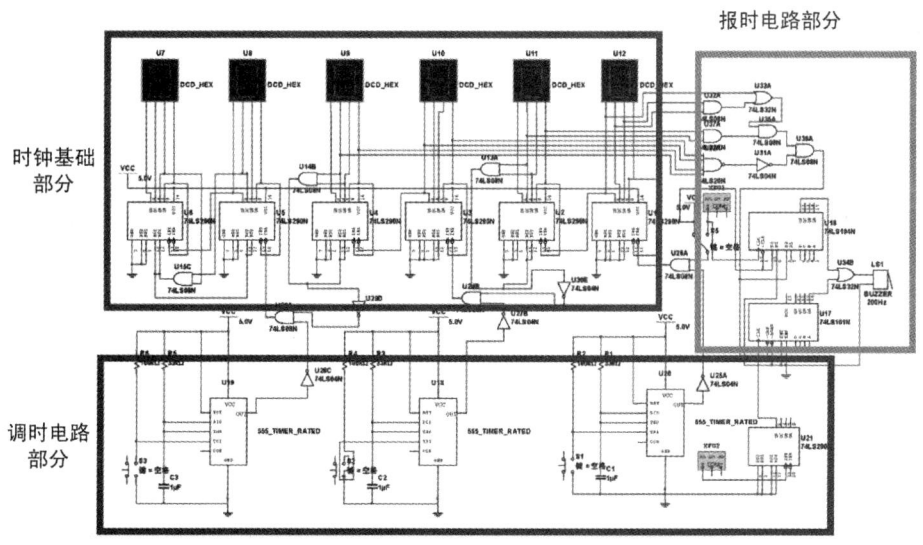

2019 级徐特立学院"彩虹六号"小组　仿真电路图

课程思政理论与教学研究
——聚焦北京理工大学课程思政建设

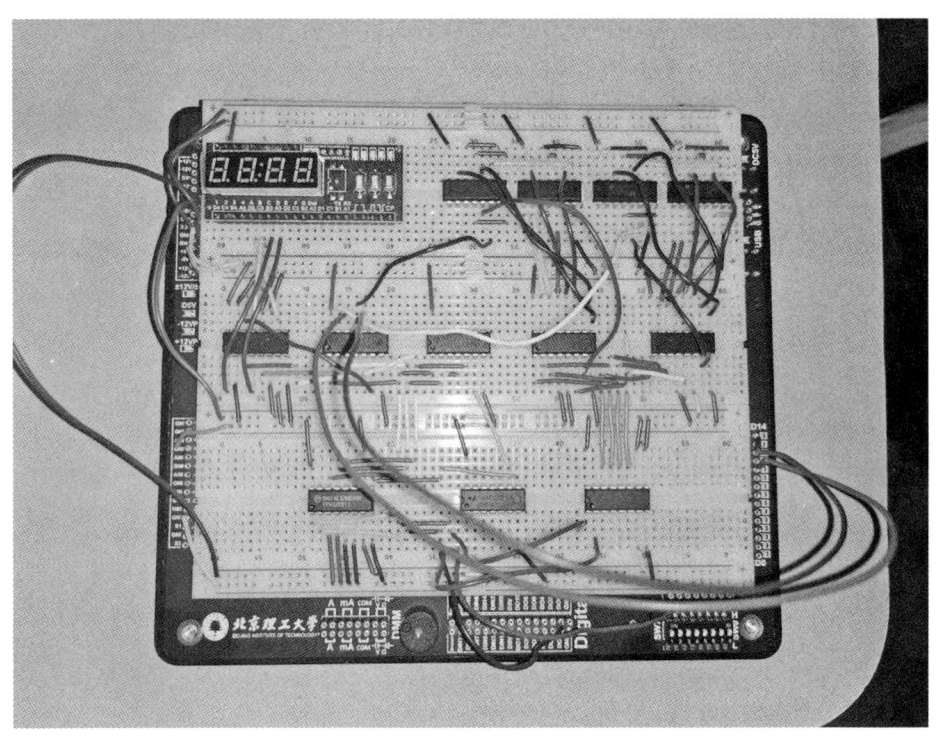

2019 级徐特立学院"加把劲骑士团"小组　电路接线图

（二）实事求是、勇于创新、团结协作，系统性、工程性思维

 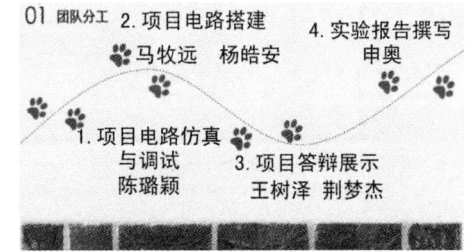

2019 级徐特立学院"永远热爱数电学习"小组　分工合作

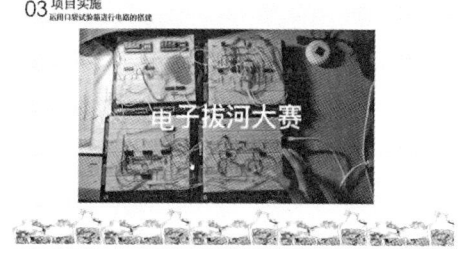 

2019 级徐特立学院"永远热爱数电学习"小组　创新思维，享受科学研究

2019 级徐特立学院"彩虹六号"小组　实事求是，科研源于生活

（三）爱国奋斗、担当进取、技术过硬

通过课程改革与探索，数电课程激发了学生的学习兴趣。学生反映"收获巨大"，"第一次做这么复杂的仿真，边学边做，考验了自学能力和逻辑实现的能力"，"实际的项目设计过程却让我真真切切地感受到了数电这门课程的实用性和趣味性"。

数字电子技术基础作为一门核心专业基础课程，通过课程思政建设，可有效地将价值塑造、知识传授和能力培养三者融为一体，培养学生爱国奋斗、担当进取的科学精神，勇于探索、追求卓越的创新精神，实事求是、善于解决问题的实践能力，严谨、认真、细致的求实作风和团结协作能力。

授课教师：王美玲　肖　烜　刘　彤　杨　毅　刘　伟　郝艾芳
　　　　　金　锋　江泽民　崔　冰
开课单位：自动化学院

电气传动课程设计

一、课程简介

电气传动课程设计是自动化专业、电气工程及其自动化的专业必修课程，是综合设计型实验。该课程涵盖了"电子技术""电力电子技术""电气传动及控制基础""自动控制元件"及"自动控制原理"等知识。本课程主要内容有设计与调试典型的转速、电流双闭环直流调速系统，要求学生掌握电气传动控制系统的基本结构、工作原理、控制方法、设计计算方法和整个系统的调试步骤与方法，加强基本技能训练；掌握参数变化对系统性能影响的规律，培养灵活运用所学理论解决控制系统中各种复杂工程问题的能力；培养实验数据分析与处理能力、独立分析问题、解决问题的能力。

二、课程教学目标

价值目标：培养学生科学的思维、严谨的作风、创新的能力、认真负责的工作态度，以及精益求精的职业规范与良好的职业道德素养，用工匠精神铸就新时代的强国梦。

知识目标：能够通过分析 PID 参数变化对调速系统电流环和转速环影响的规律，进行方案合理性分析，拥有综合考虑安全因素和工程实际问题进行设计的能力；能够根据实验要求设计合理的实验方案，估算、测试双闭环直流调速系统各模块的基本参数，拥有检测与收集数据的能力，能够对检测的数据进行客观评价。

能力目标：能够根据工程设计方法设计转速、电流双闭环直流调速系统，实现系统稳态无静差、抗干扰能力强。能对系统方案设计和调试过程中遇到的问题进行深入交流和探讨，制定解决方案，拥有沟通与决策的能力。

三、课程思政教学设计

（一）课程思政理念

根据实验教学课程的特色，从实验教学目标、教学方式、考核评价三方面与思政要素有机融合，在实验过程中培养学生崇尚科学知识，形成求实严谨之科学作风，激发学生对专业知识重要性的认知，为今后从事与自动化、电气工程等领域有关的研究工作奠定良好的职业道德素养，进而实现"思政寓课程，课程融思政"的新理念，实现"价值塑造、能力培养、知识传授"三位一体的教学目标。

（二）课程思政整体方案

以"因事而化、因时而进、因势而新"为指导思想，围绕我校"德以明理，学以精工"的校训，通过查阅文献和案例，充分挖掘电气传动技术发展中蕴含的德育元素，整理、提炼形成思政案例库。同时，基于 OBE 理念，教学内容和作业的设计也需综合考虑对课程目标的全面支撑，保证教学效果。

教学内容、思政元素与支撑课程教学目标对应关系

实验内容	作业	思政要点
简要介绍实验台及注意事项；小组分组和任务分工；明确课题背景及其意义；测试开环机械特性，讨论如何估算电机控制系统参数	估算电机参数，机械特性仿真，撰写电气传动发展读书笔记	关注科技热点，培养爱国主义情怀。通过"超级工程与技术"等影像资料介绍我国电气传动技术发展状况，让学生理解核心科技是国之重器，激发学生爱国热情和学习兴趣。 团结合作，提升人格魅力。通过介绍国内外科学团队成功案例，增强学生团结合作意识

续表

实验内容	作业	思政要点
测试系统的总电阻、电枢电阻、平波电抗的电阻和电源电阻；测试电机的飞轮力矩、空载功率、电磁时间常数和机电时间常数及整流放大倍数	根据测试参数，运用工程设计法设计转速环和电流环，在仿真平台上仿真调试	借鉴历史，读史明智。通过介绍国内外科学家不畏困难、勇于探索的事迹，培养学生勇于探索的勇气、认真负责的工作态度。关注科技热点，激发创新意识。介绍仿真技术发展国内外现状及我国在仿真技术上的瓶颈问题，激发学生的创新意识及爱国情怀
调节调节器的限幅值；测试反馈信号的极性；调试内环电流环，系统启动时，电流超调低于10%	根据实际电流环测试的结果，重新进行转速环和电流环的设计	项目严格把关，提高科学素质。通过对设计参数的现场调试、项目指标的严格把关，保证系统设计的性能，培养学生认真负责的工作态度和严谨细致的工作作风
调试双闭环，系统启动时，转速超调低于10%，电流超调低于5%；抗干扰和静特性测试	根据现场调试结果，分析理论值、仿真值的误差	加强项目质量管理，增强责任意识。通过电流内环性能差会导致系统稳定性能变差，引入电气工程的质量管理，提升学生的职业素养及职业责任感
实际操作考试；分析实验结果；小组答辩总结，组间互相提问、互相评分	复习考试 制作答辩PPT 撰写总结报告	诚实守信。通过考试前的宣讲，引导学生养成诚实守信的习惯。求真求美求实。通过答辩汇报和总结报告撰写能力的培养，使学生能够完美展示成果

（三）课程思政教学方法

以翻转课堂的教学模式，将实验教学贯穿于课前—课中—课后全过程，即把实验装置的讲解及实验原理等部分理论内容结合思政元素通过微视频安排在课前学习，课中重点进行实践操作，将课程实验分为"基于微课视频的课前预习""基于同伴教学法的课中实验""基于开放实验室的课后助学"三个环节。

（四）课程思政教学案例

示例一 关注科技热点，激发创新之志

在教学中，因事而化，紧跟问题导向，将社会中的事实问题、热点问题融入课堂，通过问题引入，关注学生诉求，使解决思想问题与实际问题相结合，激发学生爱国主义情怀。例如：在仿真实验课程中引入美国政府禁止出售 matlab，哈尔滨工业大学、哈尔滨工程大学两所高校被禁用 matlab 软件，间接干预国内高校正常的教学科研活动，引导学生正确认识我国在仿真软件技术上的瓶颈问题及中国当前的发展状况，客观看待外部世界，激发学生的创新意识，增强学生的爱国情怀，树立远大抱负，争取将来通过科学研究为国家做出贡献。

示例二 弘扬科学家精神，培养严谨求实的科学精神

讲述电机控制发展史上不怕困难、勇于探索的科学家和工程师的案例，如著名电机工程专家钟兆琳、"自动控制之父"钱学森等，弘扬老一辈科学家不畏艰难、敢为人先的精神，培养学生勇于探索的勇气、认真负责的工作态度和严谨细致的工作作风，提高学生的责任担当与团结合作意识，铸就新时代的工匠精神。

示例三 大国重器彰显技术实力，实验教学激发专业情怀

伴随着国家的强大，高铁、天眼、"蛟龙"号等大国重器也逐渐进入我们的视野，这些大国重器中涉及很多电气传动技术的实际工程案例，在实验教学中可将科技前沿中的工程案例融入课堂中，引导学生的价值追求。例如，引入相关影视资料中的高铁"IGBT"国产化之梦，让学生客观地了解我国电气传动技术的发展现状。

四、课程思政效果分析

按照多元化、人文化的评价原则对学生原有评价体系进行完善，增加形成性评价的内容，综合考虑课前预习情况、实验过程、团体合作情况以及情感态度等要素，形成了"教师＋学生""过程＋结果"的评价方法。

成绩考核表

评价类型	评价项目	评价载体形式	权重/%
形成性评价	课前预习	课堂提问	5
	实验过程	实验过程记录单	15
	团体合作	团队角色任务承担表	5
	完成情况	课程设计参数统计表	5
	实验答辩	互评评分表	10
	实验作业	参数估算、工程仿真设计	10
终结性评价	实验考试	实验考试单	10
	实验报告	总结报告+读书笔记	40

通过两年的实践证明，基于OBE理念的"电气传动课程设计"课程思政改革的实施，增加了师生之间、学生之间的交流互动，活跃了课堂气氛，调动了学习的积极性和主动性。人文化、多元化的考核评价方式，客观地考查了学生的思政素养、专业知识、实验技能，培养了学生自主运用综合知识，解决复杂工程问题的能力和创新实践能力，以及团队合作与责任担当意识，在潜移默化中引导学生树立正确的世界观、人生观、价值观，激发学生的家国情怀和使命担当意识，以及了解科技前沿和自身优势的文化自信，有力地促进了育人和育才的统一。

授课教师：张　婷　刘瑞静　吴美杰

开课单位：自动化学院

软件工程基础训练

一、课程简介

"软件工程基础训练"是面向软件工程专业本科生开设的专业必修课，课程在大二学年第一学期1~3周开设，共32学时。该课程是软件工程教育专业认证的重要支撑课程，以讲授与实训相结合方式培养学生软件工程基本理念与实践能力。

软件工程专业立足国家战略，服务国家工业智能化转型升级，解决自主产权数字芯困境，培养行业背景的软件工程人才。该课程是学生从基础向专业课转变的关键课程，引导学生了解当前我国的软件产业需求，培养学生树立版权意识、开源意识、自主设计专业软件的意识，胸怀软件报国的远大抱负，将"懂软件"的认知提前。

课程主要教学内容包括 Python 语言程序设计，"分而治之""面向对象"等程序设计基本方法，"程序引擎""敏捷开发"等软件开发基本方法，以及在多领域的软件工程初步实践，包括用户界面、图形图像、数据分析、WEB 开发、游戏设计、科学数据可视化等。

"软件工程基础训练"被2020年认定为首批"国家级线上线下混合式一流本科课程"。课程深入贯彻以学生为中心的个性化教学理念，通过引入多门国家精品在线开放课程，构建了"强基础、重个性"的混合教学模式，激发学生学习和创新的热情，培养学生在具有程序设计基本能力之上进一步开展软件工程训练实践，帮助学生实现从基础课向专业基础课转变，结合北京理工大学"双一流"高水平本科人才培养需求，通过一门课程基本实现了从"会编程"到"懂软件"的教学目标。

二、课程教学目标

价值目标：旨在培养学生勇于探索、团结协作、崇尚科学的精神，培养学生的爱国情怀。在软件工程训练中，遵守并践行软件工程行业中的科学规范和职业道德、严谨认真的科学态度、开拓进取的创新意识。培养学生的版权意识、开源意识、自主设计专业软件的意识，培养学生软件报国的社会责任感，使其坚定为实现中华民族伟大复兴而奋斗的信念。

知识目标：通过对 Python 语言语法和多领域应用等知识的学习，使学生能够掌握一门帮助各专业后续教学且具有广泛应用价值的编程语言。理解软件工程基本理论知识，掌握程序设计基本方法、软件开发基本方法、软件工程初步实践方法，通过实验训练学生的动手能力。了解先进技术领域发展方向，结合领域知识能够开展如下软件工程应用实践：用户界面、图形图像、数据分析、游戏设计、科学数据可视化等。

能力目标：通过让学生理解编程语言及应用方式，培养计算思维，掌握利用计算机解决问题的能力和软件工程实践能力，具体包括初步运用软件工程的原理、技术和方法开发与维护软件的能力，编写相关技术文档的能力，分析和解决问题的能力以及团队协作交流能力，具有初步解决复杂软件工程问题的实践能力，能够基于科学原理并采用科学方法对复杂工程问题进行初步研究。

三、课程思政教学设计

（一）课程思政理念

软件工程基础训练课程从"课堂规范、混合模式、教学内容、科研案例、项目实践"等多方面培养学生的知、行、学、思。

①以课堂规范引导行为规范。明确课程要求和课堂规范，要求学生严肃认真地对待每一节课，引导学生的自律意识、利他意识，获得自我肯定和认同。

②以混合教学培养自学能力。通过课前自学在线课程、课后线上密集练习，培养学生自主的学习能力、诚信的学习态度、积极的创新意识。

③以教学内容培养专业精神。课堂教学通过讲解每一个程序设计基础知识，引导学生理解程序开发或软件开发的方法，举一反三地引导学生思考软件版权、软件设计、软件自主化等背后的问题，强化软件行业和发展的专业精神。

④以科研案例厚植责任情怀。坚持学生培养与科研实践紧密结合，通过科技冬奥、国家庆典等软件工程案例和虚拟仿真实验引导学生树立创新立志、软件报国的专业认知使命感和价值观。

⑤以项目实践培育综合素养。围绕先进的信息技术，面向多领域构建力所能及的专题课程，开展以创新项目为主的综合实践，激发学习和创新热情，锻炼团队协作能力和培养解决复杂软件工程问题的能力。

（二）课程思政整体方案

从教学内容、教学模式、教学资源三个方面整体推进课程思政建设。

（1）教学内容融思政

结合精品MOOC探索混合教学，打造一流特色软件课程，面向应用问题求解基本能力和培养创新思维目标，围绕程序设计、大数据、机器学习、可视化、网络应用等先进新基建技术，构建信息新技术基础课程内容体系，提出了"会编程到懂软件"的课程理念与教学路径，推动了面向工科专业的计算机公共基础课程改革。

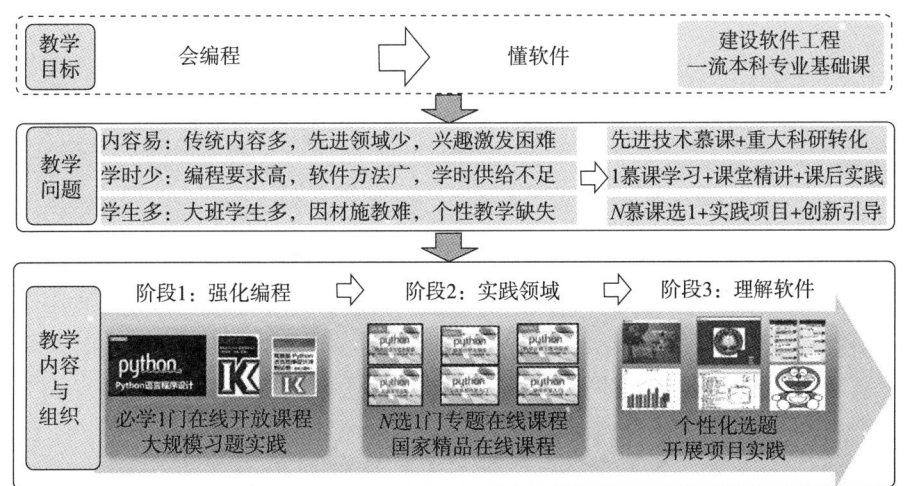

国家级一流课程"软件工程基础训练"教学内容建设

课程思政理论与教学研究
——聚焦北京理工大学课程思政建设

在教学设计上,针对教学内容存在的"传统问题多,先进领域少"这一难点,围绕先进信息技术,以"科学精神、爱国情怀、创新意识"为育人指导思想,结合长期承担国家重大科研的优势,将科技奥运、国庆仿真等软件工程任务实例化,引入课堂开展案例教学;针对教学内容重点,引入 Python 程序设计加强编程认知,教师重点讲授语法难点、编程精髓、程序设计方法论,结合"竞技模拟""红旗制造""史书分析""导弹发射"等程序案例,引入软件工程的初步理论和方法,深挖课程知识与专业学习中的德育内容与素材,建设软件思政教学案例和在线实践资源,有效引导学生树立创新立志、软件报国的专业认知使命感和价值观。

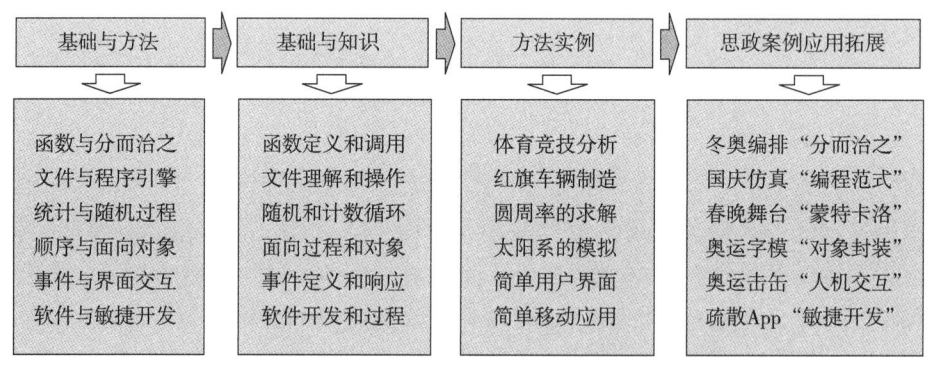

"基础知识—方法实例—应用拓展"思政教学案例模式

(2)教学模式融思政

针对课程客观存在的"因材施教难,个性教学缺"这一难点,探索多门 MOOC 有机融合下的"1+N 选 1"教学模式,帮助学生强化专业认知,为其他学科提供从基础课向专业基础课演进的教学路线参考。"1"门基础课程和"N 选 1"门专题课程的内容组织方式,让学生建立较好的学习目标感,调动学习积极性,体现以学生为中心的个性化教学。该模式借助网络开展创新型、实践型教学探索,通过混合式教学促进课程改革与教学质量同步发展。

(3)教学资源融思政

在教学资源建设上,课程团队始终坚持"自编、自建、自研",培养学生版权意识、开源精神、团队意识,培养学生自主设计专业软件意识,培养学生大国自信感。经过 7 年建设,教学团队实现了:

①自编实践教材：《高教版 Python 语言程序设计冲刺试卷（含线上题库）（第 3 版）》，黄天羽、李芬芬，高等教育出版社，2020 年。

②自编参考教材：《Python 语言程序设计基础（第 2 版）》，嵩天、黄天羽、礼欣，高等教育出版社，2017 年。

③自编多媒体课件：32 学时教学 PPT 课件含动画。

④自编 Python 程序案例：体育竞技分析 Python 程序、自动轨迹绘制 Python 程序、弹道轨迹计算 Python 程序、太阳系模拟 Python 程序等。

⑤自建中国大学 MOOC 在线课程 7 门：Python 语言程序设计（国家精品在线开放课程）、Python 科学计算三维可视化等 6 门专题 MOOC（含 2 门国家精品在线开放课程）。

⑥自研交互式虚拟仿真科研应用案例：平昌冬奥北京文艺表演虚拟仿真编排系统演示程序、国庆 70 周年联欢活动仿真系统演示程序等。

⑦自研在线实验平台：Python123 在线实践平台，建设 2 000 余道编程实践题，基于自研的授权专利研发 Python 程序自动评阅工具。

（三）课程思政教学方法

2017 年课程团队借助"1 + N"门慕课开展知识与实践融合的混合式教学模式改革与实践，总结出了线上知识自学—线下课堂讲授—线上实验实训的线上线下混合式教学模式。实践证明，这种混合教学模式不仅是一种效果好的教学方法，更是实现专业课程思政教学的有效载体。

（四）课程思政教学示例

示例一：训练科学思维方法，培养辩证思维能力

本部分重点阐述函数与"分而治之"教学案例。以"知识—案例—方法—应用"的推导过程为主要脉络，采用虚拟仿真、视频演示、讨论等多种手段开展知识传授、学生互动和教学反馈等。

①回顾从"会编程"到"懂软件"的学习路径；回顾前节知识，引出复杂软件工程问题，通过视频直观生动地引入"如何利用计算机生成奥运会表演排练方案是一个复杂软件工程问题"，引导学生们从关注数学类编程问题向关注案例问题转变。

课程思政理论与教学研究
——聚焦北京理工大学课程思政建设

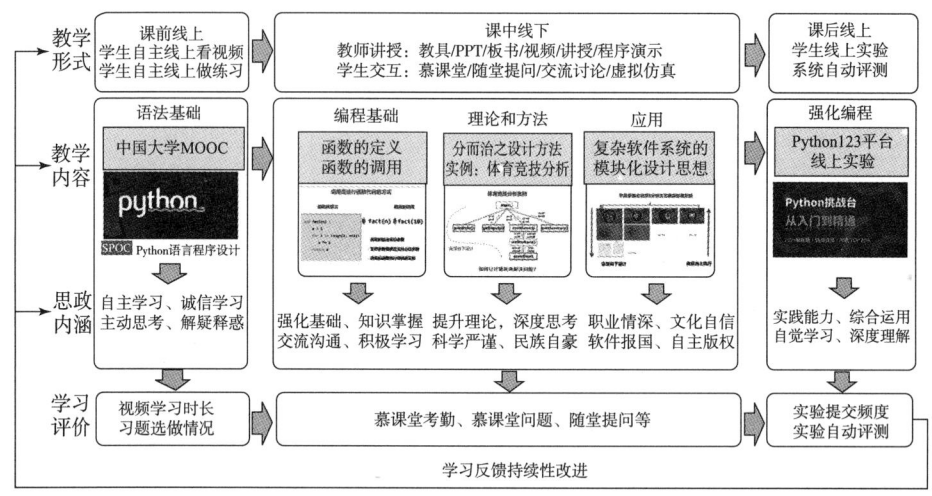

函数与"分而治之"教学案例设计框架图

②基于课前线上学习,强化 Python 函数知识点,通过向学生个体/全体提问,加强学生对函数定义、调用、传参等程序设计基础知识的理解和掌握。

③通过小区规划建设这一生活中的案例,帮助学生理解自顶向下的设计与自底向上的执行,并将"分而治之"内涵延伸至软件设计方法中。

④以简单体育竞技分析为例,剖析"奥运冠军"高手过招,胜负只在毫厘之间,增强同学们民族自信感。用程序设计思想剖析"毫厘"与"胜负"背后的关系,培养严谨的科学态度。基于 IPO 模式讲解自顶向下程序设计过程,帮助学生理解"分而治之"思想是解决复杂问题的有效手段。

⑤运用自底向上的执行,引入简单的软件单元测试方法。

⑥体育竞技分析问题举一反三,引发学生深度思考。

⑦"平昌冬奥北京文艺表演"软件工程教学案例的拓展与应用——运用"分而治之"模块化设计思想求解表演排练实际问题;讲述本校学生服务保障国家重大活动的事迹;龙、中国结等精彩表演给全世界呈现了"中国的精彩时刻";通过虚拟仿真实验加强学生体验,激发学有所用、自主设计的软件报国责任感,培养大国自信的意识。

⑧课后思考及实验。

通过上述过程使得同学们印象深刻地掌握了复杂软件系统的模块化设计思想，同时达到了德育、教育相统一的目的。

四、课程思政效果分析

（一）课程思政教学评估

针对课程目标和混合教学特点设计了课程整体和学生个体 ILOs 达成情况评价方法，每学年课程结束均完成毕业要求达成度评价和持续改进分析报告，针对存在问题开展持续改进。为了在教学过程中及时了解学生学习态度、学习效果、学习目标的达成情况，重点对学生学习积极性、自主学习能力、语法掌握情况、方法理解情况、综合运用情况和编程实践能力等方面进行评价和反馈。充分利用信息化手段，采用线上/线下、课前/课中/课后等多种形式进行评价和反馈，提高教师教学的针对性，促使学生有目的性地学习。课程采用了"过程化、全编程"的考核模式，学生需要自学 1 门基础课和 1 门专题课共 2 门 MOOC，完成 14~20 道编程题目考核（占 30 分）、1 个综合实践项目考核（占 50 分）、1 份开发文档考核（占 10 分），同时，学生需完成课程讨论、汇报、答辩、互评、问卷等环节（占 10 分）。学生成绩区分度明显、挑战度高，但学生兴趣浓，5 年课程平均成绩为 80~85 分。

（二）课程思政教学效果

课程思政教学实施以来，学生到课率高，课堂抬头率高，学习积极性高，越来越多的学生喜欢这种教学模式。融合思政教学和"$1+N$ 选 1"混合式模式结合以来，教学效果收获显著。

①从学生评教结果看，先进知识领域和案例的引入，引导学生的关注点从编程类案例问题向实际应用类软件工程问题转变，找到了学以致用的主动性，显著激发了其学习热情和主动性。

②学生在该课程的学习过程中从事物的本质出发，发现了科学原理的哲学意义。线上线下混合教学模式的运用使得程序基础课堂学时占比明显减少，解决了软件工程方法教学学时不足的问题，强化了理念升级，从根本上解决

了学时不足带来的"会编程"但"不懂软件"的问题。

③增强了学生兴趣，激发了学生的社会责任感、国家使命感。学生项目的创新性和工程性显著增强，内容覆盖广泛，包括河南天气数据分析、交通数据社区发现、图形编辑软件、高校校徽交互展示等几十种类型，个性化体现明显，学生解决软件工程问题和创新实践能力均得到有效提升。

（三）课程思政实施总结

经过2017—2021年的教学实践，团队提出的教学思政改革措施逐步得到实施，原先存在的问题不断得到解决，改革的效果不断地体现出来，学生对软件工程课程的兴趣明显提高，实际开发能力、专业认知能力、团队合作精神、职业素养都得到了有效培养。学生对从事软件行业的热情越来越高，破解我国在软件行业存在的"卡脖子"的目标也越来越明确。课程思政融入专业课教学是一个长期不断发展和优化的过程，需要我们更多的教育工作者不断地挖掘课程中各类思政元素，切实有效地融入课堂教学，实现"三全"育人，开拓我国高等教育事业发展的新局面。

授课教师：黄天羽　嵩　天　李立杰　唐明湘

开课单位：计算机学院

沟通与职业素养

一、课程简介

"沟通与职业素养"是面向广大计算机学院软件工程专业本科学生开设的一门专业基础课，旨在培养具备专业素质和职业道德规范，能履行社会责任的准职业人。本课程通过在专业课程体系中融入革命历史等人文要素、管理思维、沟通激情等，培养学生人际沟通能力、实践能力、创造能力以及良好的职业素养。

二、课程教学目标

价值目标：关注学生的全面发展和终身发展，培养走向工作岗位所需责任意识、团队意识，遵守公序良俗和职业道德、职业操守，践行社会主义核心价值观，具备科学家勇于探索的精神，能以严谨的工匠精神对待自己的工作。

知识目标：了解职业素养构成，分析自身职业素养缺陷，制订职业素养培养计划；掌握职业沟通的内涵、要素、类型以及要求；进行团队建设与团队精神的培育。

能力目标：帮助学生在转变为职业人的过程中，掌握基本沟通能力、职业能力、社会能力，学习职场礼仪，掌握职场沟通技巧，培养学生拥有良好的职业态度和持久的职业热情。

三、课程思政教学设计

（一）课程思政理念

遵循教书育人、管理育人、服务育人的"三育人"方针，科学运用马克思主义的世界观和方法论，从思想、行为、学习等多方面培育和践行社会主义核心价值观。

（二）课程思政教学方法

以案例教学、多媒体教学、互动式教学等多种方式讲授课程核心内容，培育团队精神，将课堂教学与社会实践相结合，理论与时政相结合，帮助学生拓展思维，引导学生发掘团队归属感、荣誉感与成就感。

（三）课程思政教学案例

以红军长征为例，说明共同目标、通力合作的重要性，对学生深入进行爱国主义教育和革命传统教育。

示例：铭记红军丰功伟绩，弘扬伟大长征精神

在介绍团队的内涵和要素过程中，以红军长征为例，说明团队共同目标、通力合作的重要性。身处新时代，回望长征路，追忆峥嵘岁月，激发学生思考：新时代的年轻人应该如何践行伟大的长征精神？红军长征胜利，充分展现了革命理想的伟大精神力量。现在，时代变了，条件变了，但共产党人为之奋斗的理想和事业没有变。通过长征故事，在逐一点明课程知识点的同时，让学生领悟什么是团队、团队应具备哪些要素及团队精神的价值所在：①始终如一的共同目标，有助于团队取得最终胜利。②明确而强有力的领导者，有助于壮大团队的核心力量。③团队领导者的决策正确与否，将决定团队是否能取得成功，与此同时，领导者的决策是否能得到团队成员的全力配合，又将决定团队是否会在面临挑战和困难时分崩离析。长征精神是中华民族精神和共产党人革命精神的凝聚，青年学生在新时代弘扬和践行长征精神，就是要坚定党的领导，继续发扬艰苦奋斗、团结一心、勇往直前的精神，并将

这种精神践行在日常的学习工作中，激励学生立鸿鹄志、做奋斗者。

四、课程思政效果分析

在教学过程中，首先通过视频短片让学生意识到团队的力量远超个人，体悟团队精神究竟是什么；其次，通过播放《遵义会议》等纪录片，感悟伟大长征精神的同时引导学生思考：影响团队执行力的因素有哪些，正确的决策、始终如一地贯彻实施、明确的领导者，对团队成功的决定性作用。课堂教学以讲授与视频案例相结合，以问题为焦点，调动课堂气氛，引发学生思考，学生将历史经验、伟大精神照进现实，最终又通过团队课程作业来实践加深，提升同学们在团队中的责任意识、协作意识、目标意识，教学目标达成度高。

通过课程思政教育改革，精练课程教学目标，强调德育为先，将学生的个人素质培养与职业道德结合；鼓励学生辩证地认识自身优缺点，自动自发地融入集体，积极学习，培养学生的社会适应性；坚持"三育人"原则，教育学生不忘初心、牢记使命，树立终身学习理念，提高学生的实践能力、创造能力、职业素养。本课程获2019年北京理工大学本科生课程思政教学设计优秀案例认定。

授课教师：罗 霄

开课单位：计算机学院

电子封装工艺

一、课程简介

"电子封装工艺"课程是电子封装技术专业的一门必修的专业基础课程，面向本科三年级学生开设。随着集成电路芯片大规模生产技术的进步，封装技术成为高度集成化电子器件得以实现的关键所在，课程具有典型的行业企业推动新技术发展的特点，专业知识和教学内容更新快。课程教学团队以学生为中心，围绕"新工科"人才培养要求，面向国家当前"卡脖子"技术和未来战略需求，以传统封装工艺技术为基础，以先进封装技术为引领，以探究式创新性实验为支撑开展教学活动，为学生构建为振兴中国集成电路产业努力学习和工作的爱国情怀、扎实的封装技术基础，培养学生创新性的知识迁移能力和熟练的实践操作技能，并形成专业知识和能力与行业企业需求的有效匹配。

二、课程教学目标

价值目标：紧跟全球电子信息科技革新，服务中国制造新一代信息技术产业，瞄准行业企业需求，围绕"新工科"建设理念，培养出具有爱国情怀、社会责任感、创新精神、创业意识，具备全球竞争力的"新工科"创新型人才。

知识目标：了解电子封装主要工艺和工艺设备、行业现状以及未来技术发展特点；掌握和理解各种封装手段和工艺方法，熟悉典型器件的封装工艺流程；掌握芯片互连、封装基板以及密封工艺的基本理论知识；掌握设备原理、实验方案设计和实施方法，悉知生产标准和质量控制要求。

能力目标：学生能运用封装工艺知识，根据材料特性、产品要求设计封装工艺，熟练使用工艺设备，探究出影响引线键合互连性能的工艺因素及其相互关系，能够探索SMT工艺参数对贴片质量的影响，能够根据所遇到的实际问题或困难进行工艺分析和改进，并最终完成元器件的表面组装，最终达到提高学生的基础动手能力、知识应用能力和科学创新能力的目的。

三、课程思政教学设计

（一）课程思政理念

"电子封装工艺"课程以学生为中心，将爱党爱国的政治素养，求真、创新、严谨、执着的科学素养，自信、团结、合作、包容的文化素养，表达、责任、敬业、质量意识等职业素养融入课程教学过程中，实现知识传授、价值塑造和能力培养的多元统一。

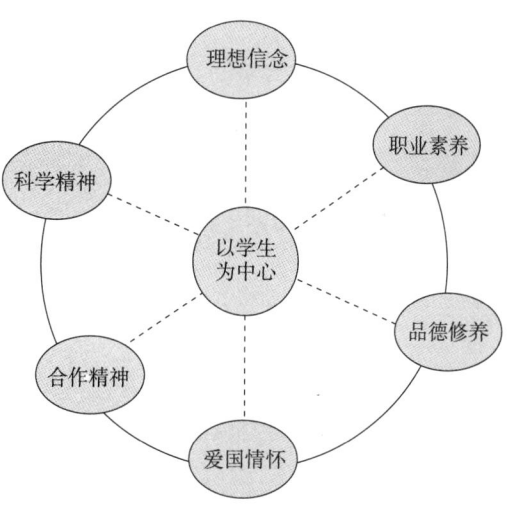

"电子封装工艺"课程思政理念

（二）课程思政整体方案

本课程面向"新工科"创新型人才培养要求，坚持价值性与知识性相统一、理论性与实践性相统一、主导性和主体性相统一，通过引进、融合、创新更新课程内容，优化课程知识体系，使课程形成"厚基础—重特色—强实践—融思政"的鲜明特色，最终达到传授知识、技能的同时，实现价值引领。

169

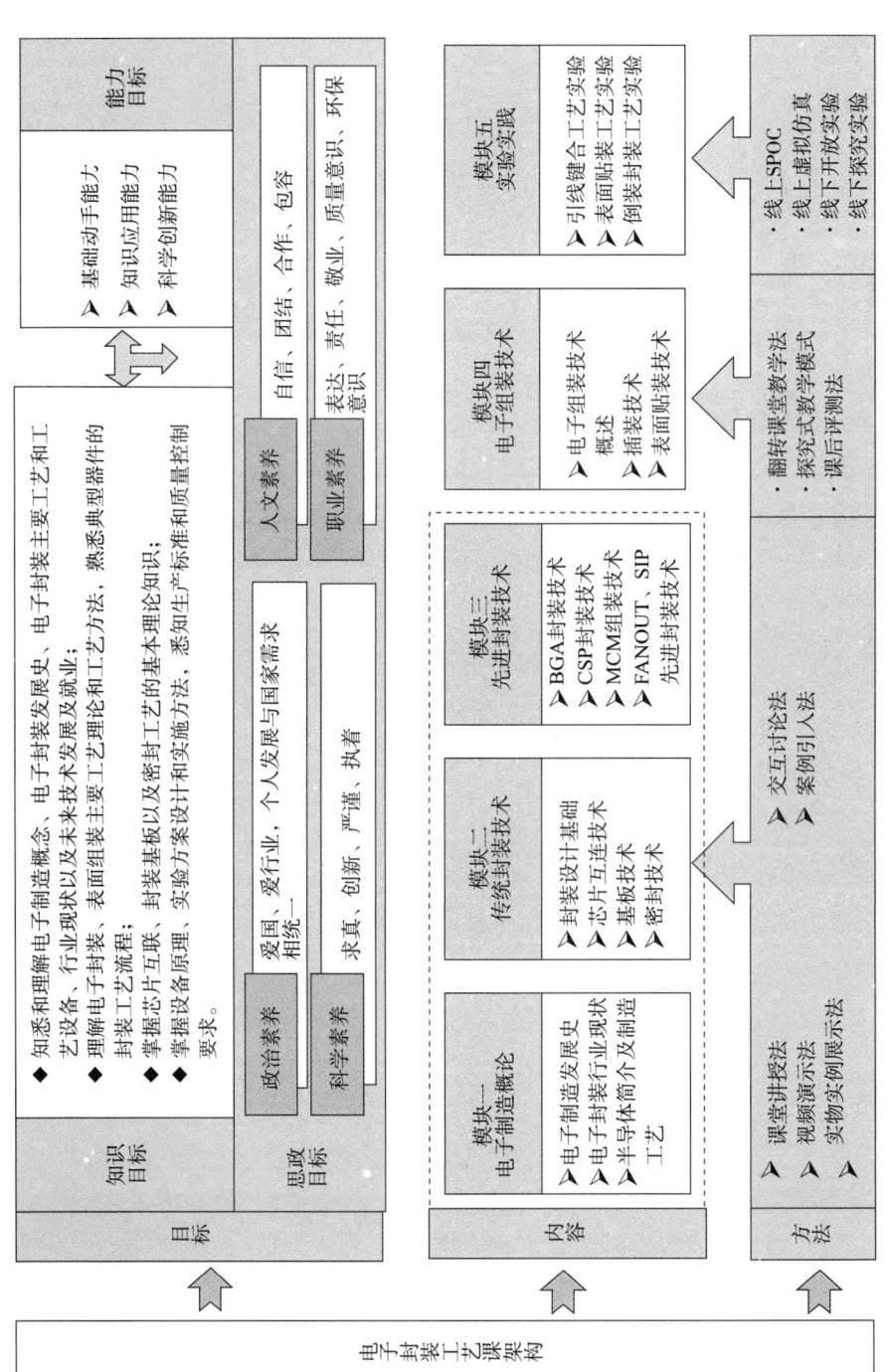

电子封装工艺课程思政教学设计架构图

（三）课程思政教学方法

本课程通过典型电子产品实例举例法、课堂讲授法、交互讨论法、翻转课堂法、线上线下混合等多种形式的教学方法与策略开展教学内容，调动学生的积极性，激发学生的学习兴趣，培养学生的工程实践能力和创造能力，并树立科学观及严谨求实的学习态度，真正做到知行合一、以知促行、以行求知。

（四）课程思政教学示例

示例一：激发爱国情怀，树立报国志向

以"中兴事件"为例，结合华为海思麒麟980手机芯片制造和封装工艺，讲述我国电子封装行业现状，通过对我国电子制造现状的清醒认识和定位，让学生清楚地认识到我国电子制造行业所面临的严峻困境和"卡脖子"技术，激发学生对专业学习的热情以及为我国电子制造行业的崛起而努力奋斗的爱国情怀和社会责任感，并树立科学报国的远大理想。

示例二：严谨求实，培养精益求精的工匠精神

引入企业生产技术实例讲述倒装焊（FCB）技术。结合电子器件的高集成化、多功能的发展对封装材料和工艺的精细化要求，如高密度、多层引线键合技术，高性能互连焊料和精细化焊球尺寸，需要严格控制焊盘界面的平整度、设备的精度和稳定性以及需要特别注意持续作业的可操作性问题，让学生清楚地认识到"差之毫厘，失之千里"的道理，培养学生严谨细致、一丝不苟、精益求精的工匠精神。

示例三：增强自信，培养团队合作意识

运用翻转课堂的教学模式，以自学为主，采用分组合作、朋辈讨论、开卷考查等方式，完成电子组装技术主题教学任务，培养学生自主学习能力和深入思考能力，提升学生的个人自信和团队合作意识。

示例四：知行合一，提升实践综合能力

以线上SPOC、线上虚拟仿真实验，线下开放式探究实验等方式开展实验实践教学。要求学生课前自主完成设备结构认知和基本操作的线上视频学习，通过线下实验进行考核。实验内容以研究性实验为主，以"引线键合工艺实验"为例，要求学生从新材料、新结构上着手，以"引线键合工艺实验"为

例，要求学生结合目前引线键合研究的热点问题，从新键合材料和新键合结构应用需要解决的工艺问题和面临的新工艺方法角度确定实验研究内容，引导学生主动思考、提出合理的解决方案，并为学生开展研究型实验提供自主和自由的实践条件，以培养学生学以致用的实践能力和严谨细致的科学素养，并全面提升学生的科学研究和综合实践能力。

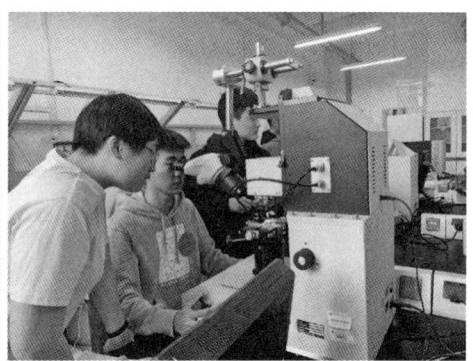

学生实验的照片

四、课程思政效果分析

本课程通过多元化的教学方法和丰富多彩的课程思政内容，寓价值观引导于知识传授和能力培养之中，从而让专业课程在内容上更具深度、在课堂氛围上更有温度、在思想政治教育上更有力度，培养了学生的科学创新精神、团队合作意识和责任担当意识，受到了学生和专家的一致认可和好评。教学团队课程评教成绩一直在90分以上，近几年，毕业本科生平均深造率高达88.5%，本科毕业学生受到包含北大、清华、上海交大、中科院、UCLA、UCI、UCSD、NTU、HKUST、KTH等国内外一流高校、科研院所的高度认可。就业的学生中71%以上服务于我国集成电路产业的重点单位，并且就业单位出现了明显的"聚集效应"，如华为7人、中科院电子所6人等，学生的创新精神、团队合作能力和良好的人文素养受到了相关单位的高度认可，充分体现了本课程的育人价值。

授课教师：赵修臣　赵永杰　李　红　石素君　金海波

开课单位：材料学院

先进复合材料

一、课程简介

北京理工大学高分子材料与工程专业是我国国防用含能复合材料研究中心，在国内同领域高校成立专业最早、涉及研究面最广、承担项目最多、应用于国防装备成果最为丰富。七十多年来，在四代含能复合材料人的带领下，形成了顶尖平台聚结、优质师资聚力、国家项目聚集、优秀行业校友聚拢的优势条件。

"先进复合材料"课程主要面向高分子材料与工程专业大三年级本科生。要求学生深入学习以高分子材料为基体的含能聚合物基复合材料、特种纤维增强聚合物基复合材料等先进复合材料的基础理论，了解高分子材料与相关复合材料的结构、性能相关关系，掌握先进复合材料性能特点、调控方法，具备分析本领域复杂工程问题的能力。

二、课程教学目标

价值目标：融合课程内容、专业特色和多维度教学方法，传播国防材料研究"爱其所爱，行其所行；不畏艰苦，勇于担当；潜心钻研，精益求精；献身国防，为国铸剑；坚定初心，无问西东"的科学精神与家国情怀，激扬学生奋发学习、献身国防的光荣感与使命感。

知识目标：能够针对先进复合材料复杂工程问题，就高分子基体的选择、聚合物基复合材料配方设计、性能调节等，设计解决方案，并能在设计中体现创新意识，关注工程伦理，考虑社会、经济、健康、安全、法律以及环境等因素。

能力目标：能够运用恰当的技术、资源、现代工程工具和信息技术工具针对先进复合材料各种复杂工程问题进行分析设计、计算预测和模拟仿真，并能够理解其局限性；能够根据研究型任务需求，组建或快速融入团队，并在团队中承担不同角色，与其他成员进行有效沟通、协调及开展工作。

三、课程思政教学设计

（一）课程思政理念

结合专业建设目标逐渐形成思政为基、理论立足、应用驱动、创新引领的"多元融合共进式"教学理念，以思政要素赋予课程情怀与灵魂，以理论学习为解决工程问题打下坚实基础，以工程应用驱动理论与实践的融合，以技术创新引领学生开展深入研究型学习。

（二）课程思政整体方案

围绕为国铸剑、以材报国，材料与社会、环境，科技哲学与辩证思维，科学精神，实践精神，奉献精神以及中华优秀传统文化等思政教学要点，精心设计 21 个将科学内容与思政育人紧密结合的重点教学案例。

突出专业特色，激扬家国情怀。结合专业特色，讲好含能材料人的创新故事，充分展现科研工作者为国铸剑、矢志不渝，解决工程问题，将研究写在试验场上的科研价值观。弘扬"爱其所爱，行其所行；不畏艰苦，勇于担当；潜心钻研，精益求精；献身国防，为国铸剑；坚定初心，无问西东"的含能材料精神及家国情怀，激扬学生奋发学习、献身国防的光荣使命感。

深挖内容特色，培育科学精神。挖掘科技发展史、科技哲学问题，深化工程伦理，培养科学精神，提高学生正确认识问题、分析问题和解决问题的能力。

发挥资源优势，提升教学质量。充分利用本学科 9 个国家、省部级科研与教学平台，开展项目式、研究式教学；充分发挥学科人才优势，国家级杰出人才，973 首席科学家，型号项目总师、副总师全程参与课程建设，丰富教学案例并对研究型学习给予指导；充分发挥优秀师资、校友、行业专家资源，通过专题讲座介绍行业前沿动态，追溯专业与行业发展历史，领略国家顶级研究团队与平台的风采，提升课程思政教学的生动性和质量。

　　课程专家讲座　　校史馆、武器馆学习　　课程辩论式学习　　老专家专业史讲座

发挥资源优势，开展浸入教学

（三）课程思政教学方法

在课程教学中，通过雨课堂、研讨教学、专家讲座、辩论教学、实验教学、校史馆参观，结合课程的专业史讲座、进展写作等多维度教学方法，显著提升了课程思政教学鲜活度和深度、学生兴趣及参与度、课堂教学质量和效果。

（四）课程思政教学示例

示例一：讲好中国故事，激发爱国情怀

先进复合材料是保障国家安全、支撑国防装备的重要组成成分，也是深受国外技术封锁、需要自力更生突破攻关的重要领域。结合国防用特种复合材料理论教学，讲好中国国防材料发展史，以国防用先进复合材料研究、应用攻关中的中国故事、北理工故事，讲述我国科学家在理论提出、材料创新、应用公关等方面的突出贡献，让学生深刻感受材料研究中创新、坚守、突破的重要价值和意义。

如在介绍到含能聚合物基复合材料及固体推进剂概述部分时，结合课程授课内容，讲述北京理工大学谭惠民教授于20世纪80年代在国际上首先提出采用共聚醚为黏合剂，研发具有中国特色的 NEPE 推进剂，综合性能优于使用 PEG 为黏合剂的美国同类推进剂，进一步通过联合攻关，将其工程化应用于我国导弹武器，成为国之利器的故事；教导学生热爱自己的专业，相信科学判断，大胆突破，结合高分子科学的基础理论开展技术创新，最终突破技术瓶颈，将成果应用于国防装备。

示例二：树立工程伦理意识，培养人文精神

带领学生结合实际应用分析复合材料性能及调控具体方案，深入理解材料研究与社会、健康、安全、环境的密切关系，促使学生养成结合实际需求分析材料研究优缺点，发现问题、解决问题的能力，树立工程伦理意识。如在介绍聚合物基碳纤维复合材料的优异性能的同时，分析碳纤维制作成本高、回收困难等问题，带领学生分析先进材料的性能优势及其存在的缺陷与问题，培养学生的问题意识，培养其科学探索精神。

示例三：探索未知，发现矛盾，培养辩证思维能力

结合国防用特种复合材料性能调控中存在的组成—性能调节矛盾、不同性能协调矛盾等问题的分析与思考，使学生掌握材料研究中矛盾的普遍性、特殊性、对立性，培养学生在科学研究过程中的辩证思维，提升运用矛盾分析法解决问题的能力。

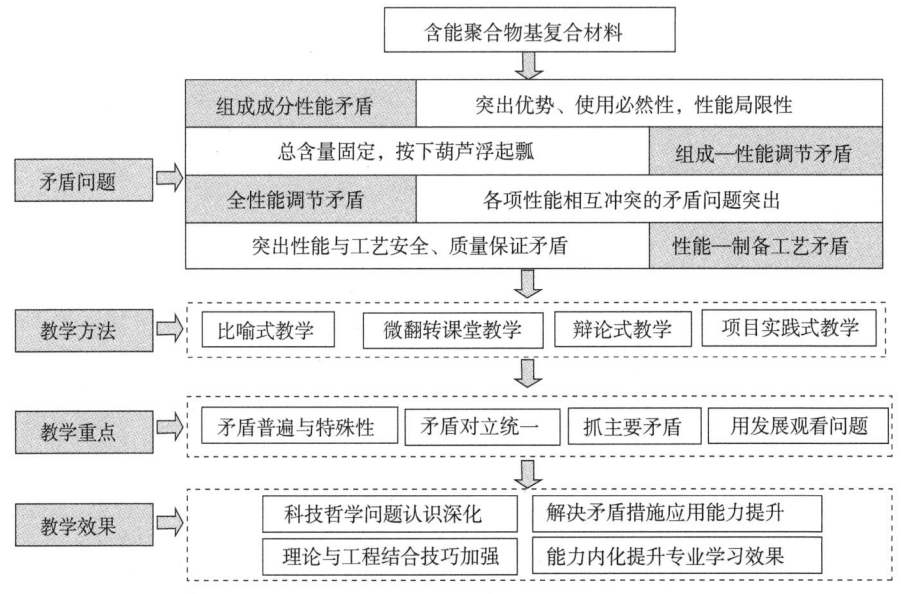

矛盾分析法在复合材料理论与思政教学中的应用

四、课程思政效果分析

本课程被评为学校首批课程思政示范课、首批研究型示范课程，2021 年被评为北京市优质本科课程。"先进复合材料"课程思政教学成果获得首届"全国高等院校化工类专业教师课程思政能力大赛"特等奖，主讲教师获得北京市高等学校教学名师（青年）。

"先进复合材料"课程近五年评教成绩均大于 95 分。参与"先进复合材料"课程的学生评价认为："本课程是自己本科学习期间参与课程中国防特色最浓、与学科特色联系最紧密、接触国内顶尖专家最多、行业前沿案例最丰富、对自己行业认识影响最大的一门课程。"受"先进复合材料"特色课程的引导及含能精神的熏陶，本专业本科生毕业读研从事国防科学研究，前往国防科研院所比例逐年升高，为国防紧缺行业培养了大量后备人才。

本课程充分融合学科前沿研究成果进展，充分借助一流教研平台支撑，充分发挥一流师资优势，充分利用行业专家与校友资源，采取多样化教学模式，实现了最优教学资源在课程思政教学中的高效利用，实现了最鲜活课程思政案例与教学内容的深度融合，实现了教师教学与科研的共赢、特色专业教育与广阔行业视野的共赢，打造了具有突出国防特色的课程思政示范模式。

授课教师：陈　煜　李晓萌　庞思平　金海波　陈　棋

开课单位：材料学院

仪 器 分 析

一、课程简介

"仪器分析"是面向化学、化工、医药、环境、材料、生命、能源化学工程等近化学类专业开设的重要的专业基础课程。分析化学是发展和应用各种理论、方法、仪器和策略以获取有关物质在相对时空内的组成和性质的信息的一门科学，又被称为分析科学。仪器分析是指采用比较复杂或特殊的仪器设备，通过测量物质的某些物理或物理化学性质的参数及其变化来获取物质的化学组成、成分含量及化学结构等信息的分析方法。本课程主要介绍光谱、电化学分析、色谱与毛细管电泳、质谱、核磁共振波谱及表面分析等分析方法。

二、课程教学目标

价值目标：培养实事求是的科学态度、严谨求实的科学作风，训练科学思维，树立科学的世界观与方法论。初步具备运用多学科背景知识自主发展设计方法、仪器和策略的能力，担负起未来科技报国的使命。

知识目标：了解分析化学发展趋势，系统掌握常用的仪器分析方法的基本原理、仪器的基本构造、实验技术、定性定量方法及其在生产与科学研究领域中的应用特点等基本理论知识。

能力目标：掌握分析化学科学研究方法。具备运用分析化学专业知识，选择、应用合适的分析方法或手段解决复杂实际问题的能力。具备自主发展建立和应用各种分析仪器、方法策略的能力。

三、课程思政教学设计

（一）课程思政理念

结合课程内容和特点，对学生开展爱国教育、理想信念教育、情感教育和责任教育，培养学生的家国情怀、国际视野、法治意识、生态意识、工程伦理、人文关怀等科学素养与人文素养，实现知识传递与价值塑造的统一。

（二）课程思政整体方案

通过深化课程目标、内容、结构、模式等方面的改革，把历史使命担当、家国情怀、专业文化自信、人格养成等思政要素与仪器分析课程内容有机融合。

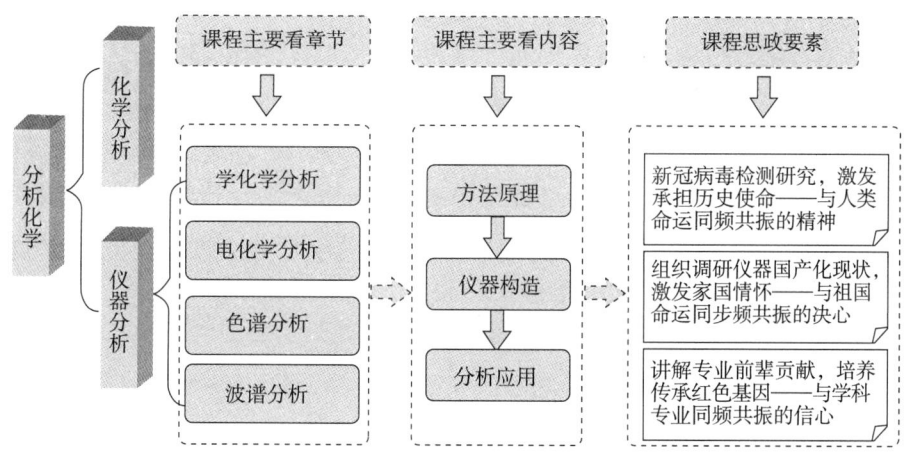

仪器分析课程思政方案图

（三）课程思政教学方法

积极推进研究型教学，采用 Project Based Teaching（PBT，项目化教学）和 Problem Based Learning（PBL，基于问题的学习）的方式组织教学，即由教师给出项目课题或学生提出问题，以学生为主体进行专题研究学习实践，最终要求学生完成（4个1）：写1篇调研报告，发明1种仪器分析方法或仪器策略，撰写1篇课程论文，搭建1个实验室。

（四）课程思政教学示例

示例一：实事求是，培养科学素养与职业规范

分析化学的重要任务之一是进行准确的"定量分析"，以山东某公司核酸检测数据造假问题为例，培养学生实事求是的科学态度、严谨的科学作风以及科学诚信素养，建立起认识物质世界的严格的"量"的概念。

示例二：祖国，我能为您做什么？——彰显专业使命，培养责任担当意识

以新冠病毒疫情病毒检测方法技术为例，结合光分析、电化学分析专业基础知识，引导同学们思考面对重大灾难危机，如何利用自己的专业特长为祖国和人类做出自己的贡献，承担历史使命。为此特别设计了"祖国，我能为您做点什么？"的选题，要求学生就新冠病毒（2019 – nCoV）的检测、防护及新冠肺炎的诊断、治疗等 topic（主题）提出自己的策略、方法、仪器、材料，完成一篇与祖国、与人类命运同频共振的课程研究论文。这个策划倡议得到同学们的积极响应，大家从检测、防护等多方面提交了以自然科学基金申报书为模板的严谨的项目论证报告。在这一过程中，同学们不仅接受了正规严谨的专业训练，而且深刻感受到了专业使命。

姓名	学号	申报题目
贾蒙	1120170139	疫苗研发新方案
余凡尘	1120173090	基于抗病毒 RNA 传感器 SAFA 的新冠肺炎免疫治疗的开发及应用
刘飞冉	1120170889	基于血液/血清中蛋白及蛋白酶含量的新型冠状病毒普适性检测方法
王云朋	1120170937	基于解旋酶抑制剂的新型冠状病毒治疗方法
吴逊	1120170512	基于新冠病毒的 N 蛋白与 S 蛋白的检测手段
肖武扬	1120171604	诊断新型冠状病毒肺炎的方法简析与建议

部分本科生抗击新冠疫情课题汇总

姓名	学号	申报题目
刘雨欣	11120162734	关于新冠肺炎病毒 SARS-CoV2 的新型检测方法和药物开发
刘明樵	1120171250	一种基于新冠病毒 N 蛋白的酶联免疫吸附检测试剂盒的研究
许航宇	1120170691	新冠病毒的便捷检测呼气检测病毒的状态
李文之	1120172300	单向透湿性薄膜材料应用于医用防护服的研究
李定奇	1120173737	面向新冠病毒防护的 KN95 口罩一次性医用口罩清洁机
柳海博	1120170138	新冠肺炎病毒的检测
李丽	1120170113	从唾液中快速检测新冠病毒
张春雷	1120173083	基于功能化 X-PDA 纳米传感器的新型冠状病毒（SARS-CoV2）快速检测方法

部分本科生抗击新冠疫情课题汇总（续）

示例三：实践调研，培养国际视野，激发家国情怀

授课内容：仪器分析，高端仪器国产化现状调研。

以科技部"重大科学仪器设备开发"重点专项为背景，组织同学们参加了在北京召开的两年一届的全球分析仪器展览会 BCEIA，并走访相关企业，就光谱、色谱、质谱及其联用技术等仪器设备中的某一类，从仪器工作原理、分析应用及相关仪器厂家产品性能三个方面，开展国内外调研，汇总资料，撰写十四类仪器的调研报告、采购建议和感悟体会。

序号	题目	小组成员
1	核磁共振波谱仪调研报告	彭孝势，辛灵，许世英
2	X 射线衍射仪调研报告	段误凡，唐泽思，张超松
3	表面分析仪器调研报告	安智洋，常沐奇，卢云帆
4	质谱仪调研报告	袁俪非，龚云厢，郭思璇，王湛皓
5	电位分析调查报告	付吕员宇，术台乃甫，阿扎玛提
6	色谱仪调研报告	王俊权，卢彦任，刘嘉涵
7	分子质谱仪调研报告	萧靖况，胡迪森，张陈阳
8	毛细管电泳仪调研报告	朱家杰，周武，王浩，曹原
9	伏安与极谱调研报告	装尚坤，李旭奎，张洲
10	微库仑分析法调研	黎嘉辉，陈瑜，毛彦龙
11	原子发射光谱仪调研	马咸琐，邹德睿，李显
12	原子吸收仪器调研报告	冷朝阳，刘一鸣，张圆浩
13	原子质谱仪调查报告	肖伟佳，周子越，孟繁荣
14	紫外可见分光光度计调研	李思语，朱萌萌，钟铭蕊

部学生调研报告汇总

课程思政理论与教学研究
——聚焦北京理工大学课程思政建设

实践调研使学生了解了我国科学仪器设备的自主创新能力、装备水平和国家战略需求，了解到我国高端科学仪器现状——多种科学仪器基本被国外厂商垄断，核磁波谱仪国产仅 0.99%，液质联用仪国产占 1.19%，X 射线衍射仪国产 1.32%······某些类型的仪器国内厂商市场占有率甚至趋近于零。同学们深刻认识到科学仪器设备是科学研究和技术创新的基石，是一个国家民族经济、社会发展和国防安全的重要保障，这激发了他们奋发努力学习、自主研发中国高端科学仪器的志向与情怀。

示例四：学习榜样，培养专业自信

色谱分析知识讲授。结合校史、学科史、专业发展史，以我们专业老前辈傅若农先生在色谱领域的突出贡献及其在我国色谱界的影响为例，弘扬老一辈科学家的精神，激发学习动力，培养专业自信。化学化工是北京理工大学前身——延安自然科学院建院的四个系之一，建系之初就以抗战救国、服务边区生产为己任，马兰造纸、TNT 炸药有力支援了抗战。80 年来，化学化工专业一路成长壮大，培养了包括 5 位院士、多名党和国家领导人、知名企业家在内的近万名优秀学子，化学学科 ESI 排名全球 0.108 4%，为国家 A 类学科。傅若农教授是我国老一辈色谱研究专家，见证了我国气相色谱研究的发展，为我国培养了众多色谱研究人才。同时作为中国色谱界的知名专家，傅先生用毕生所学，帮助了一批国产色谱企业健康快速发展。傅先生亲笔记录了他在分析化学领域的生活经历，以连载形式发布于仪器论坛。我们带领同学们一起学习《我的自述——傅若农》《傅若农：步入分析化学的蹉跎岁月》《从国产气相产品看国内气相发展脉络及现状》等系列连载文章和色谱分析专著。同学们感动于老一辈科学家以国家之务为己任的精神，纷纷表示"学习到了科学家的科学态度、科学精神和科学世界观，同时意识到仪器分析方法、仪器的发明并不是遥不可及，激发了学习的动力"。

示例五：真知力行，提升解决实际问题的能力

授课内容：光谱、色谱、质谱、核磁等。结合仪器分析课程特点，要求学生依据某具体要求，搭建一个分析测试实验室（光谱、色谱、质谱、核磁、表明分析等任选一类），提交采购建议报告。学生在对国内外同类仪器设备结构性能等调研对比分析过程中，一方面加深了对方法本身的理解，同时了解

了国内外现状，培养了运用知识解决问题的能力。同时开设仪器设备搭建组装实验，培养了学生运用多学科知识自主创新研发仪器的能力。

四、课程思政效果分析

课程思政的实施有力地促进了知识能力培养与价值塑造的融合，使学生们掌握了知识技能，升华了专业情感，激发了家国情怀。

承担历史使命——与人类命运同频共振：基于新冠疫情病毒检测与防护相关项目的研究型学习，激发了学生承担历史使命——与人类命运同频共振的精神。

激发家国情怀——与国家发展同频共振：组织学生参加国际会议，调研仪器国产化现状，极大地激发了同学们奋发努力学习、科技报国的家国情怀。

传承红色基因——与学科专业同频共振：通过在色谱分析部分，特别讲解专业前辈的贡献，坚定了专业自信，培养了学生传承红色基因——与学科专业同频共振的信心。

学生在实验报告中对课程发表了感言："当我最后一次把所有器材刷净归位，将伴随我整个课程的瓶瓶罐罐收入柜子中时，我的心中却意想不到地有些不舍。说实话，一开始我是不喜欢分析实验的，我认为实验本应自由些，没有那么多规矩约束。但随着实验次数的增多，我似乎逐渐着迷于严谨

> "当我最后一次把所有器材刷净归位，将伴随我整个课程的瓶瓶罐罐收入柜子中时，我的心中却意想不到地有些不舍。说实话，一开始我是不喜欢分析实验的，我认为实验本应自由些，没有那么多规矩约束。但随着实验次数的增多，我似乎逐渐着迷于严谨有序地处理样品、分析数据。站在实验台前，一切事物都在我的掌握下，这给我带来前所未有的满足与自信。在实验课上，我第一次拥有了属于自己的一整套器材，我也习惯了花费整个下午去得到一个满意的结果，明明没有午休，头脑却格外清醒。的确，学习化学是心之所向，但也正因为这份热爱，才应更严肃认真地对待，用每一步规范的操作表达内心的敬意。
> 或许以后我不会专攻分析化学，但这份精神，会伴随我整个生涯。"

学生课后职业规范感言

有序地处理样品、分析数据……用每一步规范的操作表达内心的敬意。或许以后我不会专攻分析化学，但这份精神，会伴随我整个生涯。"

授课教师：张小玲　曹　洁　王蔚芝　敬　静

开课单位：化学与化工学院

反应工程基础

一、课程简介

"反应工程基础"是化工专业的核心课程,是化工类专业中仅有的几门讲授质变过程原理的课程之一,综合性、理论性都很强。综合性体现在课程内容涉及物理化学、化工原理、化工热力学、传递过程原理、数学等方面的知识,理论性则表现在对反应、传递和混合过程的宏观及微观行为的模型化描述。本课程的目的是通过反应工程课程的学习,使学生掌握反应器设计的基础理论、研究方法、研究思路和反应器操作的基本方法,同时了解反应工程最新进展及发展方向。

本课程的授课内容以传授基础理论和对具有代表性的反应过程的工程分析为重点。课程内容既要注重体现反应工程的理论性和系统性,又要结合本科生的实际水平和应达到的知识层次,适当地引申学科发展方向上新的增长点。基础理论对反应动力学、理想反应器要做全面细致的介绍,具有代表性的反应过程选取均相反应和气固相催化反应等具有代表性的反应过程,并通过反应器的流动模型确定建立在理想反应器基础之上的真实反应器模型。

二、课程教学目标

价值目标:引导学生将个人发展与社会发展、国家发展结合起来,激发学生科技报国的爱国主义精神和学以致用、服务社会的敬业精神;培养学生的社会责任感和使命感;培养学生具有严谨求实、努力钻研、追求卓越的科研精神；培养学生分析问题及解决问题的能力；培养学生精益求精的大国工匠精神。

知识目标：①掌握化学反应工程基础知识，能够对化学工程相关产品的生产与应用过程中所涉及的反应器进行理解、分析、设计与优化，能够对所涉及的反应器问题进行识别和表述，并获得有效结论；②针对化学工程相关产品的生产与应用过程，设计、开发和选择适用于该过程的反应器；③做好反应器的实验设计、数据采集、数据分析与解释，并得出有效结论；④熟悉化工领域相关工程分析软件、文献检索的使用方法及其适用范围，能够针对化工行业相关问题，选择和使用适宜的工程分析工具进行数据处理，对结果进行分析解释。

能力目标：培养反应器设计与开发能力、分析和解决复杂化学反应工程问题的能力。能够高效实现反应工程课程与数学等基础课程与化工原理、物理化学及催化等专业基础和专业课程，以及与化工生产实践的综合。

三、课程思政教学设计

（一）课程思政理念

"反应工程基础"课程传承北京理工大学"延安根、军工魂"红色基因，以学生为中心，将演绎式和案例式教学相结合，教学与科研紧密融合，德育与智育相结合，学生远大理想与脚踏实地相协调，学生成长成才与国家发展相一致，落实立德树人根本任务。

（二）课程思政整体方案

通过讲授化学反应工程的发展史、科学家的故事、科技报国的事例、服务国防的事例、工业化反应器实例等，培养学以致用服务社会的敬业精神、科技创新精神，增强学生的科技强国意识。

通过学科前沿、热点问题回应、国内外技术比较等教学内容，引导学生将个人发展与社会发展、国家发展相结合，定位人生价值。

通过讲授停留时间分布的测定、内外扩散对催化反应的影响，培养学生严谨求实、追求卓越的科研精神，激发学生的专业志趣和强烈的职业使命感。

（三）课程思政教学方法

演绎式与案例式教学方法相结合。通过学科发展史、专业发展史、国防科技发展史相结合，采用视频动画、问题导向等具体教学方法，将思政元素潜移默化、润物无声地融入教育教学的全过程，实现学生远大理想与脚踏实地相协调、学生前途与国家发展相一致、知识讲授和思想引领相统一的课程教学目标。

（四）课程思政教学示例

示例一：弘扬科学家胸怀祖国、敢为人先的精神

讲述老一辈化工领域专家如吴蕴初、闵恩泽、郭慕孙、陈家镛等中国近代化工专家的光辉事迹，弘扬胸怀祖国、敢为人先的科学家精神。如著名的化工实业家、中国氯碱工业的创始人吴蕴初，在中国创办了第一个味精厂、氯碱厂、耐酸陶器厂和生产合成氨与硝酸的工厂。通过讲述他的故事，学习吴蕴初先生刻苦钻研、不断进取、自学成才的精神，独立自主、力克艰辛、发展民族工业的爱国主义精神，重视科学技术、积极培养人才的孺子牛精神。

老一辈化工专家胸怀祖国

示例二：弘扬严谨求实、追求卓越的科学精神

通过创新应用实例讲解教学知识模块，将思政元素润物无声地引入教学中，激发学生的专业志趣，引导学生将个人发展与社会发展、国家发展结合

起来；引导学生树立追求卓越、努力钻研的科研精神，激发学生技术报国的爱国主义精神和学以致用服务社会的敬业精神。

授课内容一：通过流化床反应器的创新应用，实现碳纳米管的工业化低成本批量化连续生产（视频），使碳纳米管的价格下降99.9%，是"现代版的点石成金"；讲述硝基苯加氢制苯胺流化床反应器工业化应用实例，穿插引入清华大学魏飞团队的研究事迹，引领学生树立自主创新意识。

授课内容二：介绍平推流反应器工业化创新应用实例，微反应器不仅可以军用，合成火炸药，还可民用，在受混合限制的烟酸催化环己酮肟重排反应（己内酰胺生产关键步骤，视频）和受传递限制的原料药合成过程中连续加氢、氧化等反应，均显著降低反应时间、快速热移除，减少了副产物含量，提高了生产效率和安全性。穿插引入清华大学骆广生团队的研究事迹。

授课内容三：介绍平推流反应器工业化创新应用实例：旋转填充床利用比重力（$g=9.8 \text{ m/s}^2$）大得多的离心力（$100 \sim 1\,000g$）来模拟超重力，极大强化相间混合和传质（视频），应用于MDI工段产能提高56%，同时降低能耗和杂质含量，此外还可应用于合成纳米碳酸钙、脱硫以及二氧化碳捕集，装置在中石化、中石油和中海油应用近百台/套，培养学生精益求精的工匠精神。

授课内容四：结合前沿热点，讲授流化床反应器（硝基苯加氢苯胺）、浆态床反应器（生物催化处理废水）、静态混合器（对叔丁基甲苯的合成）、超重力反应器等工业化应用实例，对比国内外差距，向学生强调创新对社会的价值贡献，激发学生追求技术报国的志向。

示例三：弘扬科学精神，创科技强国，增强民族自信

讲授甲醇制烯烃反应动力学数据测定、模型建立、工业化应用实例，大连化物所国际领先的煤制甲醇制烯烃技术，同时对比德国鲁奇技术的"水土不服"，增强民族自信心和自豪感，引导学生技术报国、科技强国的爱国主义精神。

示例四：家国情怀

通过介绍间歇釜式反应器存在的问题，引入平推流反应器的优势。结合北京理工大学的国防军工背景，在讲授釜式反应器过程中，介绍釜式反应器应用于火炸药生产及火炸药合成反应器由间歇釜式反应器到新型微反应器的

大连化物所国际领先的煤制甲醇制烯烃技术

发展，推动我国炸药合成技术的快速发展，以及北京理工大学火炸药科学家的研究事迹，引导学生坚定专业自信，将所学知识服务于国家需要、民族发展和国防建设。

4 平推流反应器的应用

◆ 微反应器火炸药合成

1952年，北京理工大学被确定为新中国第一所国防工业院校。至今，北理工称为新中国火炸药人才培养的摇篮，孕育了火炸药领域的"国家队"

1975年，陈博仁研制出7507新型高能炸药，获全国优秀科技工作者称号，同时也是全国五一劳动奖章获得者

1978年，徐更光研制"海萨尔PW30高威力炸药"，这种领先世界的新型炸药成为中国独门秘笈，为北京理工大学赢得"国家科技进步一等奖"，成为中国炸药的一代巅峰之作

20世纪70年代末，于光忠教授总结国内外数十年研究成果基础上，独具慧眼地提出多硝基笼彤化合物的高能炸药研究方向，并在1994年成功合成新型高能炸药CL-20。后续经欧育湘、赵信岐、庞思平等几代专家呕心沥血，最终实现CL-20工程化，斩获2015年度国防科技进步特等奖

 实验室蒸馏瓶 → 工业化反应釜  → 新型微反应器   炸药合成反应器更新换代！

火炸药合成反应器的发展历程

四、课程思政效果分析

通过近三年来课程思政引入反应工程专业课中，采用案例分析、动画视

课程思政理论与教学研究
——聚焦北京理工大学课程思政建设

频、问题导向、科学家研究经历等教学方法,将思想政治教育潜移默化、润物无声地融入教育教学的全过程,让学生在学习专业知识的同时感受知识的温度,引发学生对专业课程更深层次的思考和感悟,使学生深刻体会到,拥有先进的科学技术,对国家在日益激烈的国际竞争中占得先机至关重要,培养了学生强烈的社会责任感和使命感,有效发挥了专业课的育人功能。

授课教师:吴　芹　桑　乐

开课单位:化学与化工学院

免 疫 学

一、课程简介

免疫学是生物医药研究领域中学科交叉最广、发展速度最快、创新性最高的学科之一。作为生物技术、生物工程等生物专业的必修课，免疫学课程立足国家"大健康"时代战略，瞄准高等教育改革中"新工科"与"新医科"的融合创新需求，结合免疫学学科发展前沿及临床和科研应用实例展开，重点介绍免疫系统的基本功能、免疫器官、免疫细胞及分子、免疫应答原理、免疫相关疾病的基本发病机理、免疫学实验技术等知识。在培养学生基础理论知识与实际应用能力的同时，塑造学生的价值观、人生观，培养其树立"有理想、有本领、有担当"的远大目标。

二、课程教学目标

价值目标：以立德树人为根本任务，瞄准"新工科"与"新医科"的融合创新需求，倡导挑战创新、坚韧不拔、严谨求实的科学家精神；弘扬学以致用、攻坚克难的科学精神；培养辩证思维，树立问题意识；培养团队协作能力，在实践中学真知、悟真谛，勇于探索，以此培养掌握充足的专业技能和过硬的业务本领的时代新人。

知识目标：扎实掌握免疫学基本理论、基本研究方法和免疫学相关实验技术的基本原理；能运用免疫学基本理论分析、解释人体免疫学现象。

能力目标：培养学生具备运用免疫学基本理论和知识解释生物体内基本

免疫学现象的能力，具备将免疫学基本理论和技术与其他生物学专业相结合、交叉运用的能力。锻炼学生应用免疫学理论和方法对科学问题进行分析、评价及创造的理论能力以及解决实际科研问题或临床问题的实践能力。

三、课程思政教学设计

（一）课程思政理念

作为一门与生命科学研究和医学临床均高度相关的桥梁课程，本课程聚焦生物学相关专业本科生培养目标，以科研为主线，以知识应用为主要教学手段，开展线上线下混合式教学，着力体现科研引领作用。将线上科研文献阅读、线上科研热点教学、线上免疫学实验技术演示，与线下科研案例讨论及线下小组科研设计方案等相结合，培养新工科与新医科融合创新性人才。

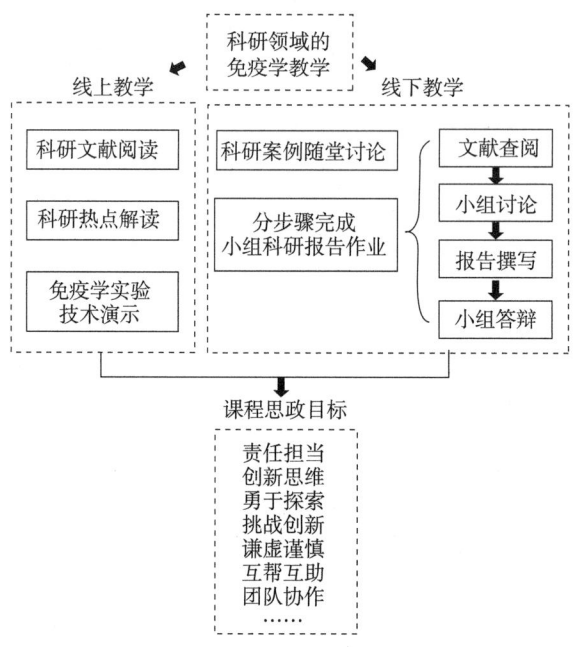

免疫学课程的科研引领特色

（二）课程思政整体方案

本课程以解决肿瘤、新型冠状病毒肺炎等重大医学问题作为科研实践切入点，结合科学研究历史、科研文献阅读、科研案例讨论、科研报告撰写，在充分了解我国免疫学发展历史，掌握免疫学核心问题的基础上，将价值观教育"如盐在肴"融入课程学习中。

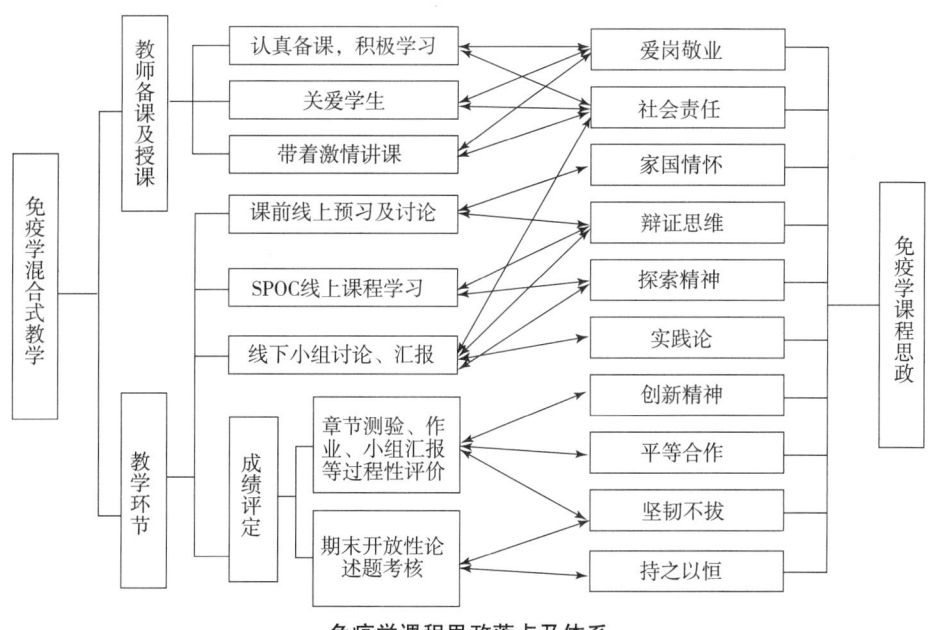

免疫学课程思政落点及体系

（三）课程思政教学方法

以课程内容讲授及小组科研作业为两个关键点，依托历史故事、学术榜样、社会时事、行业现状、前沿发展等具体载体开展课程思政建设。

课程思政建设

章节	理论知识点	思政案例或素材	思政元素
免疫学概论	免疫学发展历史	获诺贝尔奖的免疫学家的奋斗故事	鼓励学生努力实现个人价值，学习科学家淡泊名利、追求真理等优秀品质

续表

章节	理论知识点	思政案例或素材	思政元素
免疫学概论	免疫学与人类健康的关系	结合社会热点（如2020年"抗击新冠肺炎疫情"）开展线上话题讨论，引导学生思考作为生物专业的学子，如何利用专业知识造福社会	启发学生将个人所学及未来发展与国家繁荣发展相结合，激发其为国家、为民族积极贡献的热情和动力
免疫器官和组织	中枢免疫器官与外周免疫器官的不同功能和特点	将免疫器官形象比喻为边防军营、后方军营、军事院校等各种机构，引导学生思考各行各业都各司其职、尽职尽责对于国家安定的重要性	通过将专业知识与家国情怀相联系，培养学生的大局意识和社会责任感
抗体	免疫球蛋白	引导学生针对临床治疗使用免疫球蛋白制剂进行利弊分析	培养辩证思维和科学实证精神
抗体	抗体工程	介绍基因工程新型抗体药物的研发进展	培养学生对生物学知识的综合应用、探索创新精神
补体系统	补体的特性及功能	介绍发现"补体"的科学故事，并联系实际科研工作介绍补体的功能和特性	引导学生在日常学习中勤学、修德、明辨、笃实，并培养自由平等、严谨规范、坚持不懈的科学研究精神
细胞因子	细胞因子的功能和特点	系统介绍细胞因子工作网络的生物学特点	引导学生思考协同合作的重要意义
白细胞分化抗原和黏附分子	CD、黏附分子、白细胞分化抗原的概念	分析比较本章节中若干抽象概念的异同及相互关系	帮助学生养成严谨、细心的学习习惯和工作态度
主要组织相容性复合体及其编码分子	HLA与临床	介绍HLA与疾病、亲子鉴定的研究并开展相关讨论	启发学生交叉使用多科学知识，举一反三、大胆创新

续表

章节	理论知识点	思政案例或素材	思政元素
固有免疫系统及其介导的免疫应答	各种固有免疫细胞的功能、异同及相互关系	小组为单位的角色扮演互动展示,加深理解各种固有免疫细胞的功能特性	培养学生换位思考、团队协作的处事态度与能力
T淋巴细胞及其介导的细胞免疫应答	T淋巴细胞的功能	讨论T淋巴细胞功能测定等实验技术及科研应用	培养学生学以致用、严谨求实的科研思维习惯
B淋巴细胞及其介导的体液免疫应答	BCR基因结构及重排机制	以问答互动等方式详细介绍BCR的基因结构及复杂与精妙的重排机制	强化学生敬畏生命、热爱生命的情怀
	体液免疫应答机制	介绍体液免疫相关研究进展,开拓视野	引导学生养成善于提出问题、勇于解决问题的科研思维习惯
免疫耐受与免疫调节	免疫耐受的机制	介绍免疫耐受机制的科学研究过程	培养学生的科学思维及逻辑推导能力
	免疫分子与细胞的免疫调节作用	介绍2018年诺贝尔生理学及医学奖——"免疫检查点"的相关原理	启发学生思考如何将相关成果应用于解决实际的临床、科研问题,培养学生的社会责任感
免疫相关疾病(抗感染免疫、超敏反应、自身免疫病、免疫缺陷病、肿瘤免疫)	抗病毒免疫	以新型冠状病毒肺炎的治疗及疫苗开发为例,详细介绍研究前沿,并引导学生开展相关讨论	培养学生的大局意识和社会责任感;培养学生学以致用、勇于探索、挑战创新等科学精神
	免疫相关疾病的发病机制及治疗思路	以小组为单位完成"针对某种免疫相关疾病的分子治疗方法(超敏反应、自身免疫病、新型冠状肺炎等感染性疾病、肿瘤、免疫缺陷病五选一)"的科研设计方案	从文献阅读、分析、讨论、撰写等多个环节培养学生的多学科知识综合应用能力、科学论文阅读及写作能力、小组协作精神、探索创新精神

（四）课程思政教学示例

以项目小组为单位，围绕某个自选的临床疾病主题逐步开展文献调研、科研方案讨论，形成完整的科研设计论文，整个过程历时近两个月，在完成小组作业的过程中，以科学家视角尝试应用学习过的免疫学等专业知识解决实际的重大医学问题。课程结束时安排小组汇报及组间提问和讨论。这一模式加深了学生对重点内容的理解，激发了学习自驱力，提高了深入思考、反复辩诘、大胆求证、解决问题的能力，也锻炼了团队协作攻关的能力。

四、课程思政效果分析

免疫学课程教学采用线上线下相结合的混合式教学模式，以科研为主线，通过科研文献阅读、生物医学热点问题解读、课堂小组讨论、小组科研报告撰写及答辩等多种形式开展教学活动，助力学生深入掌握免疫学理论知识的同时，践行"立德树人"的教育宗旨，努力实现从知识传授、能力培养、价值塑造等多角度全方位育人目标，并获得初步成效。结合问卷调查，绝大多数同学反映，免疫学课堂对于构建知识网络、增强职业使命感、培养"学以致用、挑战创新"的科学素养有非常大的影响。

授课教师：王　睿　李玉娟　董　磊

开课单位：生命学院

数字信号处理

一、课程简介

数字信号处理是面向生物医学工程专业本科三年级学生开设的一门专业必修课，内容也适合于信息与电子类各专业，着重讲授数字信号的表示、离散傅里叶变换与信号频域分析、数字滤波器设计的理论和方法，培养学生进行数字信号分析和数字滤波器设计的能力。通过学习本课程，学生不仅要掌握数字信号处理的基本原理，还为学习"医学成像原理与图像处理""生物医学信号检测与处理""核磁共振成像技术""脑功能分析技术"等后续课程提供必要的理论知识，为学生未来开展与信号处理相关的科学研究奠定良好的理论基础。

二、课程教学目标

价值目标：适应目前信息时代对生物医学信号进行自动智能分析和辨识的需求，建立观察事物的学术洞察力，激发学术内驱力，养成严谨求实、举一反三、大胆创新的科学思维，帮助学生树立远大理想和民族自信，把爱国情、强国志、报国行充分践行到"健康中国"的追梦征程中。

知识目标：理解数字信号处理的基本理论和方法，包括理解数字信号的表示方法、时域和频域采样定理；掌握离散傅里叶变换的定义和主要性质，掌握线性卷积与圆周卷积的关系及快速卷积法；理解FFT减小运算量的途径及基2-FFT的原理、特点，并且掌握蝶形运算流图的画法；掌握数字滤波器的概念、IIR 及 FIR 数字滤波器的经典设计方法。

能力目标：能针对工程技术指标需求提出相应的数字系统参数灵活选择方案和性能因素评估的能力，具有进行信号频域分析、数字滤波器设计和性能评估的能力；能用信号建模方式描述信号处理问题，能利用相关软件对信号进行仿真分析和处理获得有价值的结论，形成数字系统设计分析的思维模式。

三、课程思政教学设计

（一）课程思政理念

提炼"数字信号处理"的文化基因、价值范式和思政元素，在专业知识内容中传递科学精神、学术思维和工程理念的同时，渗透浸润家国情怀、理想信念、责任担当、辩证思维、科学素养、工程伦理、政策法规及创新意识等，促进专业课教学和思政教育的深度融合，使他们认识到数字信号处理的施展空间"小到血管内，大到宇宙间"，亦是大国科技实力的主战场。

（二）课程思政整体方案

以军事、医学、天文等领域的数字信号处理实例和学科发展史、信号处理发展史、产业发展政策与事件等为载体，融入"创新、协调、绿色、开放、共享"新发展理念，以"聚焦解决问题"为核心，建立"激活旧知—示证新知—尝试应用—融会贯通"的授课主旨，将教学重难点内容置于循序渐进的实际问题情境中来完成。从案例到教学再到理论延展，体现课程高阶性和挑战性，提升学生推理思辨、求真探索、内化应用、融会贯通的能力。

（三）课程思政教学方法

基于当代国际著名教育技术理论家和教育心理学家梅里尔教授提出的"首要教学原理"（First Principles of Instruction，也称五星教学理论）和"BOPPPS 有效教学结构"进行设计，以案例教学、问题主导等方式，构建"聚焦问题引起兴趣—复习前期知识—实例启发思考—新算法推导—归纳总结—分析案例—算法延展—回扣到教学目标知识点—后测与总结"教学设计环节，帮助学生理解"学了数字信号处理能做什么"及理解本课程的内涵和外延，展示数字信号处理技术蓬勃发展的生命力和广阔的应用天地，尤其是给生物医学工程领域带来的革命性的变化。

（四）课程思政教学示例

示例一：华为与苹果的"房颤检测"之争

如何高效准确地在广大人群中筛查房颤患者，是全球范围内的医学难题。

华为与苹果的技术竞争不仅在 5G 和处理器芯片，也延伸到了医疗领域，2019 年 3 月在新奥尔良举办的第 68 届美国心脏病学会科学年会（ACC 2019）上，苹果心脏研究（The Apple Heart Study）被公布。该研究基于光电容积描记（PPG）技术和手机 APP、智能手环，结果显示，在程序提示为不规则心律预警的事件中，房颤的阳性预测值达到 71%。2019 年 9 月 2 日，解放军总医院心血管内科陈韵岱教授、郭豫涛教授登上全球规模最大心脏病学术会议——欧洲心脏病学会议的讲台，发布基于光电容积描记（PPG）技术筛查房颤研究（HUAWEI Heart Study 系列研究之 MAFA II 研究），论文同期发表在心血管领域权威期刊《美国心脏病学会杂志》上。这是一项与华为公司合作的研究，在 187 912 个应用华为智能手环的人群中，筛查出 262 例"疑似房颤"患者，经医疗机构检查确诊 227 例房颤患者，阳性预测值（准确率）达 91.6%，此外有 95.1% 的患者确诊房颤后获得房颤整合管理，80% 房颤高危人群获得抗凝管理。两个顶级企业与顶级学术团队的合作成果，通过顶级会议和顶级期刊发布，代表了世界一流水准，高手过招，两个团队成果的指标对照，华为完胜，证明我国科技实力和医学技术近年飞速发展的硕果，正在推进智慧医疗产业和"健康中国 2030"实现。利用本课程学习的离散傅里叶变换可从 PPG 信号中计算实时的心率值，本案例也代表了典型的数字信号处理系统的一般流程，通过这个案例看到数字信号处理算法是其中的制胜关键，学好这门课未来可以服务于医学临床需求和国家战略。

示例二：基于数字信号处理的色散抑制——从血管内 OCT 到脉冲星搜索

OCT（Optical Coherence Tomography）光学干涉断层成像系统，是一种高分辨率的影像学技术，它利用近红外光探查生物组织微米级结构。OCT 的成

课程思政理论与教学研究
——聚焦北京理工大学课程思政建设

华为与苹果的"房颤检测"之争

像过程也是信号的采集、传输、处理过程,其中成像用到离散傅里叶变换(本课程的重点内容),目前国内第一台国产内窥 OCT 已在临床投入使用。课上播放用手指夹持内窥 OCT 探头,呈现手指皮下结构的视频,让学生直观感受到 OCT 的用途以及离散傅里叶变换速度对使用体验的影响。简要描述 OCT 色散抑制算法原理,利用已知厚度的硒化锌薄板进行色散消除效果验证,因为只有已知结构才可以验证算法的可行性和科学性,并与其他算法对比效果。进一步对洋葱 OCT 成像色散抑制进行实证,再用人体冠脉 OCT 展示抑制色散前后的对照,可使组织结构变得更加清晰。对照不同算法结果,借此展示科学研究的常用思路,如何去证明新算法的可行性。

利用数字信号处理抑制色散的思路,不仅应用在血管内成像上,也可以用于"扫描巡天"中。不同的脉冲星发出的信号经过的星际介质不尽相同,所以不同脉冲星受到的色散效应也千差万别。对于未知的脉冲星,我们并不能事先知道它受到星际介质的影响能有多大,天文学家对同一段数据,用多个不同时延量分别进行消色散,再对数据进行傅里叶变换,对比结果获得最好的参数。离散傅里叶变换及其快速算法正是本课程的重要知识点。

脉冲星探测也是国际射电天文学界群雄逐鹿的赛场。"中国天眼" FAST 望远镜是由中国科学院国家天文台主导建设,具有我国自主知识产权、世界最大单口径、最灵敏的射电望远镜。综合性能是著名的射电望远镜阿雷西博的 10 倍,可谓"国之重器"。南仁东是我国著名天文学家、中国科学院国家天文台研究员、FAST 工程总工程师兼首席科学家,也是 FAST 工程的发起者和奠基人。南仁东老师用了 20 年带领老中青三代科研工作者团队在贵州的大山里克服无数艰难险阻建成 FAST，然而就在 FAST 望远镜即将迎来初光一周年之际，他却因肺癌晚期病情恶化去世。实际上就在南老去世前 5 天的 9 月 10 日，澳大利亚帕克斯望远镜在验证观测中，确认了 FAST 望远镜在 8 月 22 日发现的一颗脉冲星候选体——这是 FAST 望远镜确认发现的第一颗新脉冲星。此后，"中国天眼"在短短两年内发现 132 颗优质的脉冲星候选体，其中有 93 颗已被确认为新发现的脉冲星，超过同期欧美脉冲星搜索团队发现的数量总和。

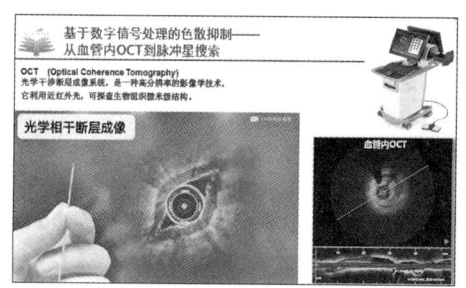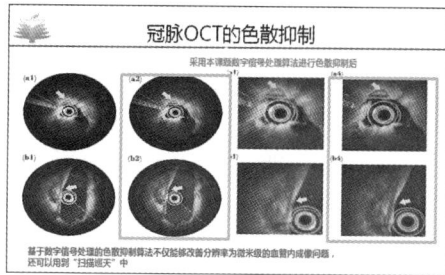

从血管内 OCT 到脉冲星搜索

四、课程思政效果分析

数字信号处理课的课程思政已经实施了四轮教学循环，从教学效果看，课程思政充分体现了专业课的育人价值，让学生在学习专业知识的同时感受到知识的温度和感召力，引发更深层次的思考和感悟，形成专业知识和价值观、哲学观的良性互动和循环。同学感言："作为一名医工人，数字信号处理课程让我们比一般人更明白科技可以为'健康中国'带来的能量。""傅里叶是信号处理领域 yyds……让我们感受到了科学的美感和知识的力量。"课程思政的内容虽然不是数字信号处理课程的知识考核点，却是打开学生学术生涯、引发学习兴趣的一块敲门砖，吸引学生投身学术领域，树德立观。

授课教师：辛　怡　陶　然

开课单位：生命学院

工科数学分析

一、课程简介

"工科数学分析"课程是高等学校工科专业学生的核心基础课程,主要面向机械电子工程、智能制造与智能车辆、机械工程、电子科学与技术、电子信息、自动化、数据科学与大数据技术、法学—人工智能、信息科学技术等专业的学生。

"工科数学分析"课程以微积分理论为主线,在天文学、物理学、化学、生物学、工程学、经济学等自然科学、应用数学及社会科学中有越来越广泛的应用。该课程内容丰富,主要包括函数、极限、连续、导数、微分、定积分、不定积分、常微分方程、向量代数和空间解析几何、重积分、曲线积分与曲面积分和级数等方面的基本概念、基本理论和基本方法,这为后续课程及进一步获取数学知识奠定必要的数学基础。

学习"工科数学分析"课程,有利于学生领悟到一些重要的基本运算方法。除此之外,围绕微积分基本理论,考虑到工科学生的学习和应用背景,课程的例题、习题等选材内容都比较广泛、多样、新颖,与现代科学技术的发展联系紧密,且有很多有利于开拓学生的视野、激发学生的兴趣,并引导学生对问题做更深入的探讨与研究,使学生得到科研工作的基础训练。

二、课程教学目标

价值目标:领悟重要的数学思想方法,培养抽象思维与逻辑推理能力。

培养学生的科学精神与人文精神，实现文理结合，在培养学生数理思维的同时，提升其人文情怀。

知识目标：理解弧微分的推导过程；熟练掌握直角坐标方程、参数方程、极坐标方程下弧微分的计算公式；深刻理解曲率计算公式的由来，熟练应用直角坐标方程、参数方程、极坐标方程下计算曲率的公式来解决实际问题；理解曲率圆的定义，掌握求曲率中心的坐标，进而可以求出对应曲线的渐屈线方程。

能力目标：培养学生解决实际问题的数学建模能力、综合运用数学方法解决实际问题的能力；培养学生应用逻辑推理方法思考、分析、解决问题的能力；培养学生课前、课后查阅文献自主学习的能力及课上合作探究归纳的能力。

三、课程思政教学设计

（一）课程思政理念

结合"北京理工大学精神"（爱国精神、科学精神、创业精神、奉献精神、担当精神）淬炼"工科数学分析"课程中的思政元素。教学过程强调"以学生为中心"，改变传统单一的教学模式，加强师生互动，使教学入脑、入耳、入心，开展"春风化雨、润物无声"的课程思政。

（二）课程思政整体方案

秉持"将抽象的数理原理生动化"的原则，在进行课程思政方案设计时，充分选取建筑、生物、医学、经济、金融、军事、政治、社会发展等生活中相关具体案例，将数理问题置于具体场景中加以说明，通过实际问题中的具体应用加深学生的理解，并在案例教学的教授过程中，传递知识蕴含的真理与价值。

（三）课程思政教学方法

采用"启发式"和"互动式"相结合的教学模式，通过"问题教学法"和"讲授法"，应用多媒体素材，如图片、动画、短视频、纪录片等形式有设计地开展课程思政教学。

（四）课程思政教学实例

曲率是"工科数学分析"课程中一个重要的教学内容，是工程设计和道路桥梁设计的理论基础。围绕这一重难点教学内容，教学设计方案如下：利用高铁发展中至关重要的轨道设计贯穿曲率定义的分析及计算；用 Fast 自主创新的"主动反射面"技术说明曲率的计算方法，分别计算圆与抛物线的曲率引导同学们发现这一技术与曲率变化的关系，强调理论与实际相结合、学以致用的意识；介绍一生竭尽全力、历尽艰辛创造出"国之重器"的时代楷模南仁东。南仁东先生 24 年不辱使命、坚毅执着，当"天眼梦"终于实现时，他却离我们远去。通过这一感人事迹，让同学们看到老一辈科学家为科学进步和国家富强所做的巨大牺牲和奉献，以此勉励同学们以南仁东先生为榜样，认真求学、脚踏实地，投身到为祖国奉献终身的伟大事业中去。具体授课思路如下：

激活注意。播放视频"卡洛斯技惊四座的香蕉球"：卡洛斯主罚的 40 码任意球划出一道匪夷所思的弧线，从人墙的左侧飞进法国门将巴特斯的左门柱，看呆了在场的所有人，意在用大多数同学非常感兴趣的足球运动激活同学们的注意力。

实例导入。利用拱形桥面、高铁轨道弯曲程度的设计，创设情境，引导提出如何用一个数量来描述平面曲线弯曲程度的问题，引发思考。

拱形桥面

"中国速度"高铁

引导探究。建立模型，通过对生活实例问题的分析和求解，推导出曲率的定义及计算公式。

解决问题。针对高铁轨道、圆、抛物线分别计算出曲率的具体取值。

价值引领。播放纪录片《天眼》中的"主动反射面技术"小片段，通过国之重器"天眼"（FAST：500米口径球面射电望远镜）的介绍，使学生了解"中国天眼"设计中自主创新的主动反射面技术：能根据需要瞬时变形——由球面变为抛物面，并立刻进入聚焦——它是目前世界上唯一能够变形的射电望远镜。让学生了解曲率的应用。综合前面的案例"中国速度——高铁"，进一步体现自主创新的重要性，强化"自力更生、艰苦奋斗"是我国风雨兼程、披荆斩棘实现中华民族伟大复兴的法宝，从而激发学生作为社会主义的建设者和接班人，要有不辱使命、为国铸剑的担当精神。

总结延伸。首先对本节课"曲率"的知识点进行内容小结，扩展曲率的广泛应用，从生活熟悉的领域，如建筑钢梁、汽车传动结构、机床转轴等到《三体》中提到的曲率驱动、曲率飞船甚至曲率空间，引领学生的思维到更广阔的领域，拓宽学生视野，将抽象的理论与生动的实践结合起来，激发他们学以致用的热情。

FAST 主动转换面技术

"天眼之父"南仁东

四、课程思政效果分析

高数课引入课程思政设计以后，学生对难懂抽象的数学知识由原来的望

课程思政理论与教学研究
——聚焦北京理工大学课程思政建设

而生畏到现在的主动求索，获得了情感认同与高度评价——"高数课竟然演绎得如此迷人、妙趣横生"。延河课堂平台中前排就座率、抬头率及学生课堂行为分析等趋势图显示的高百分比都是"工科数学分析"课程思政良好教学效果的体现。就教学内容而言，在课程思政实施过程中，将社会热点、时代问题与专业知识相结合，将实现中华民族伟大复兴、实现人民群众对美好生活的向往作为课程思政教学的重点议题，引导青年学生在新时代新征程中扛起使命、书写华章。2020 年在"北京高校数学教学论坛"做了名为"博观约取　如盐溶水"的课程思政经验分享报告，得到了兄弟院校的高度好评。

授课教师：闫晓霞　徐厚宝　蔡　亮　张文娟

开课单位：数学与统计学院

线 性 代 数

一、课程简介

"线性代数"是面向本科生一、二年级开设的公共基础课,是电子信息工程、自动控制、经济管理等专业的必修课。它的基本概念、理论与方法是许多近代科学理论与工程技术的基础。本课程旨在培养学生能够运用线性代数基本思想和方法解决问题的能力,使其具备严谨的数学思维、逻辑推理能力和丰富的数学素养以及适应社会发展的综合素质。同时培养拔尖的理工科专业人才。

课程坚持"以学生为中心",因材施教,针对不同专业的学生,设置科学合理的"线性代数A"与"线性代数B"两种模块。在北京市教学名师带领下,聚焦新工科建设,科教融合,在内容中加入前沿性科研成果及应用案例。依据OBE理念,依托自建国家精品在线开放课程、新形态教材和"线性代数数字课程",采用启发、讨论等方式实施混合式教学,创立了可视化教学平台,优化评价体系,改革考核方式,多形式、多维度形成合力,引导、协助学生达成教学目标,保证学生学习预期效果。

二、课程教学目标

价值目标:立足立德树人根本任务,培养学生严谨的数学逻辑思维和丰富的数学科学素养,形成正确的数学哲学观;培养学生深度思考、大胆质疑和勇于创新的科学精神;培养学生探索未知、追求真理、勇攀科学高峰的使命感；使学生树立正确的世界观、人生观、价值观。

知识目标：通过学习线性方程组、矩阵、向量空间、行列式、特征值与特征向量、矩阵相似对角化、二次型等基础知识，全面系统地掌握线性代数的框架和相关理论。

能力目标：能够运用线性代数的基本思想和方法，掌握发现问题、探究问题、分析和解决问题的能力，能够驾驭综合性较强和应用性较强的问题，学以致用。

三、课程思政教学设计

（一）课程思政理念

北京理工大学是中国共产党创办的第一所理工科大学，"延安根、军工魂"是其独特的精神气质，为党育人、为国育才始终是我校的使命责任。本课程紧密围绕"延安根、军工魂"的文化特色，结合课程内容，重点选择能够体现北理工精神的典型案例实施课程育人，传承红色基因，培养科学精神，立志科技兴国。

（二）课程思政整体方案

借助于数学史、数学家的故事等数学文化及中华优秀传统文化，增强民族自信心和自豪感，激发爱国情怀；利用时事政治、社会热点，积极引导学生客观、理性地看待社会问题，明辨是非；通过在教学内容中融入前沿科研成果和应用案例，激发学生的学习兴趣，培养其创新精神；挖掘课程知识点中的辩证唯物主义思想方法和严密的逻辑论证体系，强化学生的数学意识，培养其数学思维，建立地数学哲学观，从而提升数学素养。

（三）课程思政教学方法

教学模式上充分利用自建国家精品在线开放课程、配套 MOOC 和新形态教材实施混合式教学。教学方法上采用启发式、讨论式、案例式等教学方式提高自主学习能力，加强团队意识，培养数学思维。教学载体上充分利用可视化平台辅助教学，利用乐学、微信群答疑解惑，利用公众号开展开放式教学，开阔视野，提高数学素养。教学内容上充分利用教师的科研成果并将其转化为教学资源，培养学生的实践能力和创新能力。教学考核上优化评价体系，改革考核方式，注重过程学习，提高学习主动性，提升学习效果。

（四）课程思政教学示例

示例一：传承中华优秀传统文化，激扬爱国情怀

在讲授 Gauss 消元法时，介绍《九章算术》中"方程术"的算法比 Gauss 消元法出现还要早，《九章算术》标志着中国古代数学体系的形成，从此，中国古代数学取得了令人瞩目的成就，如祖冲之在刘徽的研究基础上，首次将"圆周率"精算到小数点后第七位，这一划时代的贡献领先西方数学 1 000 余年——以此增强学生的民族自信心和自豪感。

示例二：传承红色基因，崇尚理工荣誉

针对矩阵的实际意义，我们以国庆 70 周年北理工的"与时俱进"方阵等为例，讲述矩阵在不同背景下的特殊意义，激发学生的爱校爱国情怀；作为北理工"大矩阵"中的一员，2022 年冬奥会首钢滑雪大跳台 Vlog 的拍摄者以志愿者的视角记录了"一起向未来"的难忘经历。用朋辈的力量感染和激励学生，提高青年服务国家的意识，弘扬理工精神。

示例三：追求探索真理 勇攀科学高峰

授课内容一：线性方程组理论的发展历程。

通过讲述数学家伽罗瓦的故事，激励学生勇于追求真理。伽罗瓦理论开创了现代数学的先河，是当代代数与数论的基本支柱之一。伽罗瓦不仅是杰出的数学英才，而且是勇敢不屈的战士，他将科学理想和社会信念相结合，至死保持着对真理的忠诚。

授课内容二：矩阵的应用。

通过灰度图像与彩色图像的矩阵表示，让学生感受线性代数的力量。通过授课教师的研究型教学案例，在学生心中埋下热爱科研的种子。

授课内容三：Gauss 消元法、克莱姆法则以及利用矩阵的秩求解线性方程组的异同点。

通过实施讨论式教学，组织学生分组讨论三种方法的异同点，使学生体

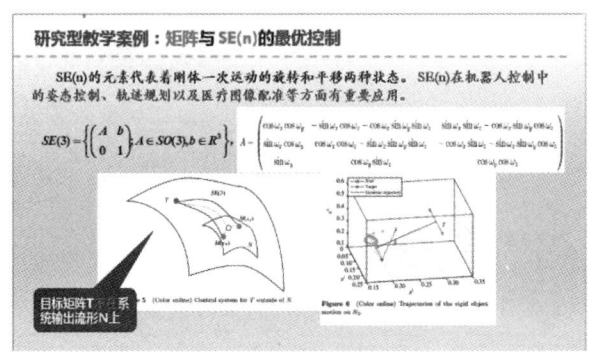

矩阵在机器人控制中的应用

会数学的相通性与整体性之美,培养学生辩证与批判的数学思维,并且通过讨论,充分发挥学生的主动性,引发其深度思考,实现学生互动、师生互动。

授课内容四:矩阵的乘法运算。

从线性变换的角度诠释乘法运算规则,用形象的几何图形描述抽象的代数公式,体现数形结合的思想,展示代数与几何的统一美。

四、课程思政效果分析

通过"课程思政入课堂、育人育德于无形"的探索与实践,"线性代数"的课程思政建设取得了良好的教学效果。在专业知识传授的同时,回答了"学习线性代数有什么用?怎样才能学好它?我作为北理工的一员,如何做更好的自己?"等更深层次的价值观、人生观问题。学生不仅掌握了线性代数的整体框架和基本理论知识,获得了运用线性代数的基本思想、方法分析问题、解决问题的能力,也增强了学习兴趣,培养了数学思维,激发了创新精神、奋斗精神以及爱国情怀,基本达成了课程教学目标,奠定了实现"传承红色基因,发扬北理工精神"的良好基础。

课程思政建设是一项长期的工作,教师的育德意识和育德能力是课程思政实施的关键,为此需要持续优化和改进教学内容、教学方法、教学案例,提升课程思政的教学效果。

授课教师:李春辉　吴惠彬　张　杰　闫桂峰

开课单位:数学与统计学院

普通物理Ⅲ（电磁学）

一、课程简介

北京理工大学应用物理学专业是国家级一流本科专业，旨在培养物理基础扎实、综合素质优良、实践能力和创新能力强、善于理工融合的拔尖创新型人才。"普通物理Ⅲ（电磁学）"是应用物理学专业本科生学习的一门核心专业基础课，它是电动力学、电子技术、微电子学、量子力学等专业的先修课程，也是电工学、无线电电子学、电子计算机技术、等离子体物理和磁流体力学以及其他新科学、新技术发展的基础。

本课程着重从场的观点阐述静电场和稳恒磁场的基本概念、基本规律、基本定理以及与介质相互作用的规律，揭示电磁感应现象的物理本质，最后介绍电磁场理论的初步知识。作为物理学中发展较为成熟、体系较为严谨的子学科，电磁学在培养学生科学思想、科学思维、科学方法、科学精神、科学审美、科学哲学等方面都具有特殊教育功能和人文价值。

二、课程教学目标

价值目标：培养学生热爱科学、勤于观察、勇于探索、持之以恒的科学精神，掌握科学的思维方法，领悟世界的物质统一性原理，树立科学的世界观和方法论，培育具有科学精神和工匠精神的创新开拓人才。

知识目标：深刻认识电磁现象的基本性质，全面系统地掌握物质电磁运动的基本概念和基本规律，学会电磁学的研究方法；了解电磁学发展史上重大发现和发明的物理思想和实验方法；了解电磁学的前沿、应用以及与其他学科的关系。

能力目标：具备独立思考、发现问题、分析问题、运用电磁学理论方法解决实际问题的能力及终身学习的能力、严密的逻辑思维能力、严肃的批判思维能力和创新能力。

三、课程思政教学设计

（一）课程思政理念

电磁学是物理学的一个重要分支，体现和汇集了物理学综合、归纳、逻辑推理、近乎完美的公理体系、富于创造性的科学假说、见长于近代科学的实验方法等许多精华，其历史悠久，应用广泛，充满活力，在物理学及其教学中占有重要地位。我国在电磁学相关领域取得了突出的成绩，并在某些领域处于国际领先水平。本课程注重将电磁学经典理论的整体性与日新月异现代科技相结合，将物理学史与电磁学教学内容相融合，将电磁学发展的新动向、新特点以及电磁学在现代应用技术中的最新应用融入教学内容当中，展开课堂上/下、线下/线上多维思政教学，让学生掌握扎实的电磁学理论，培养学生的兴趣、态度、情感和对科学本质的理解，培养学生具备创造性思维和开拓创新的科学素养。

（二）课程思政整体方案

课程团队积极挖掘"普通物理Ⅲ（电磁学）"课程中的思政元素，对课程思政的教学内容进行整体布局，并着重在课程的讲授过程中融入人文素养、科学素养、科学精神和科学方法四个方面的思政元素。其中，在人文素养方面强调电磁学对社会的影响和贡献；在科学素养方面着重电磁学理论的形成与发展对人格的塑造；在科学精神方面阐述实事求是、追求真理的物理精神；在科学方法方面突出怀疑—实证—创新的研究方法。结合传授知识这个目标，形成五个维度的全方位授课体系，全面培养学生的综合素质。

（三）课程思政教学方法

始终瞄准拔尖人才培养目标，通过革新教学理念，重塑课程内容，践行理论联系实际，遵循现象—原理—应用的认知规律，全程多维思政协同育人，建立起融教学、思政、育人为一体，线上线下混合式教学的新模式。

（四）课程思政教学示例

示例一：立鸿鹄志　做奋斗者

从物理学研究的时间尺度和空间尺度入手，引导学生树立人生大格局。物理学研究世间万物，时间尺度和空间尺度都横跨了 45 个量级，是如此的宏伟壮阔，引导同学们心怀寰宇，立鸿鹄志，做奋斗者。

示例二：激扬中国自信

在引入电和磁时，介绍我国古代对电磁现象的描述和认识（如《论衡》中对琥珀和磁罗盘的记载），以展示我国历史悠久的古代文明。而在讲解电容、磁力、霍尔效应以及电磁波等内容时，引入中国辉煌的科技成就。

中国第一艘电磁船

如高水平石墨烯超级电容功率大、效率高、寿命长，助力我国高铁走向世界；上海磁悬浮列车是世界上第一条投入商业运行的磁悬浮专线；我国科学家薛其坤带领的团队通过实验首先观察到量子反常霍尔效应，这一效应可能带来未来电子器件的变革；我国自主设计建造的 EAST 聚变装置率先在国际上突破百秒量级高约束稳态运行；我国从 2G 技术的落后到 4G 时代的并驾齐驱再到现在 5G 技术的领先，凸显了我国科技工作者自强不息、勇攀科技高峰的精神；介绍国家相关研发单位和北理工相关科技成就。

北理工最强磁场

北理工物理实验中心（北京，14 T）

中国最强稳恒磁场

国家强磁场中心(合肥，50 T)

中国及北理工的强磁场设备

示例三：培养辩证思维　弘扬自主创新精神

通过物理学重要定律和定理的发现和建立过程，培养学生辩证唯物主义世界观和科学思维方法。例如，在讲授电磁波理论时结合通信技术的发展历史，讲述从法拉第的电磁感应实验到麦克斯韦理论上预言电磁波，再到赫兹通过实验验证电磁波的存在，再到第一封越洋电报的艰难过程，让学生认识到科学发展是通过从实践—认识—再实践—再认识这一不断提升的过程来实现的。另外还可以从通信技术发展到当今的5G，讲述5G与之前的3G、4G在原理上的区别和联系，讲述我国的通信技术是如何从落后到国际领先的发展过程。

示例四：弘扬科学家精神

通过科学家的励志故事，鼓励学生努力学习，为将来报效祖国打下基础。无论是中国科学家杨振宁、李政道、赵忠尧、薛其坤等，还是外国科学家高斯、欧姆、基尔霍夫、洛伦兹、韦伯、安培、汤姆逊、法拉第、麦克斯韦等，从其成长过程都可以看出，要取得成功，必须付出艰辛——培养年轻人尊重知识、热爱科学、不畏挫折的品质。

示例五：自强不息、追求卓越

将中国现代科技中具有世界先进水平的科技成果融入物理学知识中。如EAST装置是我国自主设计建造的世界上第一个非圆截面全超导托卡马克核聚变实验装置。自2010年获得高约束等离子体以来，EAST团队一直致力于为聚变堆的高约束稳态运行提供解决方案。在过去的9年时间里，EAST装置不断打破高约束等离子体运行时间的世界纪录，率先在国际上突破百秒量级高约束稳态运行。从类似鲜活的实例引导学生践行社会主义核心价值观，将民族复兴作为己任，厚德载物，自强不息。

四、课程思政效果分析

本课程以理论联系实际为着手点，以中华文明和现代科技成就为切入点，将电磁学知识与中国现代科技前沿紧密联系，通过高铁、核电、5G通信、超高压输电等一张张国家科技发展名片，突出知识的力量，提升学生的民族自豪感。

课程思政理论与教学研究
——聚焦北京理工大学课程思政建设

近五年,该课程实施了基于慕课/SPOC 的新形态混合式教改,2019 年被认定为校首批研究型课程;2020 年,由胡海云主讲的"普通物理Ⅲ(电磁学)"被评为北京高等学校优质本科课程(重点)、北京理工大学本科生课程思政示范课程,主讲教师被评为北京高等学校优秀专业课主讲教师。

授课教师:胡海云　韩俊峰　缪劲松

开课单位:物理学院

普通物理Ⅱ（热学）

一、课程简介

"普通物理Ⅱ（热学）"是研究物体的热运动以及与热运动有关的各种性质和规律的科学，它与力学、电磁学及光学一起被称为经典物理四大柱石，"普通物理Ⅱ"是面向大学理科低年级本科生开设的课程，这门课程所涉及的物理原理、科学思维方式和研究方法，是理工科各专业学生学习其他后续课程的重要基础。

本课程形成以下特色：①将热力学的基本知识结构与人文素养、科学素养、科学精神和科学方法四大思政元素相融合，加强对学生理想信念的塑造；②重点突出课程知识体系蕴含的创新性思维，特别展现科学工作者追求科学真理的执着精神；③课程的开始，在介绍热力学三大定律之前首先介绍状态公理，以便让学生开始就能够明白复杂热力学系统描述的规律，心理上接受只用少数热力学参量即可完全描述热力学系统。

二、课程教学目标

价值目标：通过学习热力学第一定律即能量守恒原理，树立辩证唯物主义自然观，通过物理学原理加深对马克思主义物质观的理解，并在实际工作中树立实事求是的工作路线；通过热力学的发展史以及与近年来国家的重大需求的密切联系，增强学生推动基础学科发展的责任感和使命感。

知识目标：理解普通物理热学课程的内容和方法、概念和物理图像、物理学的工作语言，物理学发展的历史、现状和前沿及其对科学发展和社会进步的作用；掌握热力学四个定律、气体动理论、输运理论和相变的基本知识结构；能够运用能量守恒原理、熵增原理等解决一般难度的物理问题；掌握物理学思维方法。

能力目标：通过对理想气体、卡诺热机等物理模型的建立过程的学习，掌握物理建模的基本思维方式，学会驾驭生活中的复杂问题，同时培养具备创造性思维和开拓创新的素养。通过对温度、内能、熵、热力学概率等概念的理解，体会物理概念构建和应用思维的特点，提高知识迁移能力，具备严密的逻辑分析能力和创新思维，在科学研究或工程技术中能够提出创造性思路和创新性方法。

三、课程思政教学设计

（一）课程思政理念

基于理想信念塑造、知识体系构建、创新性思维养成"三位一体"的培养理念，以全方位提升学生的综合能力，进而发挥物理基础对工程学科的支撑引领作用为课程宗旨，挖掘物理学中的物理精神和科学方法，结合中华优秀传统文化来塑造学生的理想信念；结合工程应用对知识结构进行精简优化；突出基础科学源头创新，多角度、全方位进行创新能力培养。

理想信念塑造	人文素养
知识体系构建	科学素养
创新能力养成	科学精神
	科学方法
"三位一体"培养理念	思政元素

"三位一体"培养理念与思政元素

（二）课程思政整体方案

把中国传统哲学观、新时代我们国家的重大需求与热学的自身特点有效结合起来，利用相关的中华优秀传统文化案例帮助理解热学中的重点难点，提高学生的文化自信；用新时代国家的重大需求为牵引，强化学生热爱物理、推动基础学科的理想信念；发挥热学的自身特点，提升学生的科学素养、科学精神和科学思维水平。在保证构建完整的知识体系基础上，注重物理理论建立过程中的创新思想的提炼，同时融入人文素养、科学素养、科学精神和科学方法四个方面的思政元素，通过课程对学生进行价值塑造。

（三）课程思政教学示例

示例一：透析课程内容，培养基本素质

热学从研究内容到发展历史都彰显了人类对真善美的追求。不断解决人类生活中的能源动力问题成为科学研究的永恒主题，人不断思考利用机械代替人类劳动的可能，于是热机被创造出来并引发了第一次工业革命，这极大地提高了人类工作的效率和生活的质量。随后"提高热机的效率"成为人类的不懈追求，在这个过程中，人们逐渐并创造了内能、熵、焓、自由能等物理概念，建立了热力学理论，并把它推广到包括信息领域和人类社会等多个领域，促使新的变革，影响了人类科技社会生活的方方面面。热力学经过多年的发展，沉淀了独具特色的科学精神，演绎了科学认知过程，形成了独特的物理方法。这些物理学上的进步彰显着科学的力量，也体现着真善美的精神，这些认识世界、改造世界的思维方法是大学生应该具备的素质，也是热力学课程的价值底蕴。

示例二：弘扬科学精神，厚植科学情怀

物理发展史中有无数位积极开拓新领域的大科学家，他们崇尚真理、追求真理。同时，物理学发展史又是恩格斯创作《自然辩证法》的重要支撑内容，比如能量守恒和转化原理，既是热力学第一定律的实质，同时也揭示了自然界的普遍联系和发展的辩证过程。学习物理学史，可以培养学生的辩证思维，弘扬科学精神。

课程思政理论与教学研究
——聚焦北京理工大学课程思政建设

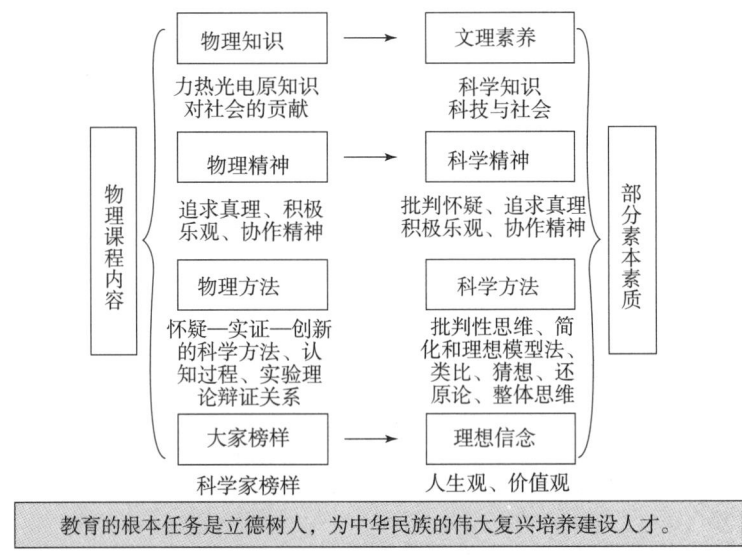

热学与立德树人

1824年
《关于火的动力的研究》

对美好生活的向往是热学发展的动力。

"他（卡诺）差不多已经探究到问题的底蕴，阻碍他完全解决这个问题的，并不是事实材料的不足，而只是一个先入为主的错误理论。"

——恩格斯

恩格斯对卡诺的评价

示例三：结合传统文化，助力难点解析

借助中国传统哲学中整体性思维方式帮助学生理解物理原理的深刻内涵；借用传统诗词《将进酒》，来体会实际过程的不可逆性，帮助学生理解热力学第二定律的本质；将中国古代玩具"饮水鸟"做课堂演示，通过讨论其中的工作原理来帮助学生更好地理解相关热力学内容。

传统文化中的物理学

示例四：发挥课程特点，激发科学思维

热力学的知识体系是在社会发展和生产实践的推动下逐步建立起来的，并最终深入物质运动的深层次规律，形成了独特的研究方法和思维方法。这些思维方法构成了科学思维的必要部分。热力学研究的对象是系统内含有1 023量级的粒子，如果还按照力学的处理方法来确定每个质点的坐标和速度是不现实的。若想把热学研究进行下去，有两个思路：一方面，不研究微观量，而从总体角度研究系统的宏观量，建立热力学；另一方面，研究微观量，但不研究个别粒子的微观量，而用统计方法研究微观量的平均值和概率分布，建立统计物理。不同于传统科学中以"分而又分"得到部分作为研究对象（机械的还原论），热力学最终形成了以整体性为特征的现代系统科学的思维方式。实验可以测量宏观量，所以热力学的研究结果可以直接用实验来验证，而统计物理的研究结果可以通过宏观量与微观量之间一定的联系，用实验来间接验证。理论的确立必须经过实验的检验，正是物理学健康发展的基本要求。

在教学的过程，我们在教会学生必要的知识结构之外，更多地把热学课

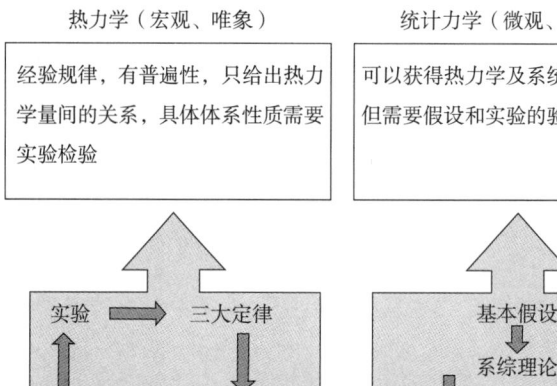

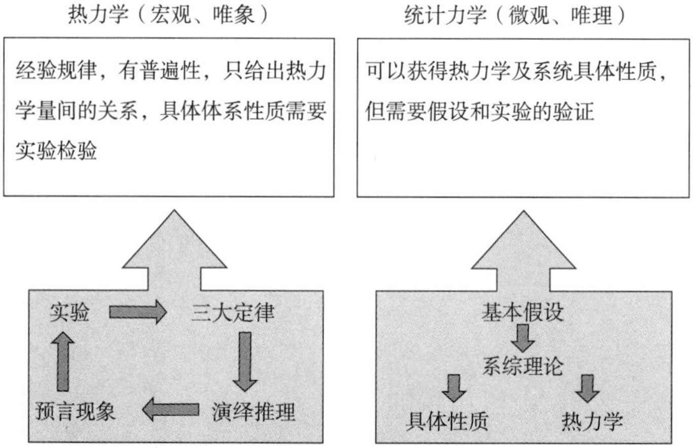

热学的两种研究方法

当作培养学生科学思维、科学思想的载体。

四、课程思政效果分析

在"普通物理Ⅱ"的课程建设过程中，我们把"科学素养、科学精神和科学方法"设置为课程思政的评判标准，精简优化热学的知识体系，使之与当代工程应用相适应，分阶段进行课程教学，充分发挥学生的个性，构建完备而特色鲜明的知识体系并持续优化，学生对课程学习的满意度不断提升，课程的思政设计也得到了学校督导专家的高度评价。2019年"普通物理Ⅱ"被认定为本科生课程思政教学设计优秀案例。

授课教师：李军刚　邹　健　吕勇军　李元昌

开课单位：物理学院

运 作 管 理

一、课程简介

"运作管理"主要讲授制造业和服务业高效地将投入转化增值为产出的理论与方法,面向大学二、三年级经管类本科生,培养学生应用相关原理、方法、技术分析解决基本运作问题的能力,并了解运作管理前沿动态,使学生具备制造业和服务业运作系统的设计、运行、维护和改进的基本理论与知识素养,并在学习过程中提升创造力和领导力。

本课程主要特色包括:第一,将可持续发展理念融入课程教学中,充分体现可持续运作最新理念;第二,充分展示数字赋能企业运作的新特性,结合本土企业的典型数字运作案例,阐述数字经济中的运作方式、相关理论、分析方法及发展趋势。第三,科研前沿成果反哺教学,将国内外可持续运作和数字经济的优秀理论和前沿知识融入课堂教学。第四,提供丰富的本土实践资料,使学生通过教材的学习更了解我国企业的实际运作。第五,提供音视频、程序文件、PPT、动画等富媒体数字资源,形成富媒体体验式教学新形式。

二、课程教学目标

价值目标:以社会主义核心价值观为引领,帮助学生了解我国在企业规制和可持续发展方面的国家战略与主要政策,引导学生深入社会实践、关注现实问题,培育学生经世济民的职业素养,使学生通过课程学习不仅了解我国企业的实际运作,而且加深对我国企业卓越运作的认识,增强自信。

知识目标:本课程旨在让学生系统掌握制造企业和服务企业如何提升投入产出效率,侧重于传授运作系统的设计、运行、维护和改进等基本理论和知识,以及产品和服务的增值策略和相关资源的优化配置方法。

能力目标:通过对标 AACSB 等国际认证要求,并引入干扰性案例,让学生们在分组讨论和分析过程中,不断运用所学知识辨析和尝试解决问题,培养学生运作管理知识应用能力、批判性思维能力、有效沟通能力、团队合作能力、全球化视野、创新能力。

三、课程思政教学设计

(一)课程思政理念

以习近平新时代中国特色社会主义思想为指导,以教育部《高等学校课程思政建设指导纲要》等文件为行动指南,结合专业人才的培养目标和课程大纲,贯彻"价值引领、能力培养、知识传授"三位一体的课程教学要求,以高阶性、创新性、挑战度为课程思政整体设计标准,以课程大纲及课程知识体系为经线,以 AACSB 等国际认证所要求的能力为纬线,将课程知识要点与思政素材基于一致性原则和 BOPPPS 有效教学模式进行有机结合,并按周分解到课程模块和课时教学,传授运作管理系统知识,培养学生辨识和解决运作管理问题的综合能力。

(二)课程思政整体方案

课程思政内容采取"挖、选、写、用、改"等方法。"挖"主要是挖掘和"运作管理"课程相关的思政素材,包括国家政策、行业企业新闻热点事件、优秀人物及其事迹、案例、项目、文献、报告、数据、多媒体资料,等等。"选"主要是在收集的所有资料中精选与课程内容高度相关的素材。"写"主要是基于事实和文献,自己重新撰写案例,以更加契合教学目标和教学内容。"用"主要是在课内外使用案例素材。"改"主要是根据案例素材使用情况和学生反馈,进一步修改或更新。

课程模块设计按学情分析、学习目标、学习内容、考核要求等进行具体教学设计。学情分析需了解学生已会什么、不会什么、需要提前掌握什么知识、可以同步查阅什么知识，等等。学习目标按布卢姆教学目标分类原则，把学生的学习活动的初级认知和高级认知与教学活动结合起来。

课程思政素材范围包括：我国现阶段发展特点，特别是数字经济和可持续发展对企业运作的新要求；我国政府的大国担当精神和优秀企业肩负的社会责任；我国在企业规制和可持续发展方面的主要政策与要求；我国优秀企业或项目先进运作管理实例以及我国优秀管理学者的钻研精神。

（三）课程思政教学方法

本课程重视探究性学习和研究性学习，以线下教学为主，根据本课程内容和学生的特点，在教学方法上开展丰富多彩的案例教学，包括组织走出课堂走进企业现场式、案例式、讲座式教学等，加强学生创新性、批判性、颠覆性思维的培养及理论联系实际的能力。教学手段上综合运用线上和线下教学资源，充分地使用多媒体、在线网络平台、微信群等现代技术手段，随时组织和发起课堂讨论、课堂提问、课后小组讨论等多种方式实现课程有效共享，同时实现学习效果监测、分析、反馈等目的。

（四）课程思政教学示例

示例一：体现我国项目管理的世界级水平、凸显负责任的大国担当精神

在"项目管理"一章引入"火神山""雷神山"医院建设项目，通过"两神山"医院建设等案例和例题讲解，解析网络计划优化方法。该项目不仅分别创造了以10天和12天时间建设1 000张和1 500张病床的大型传染病医院的世界纪录，而且中央电视台采取的"慢直播"方式与上亿网友自愿担任的"云监工"，使之成为疫情期间的现象级正能量事件。该项目案例体现了我国项目管理的世界级水平，突出了我国政府将人民健康放在第一位的大国担当精神，以润物细无声的方式体现了课程思政内涵。

示例二：阐述绿色发展、科学发展、可持续性发展理念

环保是否冲击实体经济案例。主要讲述上海某著名外资公司发表环保影响供应链上游供应商的声明，并由此引出供应商因环保搬迁会导致供应链断

供,从而引发环保是否冲击实体经济的讨论。通过引导学生辨析该案例各相关利益方其背后的利益诉求和动机,以及该供应链选址搬迁的真实情况和案例发展时间线索,揭示该公司的声明并不成立,展示十八届三中全会提出的"绝不以牺牲环境为代价去换取一时的经济增长"的坚定决心,阐述我国科学发展、绿色发展、可持续发展理念及其对企业可持续运作的要求,同时让学生了解环保成为企业运作的硬约束和开征环境税等政策调节工具,并通过剖析现实社会中的不同声音,培养学生的批判性思维能力。

示例三:弘扬勇于攻关的科学精神

多机器多零件排序关键工件法案例。该案例主要讲述在运作管理的排序问题中,我国管理学著名学者陈荣秋教授当年不畏困难,夜以继日,持续钻研多机器多零件排序这一著名难题,最终提出一种更好的求解多机器多零件排序的启发式算法——关键工件法的故事。通过该案例的讲解,并结合该方法的讲解,使学生不仅掌握该方法的详细求解过程,而且传播我国管理学者不畏困难、勇于科研攻关的精神,增强学生应对未来挑战的专业自信。

四、课程思政效果分析

本课程深受各届学生的喜爱,历届学生匿名评教平均分均在 90 分以上。本课程结束后,大家纷纷通过微信、邮件或留言板等形式,表达学习这门课程后的收获与感受:"运作管理课程结课,感觉意犹未尽,还想再听几次课。""老师精彩的课程讲解,非常有收获,含金量颇高,看视频都需要看一会停下来记一下消化一会。""通过现象剖析事件的本质,张教授带我们一点点走进运作管理这门实战型较强的课程,如何找到客户的痛点、如何解决这些痛点,这才是运作战略的初衷,以客户的满意度,提高公司的运行效率为最终目标。"

授课教师:张　祥

开课单位:管理与经济学院

个 案 工 作

一、课程简介

"社会工作"是以提升社会弱势群体福祉为己任的助人专业,个案工作与团体工作、社区工作并称社会工作三大直接服务方法,本课程是完成"社会工作导论"课程后,从心理学、社会学概论课程过渡到专业实务的第一门课程,是对学生进行专业价值培育的重要起点,面向社会工作专业本科生大二年级。课程旨在培养学生提供个案服务的专业胜任力,即在专业价值理念的指引下,运用专业知识和专业方法,以个别化方式帮助服务对象解决和处理所面临的困境或问题,提供心理支持,并运用系统视角改善社会环境以减轻压力,不断提高个人和社会的福利水平。本课程的特色体现在依托社会工作专业特点,结合中国特色社会工作本土化发展,专业学习和价值引导并行,在培育专业价值指引的同时传授专业知识和专业技能。

二、课程教学目标

价值目标:深化对中国特色社会工作专业理念的理解,使学生成为以专业价值观为指导,运用专业知识和技术,以个别化方式提供服务的专业助人者,提升学生为弱势群体服务的专业胜任力,引领学生秉承专业精神,秉持专业使命,建立专业认同感,激发社会责任感,树立为民服务意识。

知识目标:①知悉个案工作的本质特征,熟悉个案工作的原则和基本程序，了解个案工作的应用领域以及政—社关系视角下个案工作的任务。②理解个案工作的价值体系。认识专业价值对个案工作的战略指导地位，理解中国特色社会工作价值体系的构建，特别是中国特色社会工作的政治属性和文化属性，掌握个案工作的专业伦理规范。③学习运用心理社会治疗模式、认知行为治疗模式、家庭介入模式及个案管理等常用个案介入模式理解案主的问题并提供专业服务。

能力目标：①掌握与案主建立良好专业关系的能力。掌握建立关系的技巧，具备与案主共情的能力，能够在专业设置下独立完成与案主的会谈，恰当做出评估，及时完成个案记录。②掌握提供个案专业服务的技能。能够以常用个案介入模式的基本理论为基础，对案主及其问题形成个案概念化，相应地运用专业方法提高案主解决问题的能力，以实现助人自助的目标。

三、课程思政教学设计

（一）课程思政理念

基于社会工作专业价值先行的特点，在教学过程中始终坚持将专业学习和价值引导并行。

立足中国特色，明确政治指引，培养专业认同。中国特色社会工作重要目标是落实党和国家的政策，社会工作的专业化服务与政府的行政化服务并称为人民服务的"两翼"。个案工作微观而直接，提供改变个体的针对性专业化服务，帮助学生认识到社会工作专业在和谐社会发展中的使命感和责任感，有利于促使学生发展专业认同感。

契合社会转型，提升社会效能，强化专业责任。党中央在社会建设、社会治理、文化建设等方面多次提及社会工作，社会工作的发展空间由特殊个体帮扶拓展到需求群体实践。中国特色社会工作立足新时代的社会需求，定位并谋划社会工作的任务，帮助学生认识到社工人才独特的专业效能，有助于促动学生发展专业责任感。

学习身边榜样，激发家国情怀，巩固专业情感。教师的身体力行是使学生得到潜移默化影响和耳濡目染熏陶的重要因素，北京市优秀共产党员、责任教授贾晓明及授课教师安芹积极参与疫情心理援助以及对失独老人、留守儿童的研究等可以发挥示范作用，激励学生的家国情怀，使课程成为真正意义上有温度、有爱的教育过程，有益于培育学生发展专业情感。

（二）课程思政整体方案

将发展学生的专业认同作为主线，以培养学生积极的专业情感为目标，促进学生对专业价值的内化，激发社会责任担当，建立职业承诺感。

（三）课程思政教学方法

案例教学法。有计划地采用不同社会弱势群体作为案例教学提供专业服务的方法，训练学生对专业的行为认同，以个案介入模式提升服务能力。

发现式教学法。通过让学生独立探究、交流以及客观回应，帮助学生获得对专业领域进展的正确认识。

问题式教学法。从学生的认知规律和实际出发，科学地设计问题，启发学生理论联系实际，解决认识上的模糊观点。

（四）课程思政教学示例

示例一：社工价值的理性培育

以澄清什么是专业化的社会工作为教学重点，采用发现式教学方法引导学生澄清对社会工作认识的盲区和误区，启迪学生对专业的认知认同，开启对学生社工价值的理性培育，培养职业信念。

①课前准备。以学习小组形式通过走访、调研、阅读等方式直观感受社会工作的工作性质。

②课堂讲授。"社工在做什么？"全面了解社会工作专业，澄清对社会工作专业的认识，促使学生保持对所学专业的开放态度。

③案例引入。聚焦新冠疫情下的社工，在全球疫情大背景下体现社工的平凡与伟大，感受疫情形势下社工的专业贡献，发现社会工作专业的意义，激发专业使命。

④讲抗疫故事，学身边榜样，育专业情感。讲述北京市优秀共产党员、责任教授贾晓明及授课教师安芹身先力行，躬行实践，积极参与疫情心理援

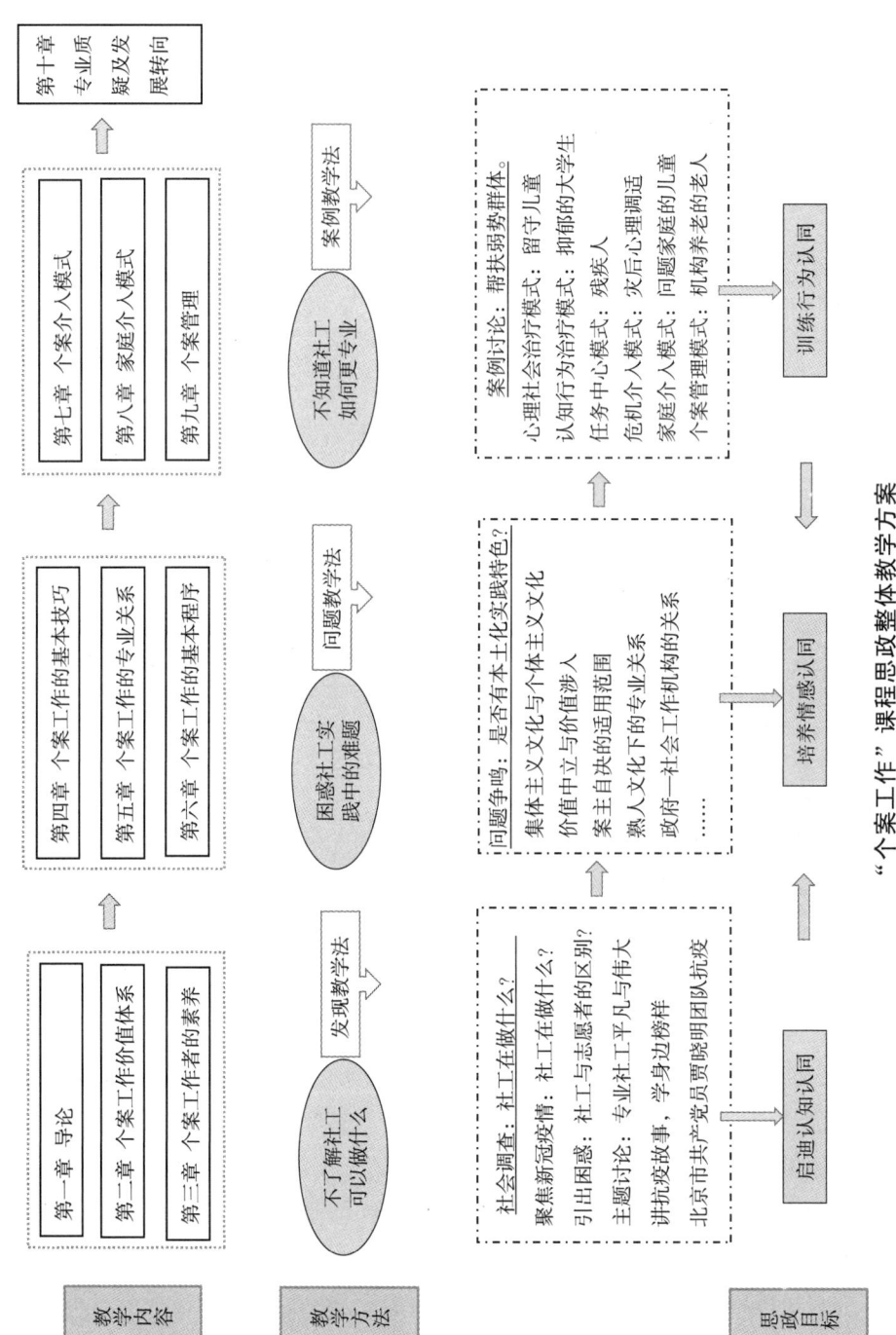

助的事迹，分享新冠疫情心理援助经验，以教师的言传身教培育学生对社会工作的专业情感。

⑤宣讲社会需求，激发专业使命。学习《"健康中国2030"规划纲要》中的相关政策，了解国家社会工作重点导向，突出解决妇女儿童、老年人、流动人口、低收入人群等重点人群的健康问题，亟须加快社工专业人才队伍建设，促使学生看到上升发展空间。

四、课程思政效果分析

发展学生专业认同是课程思政的主线，进行社工价值理性培育是课程思政的出发点，"春风化雨，润物无声"是课程思政追求的目标。在教学内容方面，将思政要素浸润式、高浓度地融入课程内容。在教学过程方面，实现了课程内、课程外的相互呼应，从认知、行为、情感多方面促进了学生对专业态度的转变。在教学效果方面，遵循学生的实际情况精心设计教学环节，促使学生趋近实现专业价值与个人价值的统一，使其更愿意走近专业，投入专业学习。本课程高度体现了思政教育的针对性和深入性。《构建社会工作专业"六位一体"育人模式，推动思想政治教育融入人才培养全过程》获得第十六届北京理工大学教学成果奖二等奖。

授课教师：安　芹

开课单位：人文与社会科学学院

民 法 总 论

一、课程简介

"民法总论"是法学专业必修课"民法"的一部分，开设于本科一年级第一学期，对培养面向21世纪高素质的民事法学人才具有重要的意义。该课程对应的成文法主要是《中华人民共和国民法典》（以下简称《民法典》）的"总则"编，课程具有较高的抽象性、概括性和较强的理论性。其任务是讲述民法学的基本原理、基本规范和基本原则，通过抽象出来的主体、客体和内容，将民事法律关系的特点显现出来，从而将民法的平等、意思自治、产权保护、合同自由、责任自负等原理贯穿于市场经济运行之中，让学生能够深刻理解民法与社会主义市场经济的互动关系。让学生具备对民法学基本的了解，并能够理解和掌握民法的基本原则、民事法律关系、民事法律行为、代理、民事责任、时效等基本法律制度，并具备分析和解决实际问题的能力。

二、课程教学目标

价值目标：教育引导学生学思践悟习近平全面依法治国新理念新思想新战略，牢固树立法治观念，坚定走中国特色社会主义法治道路的理想和信念，深化对法治理念、法治原则、重要法律概念的认知，提高运用法治思维和法治方式维护自身权利、参与社会公共事务、化解矛盾纠纷的意识和能力。培养学生强烈的法律职业认同感，具有服务于建设社会主义法治国家的责任感和使命感，以及扎实的专业理论基础和熟练的职业技能。

知识目标：掌握民法的基本概念、民法的渊源、民法法典化的历程、民法的基本原则；深刻理解我国社会主义民事法律制度的理念和内容，民法上的自然人、法人、非法人组织的各种民事主体制度，民事权利的概念与分类，民事法律行为的概念和效力，民事代理制度，民事责任制度，诉讼时效以及期间的计算等各项具体制度；理解民法各项制度的功能。

能力目标：①具备扎实的专业理论基础和熟练的职业技能、合理的知识结构，具备独立自主地获取和更新本专业相关知识的学习能力；②能够运用民事法律关系的基本知识，来解决社会中发生的简易民事法律纠纷；③培养并形成民法的思维方式，能够运用法治思维和法治方式维护自身权利，并具备预防、分析和化解民事矛盾纠纷的基本能力；④具备将所学的专业理论与知识融会贯通，灵活地综合应用于专业实务之中的基本技能，具备利用创造性思维方法开展科学研究工作和创新创业实践的能力。

三、课程思政教学设计

（一）课程思政理念

法学类专业人才的培养，要坚持立德树人、德法兼修，适应建设中国特色社会主义法治体系，建设社会主义法治国家的实际需要。本课程结合培养社会主义法治人才的育人目标，深度挖掘提炼专业知识体系中所蕴含的思想价值和精神内涵，科学合理地拓展专业课程的广度、深度和温度，从课程所涉专业、行业、国家、国际、文化、历史等角度，增加知识性、人文性，提升引领性、时代性和开放性。帮助学生了解法律专业和行业领域的法律法规和相关政策，引导学生深入社会实践、关注现实问题，培育学生经世济民、诚信服务、德法兼修的职业素养，推动法学教育、法学理论研究及法学学科改革创新，切实提升法治人才培养质量。

（二）课程思政整体方案

将社会主义核心价值观中的和谐、自由、平等、公正、法治、诚信、友善等价值，与民法总论中的权利受保护原则、平等原则、诚实信用原则、公平原则、权利不得滥用原则、公序良俗原则等基本原则和重要理念结合起来进行讲解，借此培养学生的权利意识和责任意识，帮助学生塑造正确的世界观、人生观、价值观，培育和践行社会主义核心价值观。

本课程为学生提供了包含讲义、方法论引领、阅读论文、教学案例等内容丰富的课程材料，将理论学习与立法动态和司法实践深度结合，进行充分的案例讲解与研讨，以教师集中讲授、案例分析、互动研讨、报告撰写等多元化形式展开教学，通过较为生动的案例素材将抽象的内容予以生活化体现，促进学生对教学内容的吸收和理解，从而锻炼学生的法律思维能力和案例分析能力。

（三）课程思政教学方法

理论讲授法。要求学生对相关法律制度的基本概念、分类、要件、效果等有基本的理解。

问答法。通过对给定材料进行启发式追问，引导学生展开对相关问题全面深入的思考。

案例分析法。依据真实司法裁判案例，带领学生展开对案例的分析和讲解，培养学生概述案情、归纳争点、展开分析的基本能力，能够将法条与生活事实进行结合，加深对法律制度的理解。

文献阅读法。法律知识的学习，必须建立在大量阅读法学教材、专著、案例和论文的基础上，本课程要求学生课余阅读的论文和报告有23篇。

文献检索与搜集法。通过提前布置报告和讨论的题目，让学生课后搜集法学相关的文献资料，形成专题研究。

写作法。充分锻炼学生的法学写作能力，要求学生针对所阅读的论文和案例，撰写不少于三次的小型报告。

（四）课程思政教学案例

示例一：公序良俗原则从抽象到具体的讲解过程

公序良俗原则是公认的民法的一项基本原则，概念高度抽象概括，通过结合具体制度和具体案例，使学生在真实案例中理解这一原则的内涵和外延。

首先，结合《中华人民共和国广告法》第九条的规定："广告不得有下列情形：……（七）妨碍社会公共秩序或者违背社会良好风尚……"通过市场监管部门对一些网红餐饮品牌所使用的低俗广告用语的处罚、对一些楼盘销售商使用的功利庸俗广告用语的处罚，具体理解公序良俗原则的实践运用。其次，结合最高人民法院2019年《全国法院民商事审判工作会议纪要》的规定，讲解司法实践中已经将公序良俗的适用范围扩大到金融安全、市场秩序、国家宏观政策等方面，从而理解这一古老民法基本原则在现代社会的强劲生命力。最后，通过"肖某与陈某不当得利纠纷案"的裁判文书讲解，对法院在处理婚外与他人同居并给予财物所引起的纠纷时，如何运用公序良俗进行裁判说理进行分析，从而让学生能够理解公序良俗原则在司法实践中的具体适用。

示例二：通过英烈人格利益保护条款，弘扬民族精神和社会主义核心价值观

《民法典》第185条规定了英烈人格利益保护条款，即："侵害英雄烈士等的姓名、肖像、名誉、荣誉，损害社会公共利益的，应当承担民事责任。"通过"葛长生、宋福宝分别诉洪振快名誉权侵权纠纷系列案"和"邱少华诉孙杰、加多宝（中国）饮料有限公司一般人格权纠纷案"，让学生理解英烈人格利益保护条款进入民法典的原因和立法过程；结合2020年最高人民法院发布的、弘扬社会主义核心价值观十大典型民事案例中的"董存瑞、黄继光英雄烈士名誉权纠纷公益诉讼案——杭州市西湖区人民检察院诉瞿某某侵害烈士名誉权公益诉讼案"，讲授英烈人格利益保护中检察机关公益诉讼的运行机制，让学生对实体法与程序法的结合具有更为深入的理解；最后，对英烈人格利益保护条款与爱国等社会主义核心价值观进行阐释，对学生进行新中国的革命史和英烈事迹教育，教育学生们珍惜今日来之不易的幸福生活，鼓励学生们热爱祖国并树立报效祖国的崇高信念。

四、课程思政效果分析

"民法总论"课程将社会主义核心价值观与民法基本原则结合起来进行重点讲解。在教学中，通过课前的思政要点梳理，提前进行备课，做到重点突出、条理清晰，在授课时让课件内容丰富，大量结合司法实践中的真实案例

课程思政理论与教学研究
——聚焦北京理工大学课程思政建设

和新近的新闻报道,让学生感受到书本上抽象的法条能够切实得到实践运用,初步了解了法律条文背后所蕴含的立法考量和社会价值,加强了对我国社会主义法律体系和我国法治建设的信心,也初步具备了法律解释和案例分析的能力,形成了法律人的思维方式。同时,在讲解知识点和案例时,将其中蕴含的社会主义核心价值观等思政要点融入进去,让学生在学习民法制度的同时,自然地接受了正确的世界观、人生观、价值观的洗礼,同时也了解了国情民意,无形中实现了家国情怀、宪法法治意识、道德修养等方面的熏陶。此外,通过课后阅读本课程领域的经典文献以及撰写专题报告,进一步强化了学生的学术训练,增强了学生的理论功底和写作能力。

授课教师:孟　强

开课单位:法学院

学术用途英语

一、课程简介

"学术用途英语"是一门面向非英语专业学生开设的公共英语课程。课程瞄准国家拔尖创新人才培养战略，充分结合北京理工大学理工科为主的学科特色，摆脱传统的大学英语教学理念，打破单纯语言训练模式，创新性地将语言学习与学生专业学习和科学研究有效结合，打造"以学生为中心"的任务型、实践性课堂教学模式，使学生在本科阶段就具备用英语读、写专业文献和参与国际学术交流的能力。"学术用途英语"课程通过让学生阅读各种文体、不同话题的学术语篇，帮助他们学习、掌握学术语篇的语类知识、语体知识、语言表达特征与方式等，并在语言知识学习的同时掌握学术规范方法与策略，建立学术道德意识，树立正确、积极的学术价值观，锻炼思维能力和科研能力。

二、课程教学目标

价值目标：养成科学、严谨的学术态度和素养，培养科学精神与人文精神，提高自主学习意识，提高学术规范能力，坚定科技兴国、科技强国、科技报国的理想和志向。

知识目标：能快速识别英语学术语篇常见的功能基调及相应的语篇类型、宏观信息组织结构、修辞策略，理解作者的观点、目的与主要内容。知悉和理解英语语体，如分辨正式语体与非正式语体、口语体与书面语体，了解常用的口头学术语篇和书面学术语篇在语言各层面的特征,能够在学术交流中恰当使用语言的社会功能和语用功能,掌握和拥有必要的半技术词汇和一定数量的专业词汇。

能力目标:课程将英语应用能力培养与专业学习和科学研究有效结合,有效培养和提升学生的语言实际应用能力,用英语读、写专业文献和参与国际学术交流的能力,学术规范能力和科学研究能力。课程按级别分步骤完成以下能力目标:一级、二级为通用学术语篇学习阶段,帮助学生具备对热门科技领域语料进行书面和口头提炼、总结、分析、评价的能力。三级、四级为专业学术语篇学习阶段,帮助学生具备对教材、专著、讲座等语篇类型的听、读理解能力,以及撰写和口头展示文献综述、立项申请、研究报告、学术论文等语类的能力,逐步培养和建立学术规范能力和科学研究及合作能力。

三、课程思政教学设计

(一)课程思政理念

"学术用途英语"首先开拓性地将语言技能、学术素养、思维能力等元素纳入教学目标和教学内容,使英语教学成为人才培养与教育的重要组成部分。其次,教学内容基于学术语篇不同体裁的规范程度和专业化程度选用真实学术文献,创建1~4级阶梯化教学资源,循序渐进完成课程目标。最后,打造以学生为中心的任务型、实践性大学英语课堂教学新模式,通过各种任务设计,创立各种学术实践活动,促进语言实际演练、思维训练和综合素质提高。

(二)课程思政整体方案

"学术用途英语"课程思政建设在整体设计中坚持将"以学生发展为根本,以教学内容为载体,以学校特色为基石,以教师驱动为助力"贯穿始终。

①以学生发展为根本。表现在:一是课程思政元素的挖掘、筛选、设计和评估以学生为中心,遵循真实性、相关性、典型性、适合性、多样性的原则。结合学生科研、专业特色,选用真实的学术文献,综合考虑学生的认知发展规律和专业背景,以文本、图像、音视频等多模态形式创建阶梯性教学

资源，促进语言学习与专业学习相辅相成。二是教学设计充分体现课程的高阶性、挑战性、创新性，灵活运用多种教学方法，打造以学生为中心的实践性教学模式，达到提高学生实际应用能力和锻炼思辨能力的目的。三是注重课程反馈，教学评估方面除了清晰设定学生需要掌握的语言知识能力目标，还补充和完善思政元素评估标准，并根据反馈及时调整，确保教学效果。

②以教学内容为载体。从课程导入、课中学习、课后任务三个环节精心设计、组织课程思政教学内容，通过嵌入式设计将思政元素与语言知识学习、语言能力培养密切结合，使思政教学成为课程不可或缺的组成部分。例如：

课程导入阶段，结合知识建构和能力培养目标，有意识、有目的融入世界观、人生观、价值观等相关思政元素，助力同学更深刻地理解所学习的相关科技知识领域的发展与成就。如三级教材中激光内容的讲授，教学内容既包括对激光的定义、工作原理、应用等的学术性介绍，同时引入钱学森先生翻译"激光"的历史背景以及中国在光学领域的杰出代表王大珩先生的事迹，潜移默化中培养了学生科技兴国理念。

教学环节阶段，设计相关的高阶思维训练任务，帮助学生对不同的价值取向形成批判性视角和态度，达到教学目标中语言能力培养与批判性思维的有机结合。教学内容选自美国大学教授所撰写的阐述批判性思维的研究文章，同时辅之以《礼记·中庸》中所论述的"博学之，审问之，慎思之，明辨之，笃行之"的相关文献，并通过比较阅读，培养学生辩证思考的能力。

课后任务设计阶段，突出思政要素的建设和设计，使得课后任务成为课堂教学的有效延展和巩固。如三级的一个单元通过一篇美国年报文章讲授美国制造，教学的知识目标是学习科技文章中图表描述方法和使用策略。该单元课后任务要求学生选择合适的图表形式呈现中国制造，并用所学习的图表表示方法和规范进行表述。这样的任务设计一方面巩固了课堂中所学习的语言知识，提高了学生的实际语言应用能力，同时引导学生通过有力的数据认识到我国制造产业近年来高速发展，提高了学生的民族自信心和自豪感。

③以学校特色为基石。"学术用途英语"课程紧密结合北京理工大学国防军工的办学特色，以学生的专业学习与研究项目为中心设计课堂活动和课后实践任务，培养学生的科学探索精神、科学研究素养、科学伦理道德。

④以教师驱动为助力。在课程思政建设过程中，教师承担着课程思政要素挖掘者、设计者、传递者、促进者、检验者等多重角色，本课程非常注重对教师队伍的建设，提升思政教学素养，系统实践课程思政教育理念，确保课程的育人效果。

（三）课程思政教学方法

课程以获取和交流学术信息为目标，以互助式教学、探究式教学、启发式教学等引导学生总结、分析、思考、评价所读和所听的内容，发表观点，展示学术研究成果，最大限度发挥课堂教学功能，促进语言教育目标实现的同时，达到所设定的思维训练、学术素养和学术道德提高的思政教育目标。

（四）课程思政教学示例

以课程三级第七单元为例，该单元以工程材料为学习内容，语言能力层面的教学目标是学习材料性能表达的技术词汇和惯用句式，掌握工业材料性能表达方法。价值塑造层面帮助学生了解我国材料领域最新成就，思考材料选择时的伦理考量，采取的教学方法包括小组讨论、小组展示、辩论等。以下为该单元的课程思政教学设计表。

"学术用途英语"课程思政建设教学案例

课堂思政教学设计表	
章节名称	Level 3 Unit 7
本单元教学内容分析	
1. 了解常用工程材料属性。 2. 描写材料属性和特征的常用词汇和句式结构。 3. 了解工程设计中选择不同材料的原则	
本单元教学目标	
1. 扩展工程材料属性常用概念及计算方法，提高学生正确表达材料属性和特征的能力。 2. 根据上下文理解专业词汇的含义，提高学生识别专业词汇含义的能力。 3. 学习工程设计中选择不同材料的原则，并通过飞机设计中的材料选择提高思辨能力、实际实践能力和工程伦理意识。 4. 小组展示专业领域中材料发展新成就，加深专业领域认识，提高科技兴国理念的认识	

续表

本单元课程思政元素		
1. 中国材料领域的成就。 2. 材料选择原则。 3. 学生自身专业领域材料发展的成就		

思政元素教学设计			
环节	教学内容	教学活动	
^^	^^	教师活动	学生活动
课程导入	播放两个中国材料领域发展的新成就	组织学生观看视频和讨论	小组讨论
设计意图			
引入话题,提升对话题的认知和兴趣,提高学生对材料技术在科技发展中的认识,通过对我国材料科学发展成就的认识,提升科技自信心和自豪感			
环节	教学内容	教学活动	
^^	^^	教师活动	学生活动
材料性能语篇学习	小组头脑风暴:飞机内舱座椅设计中对材料选择的思考	对材料性能进行梳理,组织学生讨论	小组讨论、展示,并针对不同小组间意见展开辩论
设计意图			
提高学生对所学性能表述词汇和句式的应用能力,提高学生对所进行的工程设计的全面思考能力、思辨能力和实践能力			
环节	教学内容	教学活动	
^^	^^	教师活动	学生活动
课后任务	结合本人专业领域,学习并展示专业领域内最新材料发展情况和成就	引导学生查找资料,并对资料进行汇总和汇报	查找资料并以恰当的方式进行展示
设计意图			
结合自己的专业领域讲述材料技术的新发展,增强专业认识,深刻认识在科技研究中创新的理念和方法,提高对科技创新的认识			

四、课程思政效果分析

（一）课程思政教学评估

教学评估方面除了清晰设定学生需要掌握的语言知识能力目标，还补充设计了思政元素评估标准和评估手段。通过精心设计考核环节、丰富的考核材料以强化思政要素，以学术论文撰写、科技文献阅读等多样化考核模式评估学生的语言掌握运用能力，并且可以检验和深化课程思政育人效果。

（二）课程思政教学效果

目前，"学术用途英语"的课程思政建设已经初见成效。从教学效果看，课程思政体现了课程的育人价值，提升了课程的教学效果与质量，实现了语言教育与学术素养培养的融会贯通，让学生在提高语言能力的同时，引发更深层次的思考和感悟，形成了语言知识和价值观、学术道德、学术研究的良性互动和循环。同时课程思政建设也促进了教师队伍的建设和整体素质的提高，教师在思政建设过程中，也有效提升了自身的道德修养和职业素质。

（三）课程思政实施总结

通过近几年的课程思政建设和实施，已经充分意识到课程思政建设要深入细化课程教学目标和学科属性，将课程思政与知识学习目标进行有效融合，坚持以学生发展为根本的教育理念，合理设计教学任务和方法，充分发挥教师在课程思政建设中的主观能动性，结合校本特色，科学制定评估标准，设计评估方法和手段，真正保障课程立德树人根本目标的实现。

"学术用途英语"2020年获评国家级一流线下课程，2021年获评北京市课程思政示范课程、教学名师和团队。

授课教师：刘　芳　杨　敏　杜耀梅　沈莉霞　王　宁　罗　勤　徐　斐　雷　蕾

开课单位：外国语学院

人因工程学基础

一、课程简介

人因工程学是研究人、机器及环境之间相互关系的一门学科,是一门研究和应用都极为广泛的综合性学科,人因工程是设计类专业必备的专业知识之一。"人因工程学基础"面向产品设计专业二年级开设,要求学生掌握人因工程学的基础理论、基本方法及其应用分析等方面的系统知识,理解人因工程学所研究的人、机、环境等要素在设计中发挥的重要作用,具备在设计中综合应用人因的素养。课程内容涵盖理论与综合课题两大模块,结合理论学习、设计案例研究和专题探讨的形式展开教学,着重探索人因工程学在设计领域的实践应用研究。理论部分主要讲述人因工程的历史与发展、研究方法与研究内容,人的因素,信息输入与信息输出,硬件界面与作业空间,环境因素,人机交互等内容。综合课题主要是选择能够基本涵盖人因工程学基础的设计课题,进行综合人因分析,从实践中掌握人因工程学在设计中的切实应用。

二、课程教学目标

价值目标:深入掌握人因工程学在产品设计流程中所起的作用,产品设计追求真善美的统一,设计中坚持绿色、环保、可持续的生产生活方式,坚持创新设计与可持续发展紧密联系,树立工程伦理意识,培养科学精神与人文精神的统一。

知识目标：知悉人因工程学在中国的发展历程；理解人机系统的概念；理解人因工程的研究内容与方法，命名和定义，起源、发展及应用，培养学生的科学素养与人文素养。

能力目标：掌握/拥有控制器的设计、工作空间设计、光与色环境设计的能力，在设计中形成自觉的人因分析的习惯和意识。提升学生应用人因进行设计的人文素养，设计中能够以人为本，解决人体尺寸测量、人体基本特征的建立以及产品形态语义表达的问题。

三、课程思政教学设计

（一）课程思政理念

人因工程学是探索人、机、环境三者关系的学科，强调以人为本。本课程将引导学生在产品设计中追求真善美，树立人文精神，提高为人民服务的意识；通过引导学生学习人因工程学的历史与研究方法，培养学生实证、求实的科学精神，弘扬精益求精的工匠精神。

（二）课程思政整体方案

课程思政点	主要涉及章节	实施的具体内容和目标
文化自信教育	第一章　绪论 1. 人因工程的命名和定义 2. 人因工程的起源与发展 3. 人因工程的研究内容与方法	学习人因工程学在中国的发展历程，理解人因工程学在中国社会中起到的重要作用，并在设计中使用人因工程学，为社会发展做出贡献。学习人因工程学的思想在中国古代的实践，对中华文化增强文化自信
以人为本的设计理念	第二章　人的因素概论 1. 人的特征概述 2. 人体尺寸测量及应用 3. 人的生理与心理特性 第三章　信息输入 第四章　信息输出	人的因素与人息息相关，通过对人体尺寸、人的生理和心理特征的分析，引导学生能够从人的角度出发，以人为本，提高为人民服务的觉悟

续表

课程思政点	主要涉及章节	实施的具体内容和目标
工匠精神	第五章 硬件界面与作业空间设计 1. 工作空间设计 2. 作业空间布置原则 3. 工作座椅设计 4. 计算机工作站设计	比较深入地应用人因工程理论和知识，引导学生培养敬业精神、工匠精神，培养社会责任意识，为人因工程学在中国稳步发展和推进做出自己的贡献
弘扬科学精神	第六章 作业环境控制与设计 1. 光与色环境设计 2. 热环境 3. 声环境 4. 振动环境	作业环境与人民生产生活密切相关，引导学生弘扬科学精神，建设精神文明，打造健康、环保、可持续的空间环境

（三）课程思政教学方法

为确保学生在设计工作实践中树立人因意识、人因自觉，本课程主要采用理论与实践相结合的教学方法，强调"在实践中学、在实践中悟、在实践中用"的"三实践策略"，通过学生对设计作品进行人因分析、人因评价、人因改良的实践教学，引导学生将所学理论知识实践应用于设计调研、设计创作、设计迭代等整个设计过程中，通过与实际设计案例相结合，从设计评价、设计分析、设计研究的角度去分析人因工程知识应用的合理性与有效性。

（四）课程思政教学示例

示例一：弘扬工匠精神，树立文化自信

人因工程学作为一门学科虽然起源于国外，但人因工程学思想在中国古代早有长足的应用，在中国历史发展中，有着丰富的人因工程实践案例。本教学单元以现场体验教学为主，现场展示了中国明式四出头官帽椅，其S形靠背曲线就是为了迎合弯曲的脊柱曲线来设计的。在人后仰倚靠靠背的过程中，椅子为人体提供腰椎、胸椎和颈椎三部分的支撑，能够有效减少椎间盘内压力，并放松肌肉，达到舒适状态。扶手椅的扶手是用来承搭手臂的，人坐于座椅之上，手臂自然前伸搭在扶手上，手会自然地小范围活动。中国聪慧的工匠敏锐地发现了这一细节，巧妙地设计了圆润的扶手前沿，方便了手部摩挲。中国传统家具设计的诸多细节，无不体现着为人的健康和舒适考虑的理念，这些都充分体现出中国传统家具在人因工程学领域的思考和应用，也体现着古代手工艺人常年精益专注的工匠精神。

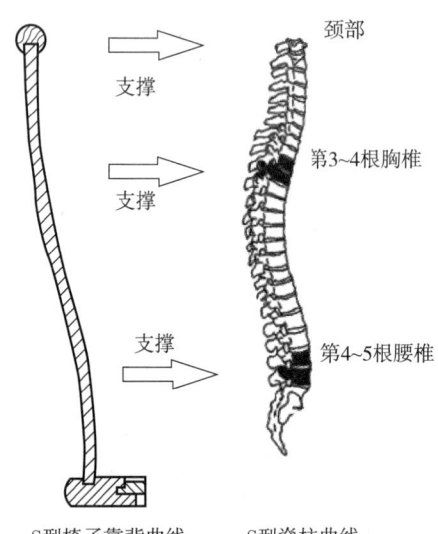

明式家具 S 形椅子靠背对人体脊柱的支撑

明式座椅扶手部分曲线

示例二：以人为本，为人民服务

无障碍设计属于人因工程学研究范畴。本教学单元围绕"无障碍设计在大学校园里的应用"，组织学生在大学校园范围里寻找无障碍设计设施，通过实地调研测量分析，与相关的国家标准做比较，并根据实际使用状态和需求进行设计评价，提出可能的改良设计方案，为完善校园无障碍设计贡献自己的力量，以满足全校所有师生的生活、学习需求，更好地为全校师生服务。

寻找校园内的无障碍设施——无障碍电梯

无障碍电梯不同于普通电梯，为向残疾人士提供更加便利的使用体验，在候梯厅和轿厢的设计上有一定的要求。

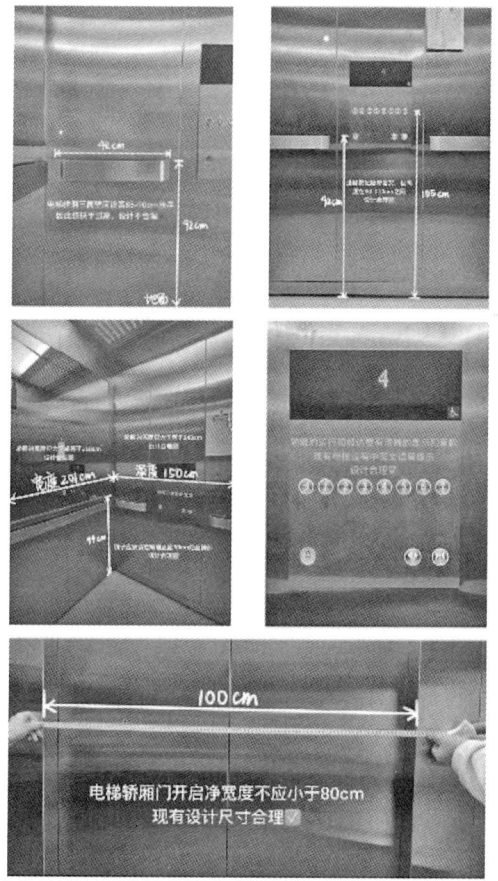

北京理工大学良乡校区教学楼里的无障碍电梯调研

课程思政理论与教学研究
——聚焦北京理工大学课程思政建设

北京理工大学良乡校区体育馆一层的无障碍卫生间调研

四、课程思政效果分析

人因工程学的理论和应用与人们的生活学习实践息息相关，理论与实践相结合的教学方法增强了学生浓厚的学习兴趣。在产品设计实践中学生切实感受到了任何一项成功的实践都必须是真理尺度与价值尺度的统一，都是真善美的完美结合。

授课教师：于德华　孙远波　宫晓东　邱　越

开课单位：设计与艺术学院

文 献 检 索

一、课程简介

"文献检索"课程是一门致力于培养和提高学生科技文献与信息资源检索、分析能力的综合素养课程,主要面向全日制本科生、研究生开设。课程旨在培养大数据时代各专业学生获取各种科技文献信息资源的能力,以课堂讲授与检索实习课题为主,要求学生掌握具体的中文文献、西文文献检索系统方法,编辑合适的课题检索式;要求学生带课题、带科创项目进课堂,能够根据具体课题驾驭相关文献。授课过程中有意识地融入思政要素,弘扬科学家精神,激发学生勇于创新、崇尚科学;根据当前学术不端示例讲授学术不端带来的各种害处与弊端,引入学术道德规范方面的讲授,培育学生优秀的学术思想道德品质。

二、课程教学目标

价值目标:培育信息素养,树立学术诚信,追踪学术前沿,提高科研创新意识与实践能力。

知识目标:①理解、掌握各种文献检索基础知识,掌握信息资源、文献资源分类、文献信息资源检索技术与方法。②掌握各种信息检索技术、检索方法、检索字段与条件。③掌握各种原始文献类型、各种原始文献相对应的文献数据库。④掌握各种科技文献及信息资源的正确著录格式。⑤掌握中国知网资源系统、万方数据资源检索平台以及国家知识产权局专利检索平台等各种中文数据库检索方法、能够获取各种中文文献资源的原始文献全文。⑥掌握美国工程索引 EI、科睿唯安 Web of Knowledge、SCOPUS、Springer Link 等西文文献检索平台及各种西文数据库检索方法，能够获取各种西文文献资源的原始文献全文。

能力目标：①具备获取各种科技文献信息资源的能力。②具备对中西文文献资源的理解能力、分析能力与运用能力。③具备利用原始文献进行科研创新的信息素养能力。④具备较强的撰写中西文文献综述的能力，具备完成大创等科研创新项目后撰写学术论文的能力。⑤培养学生跟踪学术前沿进行科技研发、科技创新的能力。

三、课程思政教学设计

（一）课程思政理念

结合北京理工大学拔尖创新人才培养战略，培养学生较强的文献检索能力，促进科研创新意识的提高，同时将信息道德、信息法律法规、科学精神和创新精神融入课程，全面提升学生的信息素养，造就具有认知技能、批判性思维和问题意识的创新型人才。

（二）课程思政整体方案

第一，通过文献检索课或数据库培训讲座等形式，在教学中强化文献检索能力的培养，尽快熟悉本校图书馆的信息资源，掌握中国知网资源系统、万方数据资源检索平台、工程类相关数据库、国内外专利数据库的检索与利用，熟练使用美国工程索引 EI、科睿唯安 Web of Knowledge、SCOPUS、Springer Link 等西文文献检索平台及各种西文数据库检索方法，获取原始文献全文。

第二，通过定制具体学科具体课题制度，实际锻炼学生的文献检索能力、文献综述能力，快速掌握当前科学研究的热点和前沿问题，具备完成大创、毕业设计等科研创新项目后撰写科技学术论文的能力。针对我校本科生学科专业设置情况，分别开设化工、理工和社科三种类型的文献检索课程，授课教师都会根据具体专业讲授如何研读专业文献，敦促学生不断探索新知。

第三，加强专利基础知识以及专利文献的检索教学，增强我校大学生专利权意识，认识科技活动中的相关法律常识。

（三）课程思政教学方法

本课程主要采取线上、线下混合教学模式。线上教学以 MOOC 课程为主，线下教学根据 PBL 教学法，"以学生为中心，以问题为基础"，采用小组讨论的形式。学生围绕问题独立收集资料，发现问题、解决问题，提高自主学习能力和创新能力。此外，根据具体授课内容采取典型案例教学法，以增强思政元素在科技文献检索课程中的融合度。

（四）课程思政教学示例

示例一：追踪学术前沿、提升信息素养、坚定科技报国之信念

授课内容：检索"无人系统"方面的中西文献，并分析无人系统技术的发展，课程实施过程如下：

（1）课题分析，编辑中西方检索词、检索式

中文检索词：无人系统、无人机、无人舰船、鱼雷、无人车辆、无人驾驶……

中文检索式：无人系统＋无人机＋无人舰船＋鱼雷＋无人车辆＋无人驾驶

西文检索词：

Unmanned	Autonomous	Remotely Operated	Driverless
Vehicle	Aerial	Aircraft	Helicopter
Underwater	Marine	Surface	Driving
Car	Trunk	Train	Line
UAVs	UAV	UAS	AUV
Automation & Control Systems	Computer Science	Imaging Science & Photographic Engineering	Imaging Science & Photographic Technology

续表

Unmanned	Autonomous	Remotely Operated	Driverless
Instruments & Instrumentation	Materials Science	Mechanics	Metallurgy & Metallurgical Engineering
Oceanography	Optics	Physical Geography	Physics Geography
Remote Sensing	Thermodynamics	Undersea	Underwater
System*	Vehicle*	Platform*	Unmanned Surface Vehicle
Underwater Weapon	Underwater Information Network	Underwater Information System	

西文检索式：

TS =（（unmanned OR autonomous OR "remotely operated" OR driverless）NEAR/2（vehicle OR aerial OR aircraft OR helicopter OR underwater OR marine OR surface OR driving OR car OR trunk OR train OR line））OR TS =（UAVs OR UAV or UAS OR UAVs OR AUV）AND SU =（Automation & Control Systems OR Computer Science OR Engineering OR Imaging Science & Photographic Technology OR Instruments & Instrumentation OR Materials Science OR Mechanics OR Metallurgy & Metallurgical Engineering OR Oceanography OR Optics OR Physical Geography OR Physics OR Remote Sensing OR Thermodynamics）OR TS =（（Unmanned and（undersea or underwater or Surface）and（system * or vehicle * or platform *））or "Unmanned Surface Vehicle" or "Underwater weapon" or "Underwater information network" or "Underwater information system"）

（2）数据库选择

中文数据库：中国资源系统、万方数据知识服务平台、中国专利数据库、国家知识产权局专利数据库……

西文数据库：EI 数据库检索平台、Web of Knowledge 数据库检索平台、SCOPUS 数据库系统……

（3）检索方式

主题检索（SU =）、关键词检索（KY =）、文摘检索（AB =）……

(4) 检索结论

利用上述检索词编辑的检索式进行检索后,共检索到国内外相关文献7.92万篇,对这些国内外相关文献进行分析后,得出以下分析结论:

无人系统包括无人机、无人驾驶技术以及水下无人系统等方面,在当前复杂战场环境中的作战价值日益凸显。通过本教学案例的检索分析,我校宇航学院、机电学院的本科学生基本上掌握了世界"无人系统"技术的发展以及重要的学术论文成果及专利成果。这不仅巩固了学生们的学科专业知识,也为他们继续从事相关的研究打下了坚实的文献检索基础。

(5) 课后作业

请检索关于"枪管损伤""多管火箭武器""无人系统""运载火箭""火炸药""气体爆炸""电磁炮"或者"武器发射系统"等方面的相关专利文献,下载发明专利说明书全文,对自己检索到的专利技术相关文献进行分析,撰写专利分析报告(专利分析报告主要从申请/公开年份、申请人(专利权人)、发明人、技术发展趋势等方面来分析)。

学生自己结合大一至大三承担的大学生科研创新项目,自拟课题(或者是结合自己大四毕业设计课题),检索该课题近三年的国内学术论文,并对该课题的相关文献进行分析整理,撰写课题综述分析报告。

四、课程思政效果分析

(一) 课程思政教学效果

第一,提升我校本科学生科技文献的检索、分析以及阅读能力,指导大学四年级本科学生毕业设计中的相关文献检索与原始文献获取、分析,顺利完成本科毕业设计论文。

第二,促进我校本科学生顺利完成各级大学生创新项目,如积极参加"世纪杯"大学生科技作品竞赛活动,组队申报国家级、北京市级、校级大学生科研创新项目,并制作出具有新颖性、创造性以及实用性的科技作品及成果。

第三,构建我校本科学生科研创新体系,组织学生撰写具体学科、具体课题的学科发展报告、学科综述文献、技术交底书及专利说明书等,并进行成果发表。

(二) 课程思政实施总结

随着信息社会的快速发展,高校文献检索课程承担培养大学生信息素养的责任越来越重。"文献检索"课作为培养本科学生查阅信息以及使用信息能力的技能类课程,不仅能够提高学生的信息意识和获取信息的能力,培养他们独立科研与创新的能力,还能显著提高其信息意识、检索获取文献和信息的能力,同时也对提高其综合素质和创新能力形成重要支撑。本课程通过构建思政课教师与专业课教师的教学交流与合作平台,多途径组合达到该课程的育人目的。

授课教师:康桂英　吕　娜　郝琦玮　陈　茜

开课单位:图书馆

附:"无人系统"文献检索结果分析

无人机系统发展。无人驾驶飞机简称"无人机"("UAV"),是利用无线电遥控设备和自备的程序控制装置操纵的不载人飞行器。无人机实际上是无人驾驶飞行器的统称,从技术角度定义可以分为:无人固定翼飞机、无人垂直起降飞机、无人飞艇、无人直升机、无人多旋翼飞行器、无人伞翼机等。与载人飞机相比,它具有体积小、造价低、使用方便、对作战环境要求低、战场生存能力较强等优点。由于无人驾驶飞机对未来空战有着重要的意义,世界各主要军事国家都在加紧进行无人驾驶飞机的研制工作。

无人车技术。从20世纪50年代开始,西方发达国家就开展了地面无人驾驶车辆的研究,并且取得了一系列的成果。在此可以将其归结为三个主要阶段。第一阶段,在20世纪80年代之前,受限于硬件技术、图形处理和数据融合等关键技术发展的滞后,地面无人驾驶车辆侧重于遥控驾驶。第二阶段,20世纪80年代以后,随着自主车辆技术及其他相关技术的突破性进展,地面无人驾驶车辆得以进一步发展,出现了各种自主和半自主移动平台。但是由于受定位导航设备、障碍识别传感器、计算控制处理器等关键部件性能的限制，当时的无人驾驶车辆虽然在一定程度上实现了自主行驶，但行驶速度低，环境适应能力弱。第三阶段，自20世纪90年代以来，由于在计算机、人工智能、机器人控制等技术方面的突破，半自动型地面无人驾驶车辆得到了进一步发展。部分地面无人驾驶车辆参与了军事实战，验证了地面无人驾驶车辆的作战能力。在军事需求的推动下和技术发展的激励下，美国、德国、意大利等国在无人驾驶车辆技术方面走在了全世界的前列。进入21世纪后，随着物理计算能力的大幅度提升、动态视觉技术的快速发展以及人工智能技术迅猛发展，路线导航、障碍躲避、突发决策等关键技术得到发展，无人驾驶技术取得了突破性进展。

水下无人系统。水下无人系统（Unmanned Undersea System，UUS）是指具有自主航行能力，可完成海洋/海底环境信息获取，固定/移动目标探测、识别、定位与跟踪以及区域警戒等任务的各类无人水下航行器（Unmanned Undersea Vehicle，UUV）、水下无人作战平台及其所必要的控制设备、网络和人员的总称。其研究领域涵盖情报收集、水下及水上侦察监视、作战打击和后勤支援等诸多领域，具有重要的军事价值，已成为世界各国海军装备的重要研究方向。UUV主要包括自主水下航行器（Autonomous Undersea Vehicle，AUV）和遥控水下航行器（Remotely Operated Vehicle，ROV），其中军事领域重点发展AUV，民用领域重点发展ROV。

轮　　滑

一、课程简介

轮滑运动专项课主要是以休闲轮滑为基础，速度轮滑为提高，平花、极限、轮滑舞与轮滑球为拓展，将轮滑运动与冰雪运动有效整合、融为一体的体育课，是面向我校本科生开设的一门专项选修课程。本课程根据学生的兴趣、爱好和基础的不同分设基础班、提高班和高级班三个层次进行教学。主要讲授轮滑运动的安全知识、轮滑运动的特点及分类、轮滑技术要点、轮滑竞赛规则等专业知识，培养团队技战术配合意识。本课程以弘扬体育精神为核心，帮助学生在体育锻炼中享受乐趣、增强体质、健全人格、锤炼意志。

轮滑课程特色包含以下几点：①演和教相互融合，达到意想与运动感觉同步；②健康第一理念，难和易循序渐进；③课内学习，课外练习；④安全和保护贯穿整体；⑤教学改革与创新并进。根据"为我所用"的原则，普及高校冰上、雪上与陆上的结合运动体系教学，并学以致用，发挥学生们的主体作用，提高学生的综合素质，使其爱上体育终身受益。

二、课程教学目标

价值目标：轮滑运动是体育与艺术的结合，通过轮滑的教与学，强身健体，育人心智，感受艺术美感，培养审美能力，培养自信、顽强拼搏、不怕吃苦的意志品质及坚毅、谦逊等良好的道德修养，促进学生全面发展。

知识目标：①掌握轮滑基本动作、技术、技能；②掌握轮滑运动的安全知识及用具的正确使用方法；③了解轮滑球竞赛规则与基本裁判法；④学习体育运动健康知识，预防运动损伤的类型与治疗方法。

能力目标：通过轮滑的动作、技术、战术等知识的掌握，培养学生的竞技与拓展能力、实战能力、体能素质、科学健身能力、心理素质与创新能力。

三、课程思政教学设计

（一）课程思政理念

中华人民共和国成立70周年庆典轮滑方阵

校轮滑赛

高校体育是学校体育的最高层次和最后阶段，具有与社会相衔接最直接的显著特点，是培养体育精神的沃土。在庆祝中华人民共和国成立70周年的阅兵式和群众游行中，轮滑亮相，是荣耀，也是向世界展示中国体育强国的自信。本课程遵循体育课程目标与教育特点，把体育自信与体育之美融入教学中，通过体育锻炼，磨砺意志，健全人格，培养学生集体主义观念，提高学生的综合身体素质，促进学生全方位发展。

（二）课程思政整体方案

树立"健康第一，以人为本"的教育新理念，始终本着以学生需求为主体，"以培养学生主动发展"为中心的教育思想，重视学生的个性发展，激发学生的创造能力，帮助学生在体育锻炼中享受乐趣、增强体质、锤炼意志。

坚持实事求是、与时俱进的体育教学改革创新方向，根据大学生个体差异，运用教学手段与教学内容呈现多样化特点，通过轮滑课程培养高校学生的运动能力、情感体验。

通过理论学习，使学生了解我国轮滑运动的起源以及今天竞技运动水平发展的现状，重点突出我国轮滑选手在世界大赛中获得的成绩，使学生获得民族自豪感、认同感，激发爱国情怀。

（三）课程思政教学方法

运用讲解法、示范法、启发法、实践法、纠正法、小群体教学法、竞赛比赛法，提高学生的轮滑技术，熏染学生热爱轮滑运动，激发体育热情；在教学实践中做到理论与实践关联、动作要领讲解与运动规律关联，迎难而上，提升学生的运动综合能力。"以教学打基础，以竞赛促人品，以规则塑行为，以比赛增交流，以礼仪扬道德，以裁判强担当"，塑造学生良好品格和个性，促进其社会适应能力的不断提升。

（四）课程思政教学示例

示例一：培养学生遵守规则的意识，践行社会主义核心价值观

课程常规礼仪文化传播。通过国法校规规范学生行为，尊重体育教学常规要求，培养学生良好的体育礼仪以及谦让、包容、真诚待人的道德品质，弘扬与传承体育精神，从而提高学生的文化修养和综合素质。

示例二：训练学生思维能力，培养审美能力

轮滑技术教学。在讲解示范直道技术动作时，结合"拉弓射箭"的原理阐述速度轮滑为什么采用特殊的身体姿势滑跑，并结合动作的顺序和技巧，让学生了解学习新事物尤其是运动动作的一般规律以及理论知识，在实践中需要遵循运动项目特点及循序渐进的原则，训练学生的感性思维。以推冰车、拉火车的游戏贯穿课堂，让学生体会到轮滑课的乐趣所在，享受运动带来的愉悦心情；通过轮滑舞的创编统贯技术要点，带给学生艺术享受。

示例三：培养学生坚持不懈、顽强拼搏精神

轮滑直道技术。通过体能训练、反复的强化练习获得精湛的滑行技术，

培养学生对技术精雕细琢的精神，使学生建立运动整体系统观念，让学生体验到体能训练与技术学习过程中的枯燥与艰苦，培养学生不怕困难、勇于挑战的顽强意志。

示例四：培养学生遵守规则和公平公正的精神

学习轮滑球规则裁判法，培养学生的规则意识，建立公平公正的价值观。在教学中选择观看世界轮滑球锦标赛与世界冰球锦标赛的比赛片段，使学生不但欣赏到精彩的高水平轮滑球与冰上技战术、裁判的公平公正，同时感受到选手们赛场上顽强拼搏的精神与勇往直前的行为。

四、课程思政效果分析

轮滑课程结合动作技术特点和创编形式的考核模式，围绕整体设计与学生个体达成情况，逐渐构建以培养和提升学生综合素质为主的线上和线下考核模式。教师团队不辞辛苦，推广轮滑运动，带动更多的学生参与轮滑训练，多次带队参加国家级、省部级比赛，为校争光，充分展示北理工学子勇往直前、顽强拼搏的精神。

学生代表北理工参加历届北京市高校轮滑赛获得奖杯

教师团队在实践教学过程中不断总结经验，进一步完善体育学科的课程建设，推动体育教学改革，实现素质教育和终身体育相结合的目标。通过创设情景使之乐学，通过全体参与使之善学；同时完成了轮滑教材的编写，制定轮滑教学大纲、教学进度、考核标准等教学改革项目，课程效果良好，学生评价优秀，在促进大学生身心健康发展和培养21世纪人才等方面起到了积极作用。

授课教师：贾丽敏　赵苏妙　张嘉飞

开课单位：体育部

后 记

作为中国高等教育领域中重要的理念创新与实践创新，课程思政是难做的，难在其需要重构教学内容，开展既有温度又有深度的教育；难在其"教无定法、贵在得法"的教学艺术；难在其要用一棵树去摇动另一棵树，用一朵云去推动另一朵云的责任情怀；难在其独木难支，需要通过"三全"育人方显协同效力。难能而可贵，课程思政回归育人的教育使命决定了开展课程思政建设的重要意义，本书呈现的即是北京理工大学的教育工作者们在课程思政建设过程中的探索成果，是作者们深入思考、反复修改、协力聚智之作。感谢教务部朱元捷老师，在案例征集、修改的过程中一直与各位老师沟通协调。感谢马克思主义学院的王旭东、王校楠、张虹、赵紫玉四位老师，前期，他们与我一起共同承担了全校所有学院千余门专业课、选修课的课程思政责任点的审核修改工作，在《课程思政十五问》的撰写中又默默奉献着他们的智慧才思。感谢各位撰写案例的老师，浏览一篇篇案例，犹如浏览一部生动的学科史、科学史，感受到老师们博雅、敬业的同时，也感悟到了"延安根军工魂"红色基因的传承力量。感谢北京理工大学教务部的鼎力支持，感谢北京理工大学出版社的大力协助。可以说，本书的成书过程实际上就是学校协同育人的一次生动展现！全书统稿由孙利、朱元捷完成。囿于学识水平，本书疏漏、谬误在所难免，恳请专家读者指正！

孙 利

2022 年 4 月